隋彭生
律师民法业务思维
②

LÜSHI MINFA YEWU SIWEI

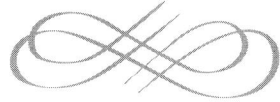

中国政法大学出版社
2016·北京

声　　明　　1. 版权所有，侵权必究。

　　　　　　2. 如有缺页、倒装问题，由出版社负责退换。

图书在版编目（ＣＩＰ）数据

隋彭生:律师民法业务思维.二/隋彭生著.—北京:中国政法大学出版社,
2016.6
　　ISBN 978-7-5620-6830-3

Ⅰ.①隋… Ⅱ.①隋… Ⅲ.①民法－律师业务－基本知识－中国 Ⅳ.D923

中国版本图书馆CIP数据核字(2016)第119478号

出 版 者	中国政法大学出版社
地　　址	北京市海淀区西土城路25号
邮寄地址	北京100088信箱8034分箱　邮编100088
网　　址	http://www.cuplpress.com（网络实名：中国政法大学出版社）
电　　话	010-58908437(编辑室)　58908334(邮购部)
承　　印	固安华明印业有限公司
开　　本	880mm×1230mm　1/32
印　　张	12.5
字　　数	300千字
版　　次	2016年6月第1版
印　　次	2018年11月第2次印刷
定　　价	39.00元

前 言

1.《律师民法业务思维（二）》，与《律师民法业务思维（一）》的内容不同，不是其再版。

2. 本书的关键词仍是：理论、案例、经验、技巧，与上本相比，在实务上稍有加强。

3. 本书包括"合同的起草、设计、审查""合同法""物权法""侵权责任法""婚姻法、继承法、遗赠扶养协议"和"律师操作"六个板块。对《民间借贷规定》《物权法解释（一）》作了简要阐释。

4. 我写书的努力方向：不但要表达一种知识，而且要助人打开思路。

5. 本书可能给人以知识碎片化的印象，联系起来看，也是有助于体系把握的。

6. 本书从律师的角度写作，对其他法律人，亦不无参考价值。

中国政法大学教授　隋彭生
2016 年 3 月 25 日
微博：隋彭生民商法

缩略语表

1. 《中华人民共和国民法通则》——《民法通则》
2. 最高人民法院《关于贯彻〈中华人民共和国民法通则〉若干问题的意见（试行）》——《民通意见》
3. 最高人民法院《关于审理民事案件适用诉讼时效制度若干问题的规定》——《诉讼时效规定》
4. 《中华人民共和国合同法》——《合同法》
5. 最高人民法院《关于适用〈中华人民共和国合同法〉若干问题的解释（一）》——《合同法解释（一）》
6. 最高人民法院《关于适用〈中华人民共和国合同法〉若干问题的解释（二）》——《合同法解释（二）》
7. 最高人民法院《关于审理买卖合同纠纷案件适用法律问题的解释》——《买卖合同解释》
8. 最高人民法院《关于审理民间借贷案件适用法律若干问题的规定》——《民间借贷规定》
9. 《中华人民共和国担保法》——《担保法》
10. 最高人民法院《关于适用〈中华人民共和国担保法〉若干问题的解释》——《担保法解释》
11. 最高人民法院《关于审理城镇房屋租赁合同纠纷案件具体应用法律若干问题的解释》——《城镇房屋租赁合同解释》
12. 《中华人民共和国物权法》——《物权法》
13. 最高人民法院《关于适用〈中华人民共和国物权法〉

若干问题的解释（一）》——《物权法解释（一）》

14. 《中华人民共和国婚姻法》——《婚姻法》

15. 最高人民法院《关于适用〈中华人民共和国婚姻法〉若干问题的解释（一）》——《婚姻法解释（一）》

16. 最高人民法院《关于适用〈中华人民共和国婚姻法〉若干问题的解释（二）》——《婚姻法解释（二）》

17. 最高人民法院《关于适用〈中华人民共和国婚姻法〉若干问题的解释（三）》——《婚姻法解释（三）》

18. 《中华人民共和国继承法》——《继承法》

19. 《中华人民共和国民事诉讼法》——《民事诉讼法》

20. 最高人民法院《关于适用〈中华人民共和国民事诉讼法〉的解释》——《民事诉讼法解释》

21. 《中华人民共和国矿产资源法》——《矿产资源法》

22. 最高人民法院《关于适用〈中华人民共和国仲裁法〉若干问题的解释》——《仲裁法解释》

23. 《中华人民共和国仲裁法》——《仲裁法》

24. 《中华人民共和国破产法》——《破产法》

25. 最高人民法院《关于审理商品房屋买卖合同纠纷案件适用法律若干问题的解释》——《商品房屋买卖合同解释》

26. 最高人民法院《关于适用〈中华人民共和国公司法〉若干问题的规定（三）》——《公司法解释（三）》

27. 《中华人民共和国公司法》——《公司法》

28. 《中华人民共和国反不正当竞争法》——《反不正当竞争法》

29. 《中华人民共和国行政诉讼法》——《行政诉讼法》

30. 最高人民法院《关于执行〈中华人民共和国行政诉讼法〉若干问题的解释》——《行政诉讼法解释》

31. 《中华人民共和国侵权责任法》——《侵权责任法》

32. 《中华人民共和国慈善法》——《慈善法》

33. 最高人民法院《关于贯彻执行〈中华人民共和国继承法〉若干问题的意见》——《继承法意见》

34. 最高人民法院《关于适用〈中华人民共和国公司法〉若干问题的规定（二）》——《公司法解释（二）》

35. 最高人民法院《关于民事诉讼证据的若干规定》——《证据规定》

目 录

前　言 …………………………………………………………… 1
缩略语表 ………………………………………………………… 1

◎第一部分　合同的起草、设计、审查
　第一节　概　述 ……………………………………………… 1
　　合同审查的四大原则 …………………………………… 1
　　合同审查的对象 ………………………………………… 4
　　一方签发的聘书能否证明合同法律关系的成立 ……… 4
　　看看合同主体是否错位 ………………………………… 5
　　区分合同的性质 ………………………………………… 6
　　可不可以接受屈辱条约 ………………………………… 6
　　格式条款的转换 ………………………………………… 7
　　盖私章、摁手印不可取 ………………………………… 7
　　只有一方的手印（指模），协议能否成立 …………… 8
　　为预约定性 ……………………………………………… 9
　　暂付阙如的条款 ………………………………………… 9
　　合同可否设立排他性条款 ……………………………… 10
　　可以在合同中约定"失权条款"吗 …………………… 10
　　"填空题"和"选择题" ………………………………… 10
　　对示范合同书文本也要审查 …………………………… 11
　　合同附件的特殊内容 …………………………………… 11
　　异地签订书面形式的合同，是否一定要采用寄信的方式 ……… 11

对要约邀请的审查	12
不可撤销的要约与可撤销的要约	13
镜像规则、最后一枪规则、容纳规则	13
合同当事人的指代应前后一致	14
合同书首部的签约日期与实际签约日期应当一致	14
合同书约定的"时间段"与签约时间的协调	14
违约金的约定一般要"对称"	14
债权让与合同不可留下利息的"尾巴"	15
股权转让,约定到期未到工商办理登记的违约责任是否有效	15
术语的准确运用,有助于减少纠纷	16
商业广告的一个风险	16
悬乎的"条件"	16
合同附既成条件,等于没有附条件	17
先履行义务人可以把"担保生效"作为"主合同生效"的条件	17
合同可以同时约定附两种条件	17
合同所附条件要明确	18
可以把一方不履行合同作为解除合同的条件	18
当事人能否约定,以债务人的履行为合同的生效条件	19
实践合同与附随意条件	20
一方签字,仍可构成格式条款合同	20
对履行期和终止期的审查	20
是不是无效保底条款	21
自掘合同陷阱的行为	21
股权转让与公司资产转让	22
可以成功的技巧与不能成功的技巧	22
业务人员使用专用章的,为有权代理	23
一个无权代理订立的合同中包含仲裁协议,该合同未获得追认,仲裁协议效力如何	23

关于部分追认 …………………………………………… 24
　　合同风险的承受 …………………………………………… 24
　　违约金条款的审查 ………………………………………… 25
　　合同可以排除违约金的调整权吗 ………………………… 26
　　鱼和熊掌,可否兼得 ……………………………………… 26
　　注意合同条款的性质 ……………………………………… 27
　　记载于合同台账 …………………………………………… 28
　　当事人可以在合同中约定形成权和除斥期间吗 ………… 28
　　合同中能否约定撤销权 …………………………………… 29
　　当事人可以在合同中约定律师费用的承担吗 …………… 29
　　房屋"代持"合同,要写三句话 ………………………… 29
第二节　若干技术问题……………………………………………… 29
　　签字不能用艺术体 ………………………………………… 29
　　签字的位置与"身份"的认定 …………………………… 30
　　是否漏签——审查合同的一个点 ………………………… 30
　　合同签订的时间 …………………………………………… 31
　　编号、骑缝章及其他 ……………………………………… 31
　　告知当事人出借"信章书户"的风险 …………………… 32
　　合同对"时间点"和"时间段"的表述………………… 32
　　授权委托书,应写明受托人享有授权的期间 …………… 33
　　不同性质的款项要分别书写 ……………………………… 33
　　合同审查的一项任务:发现自相矛盾的条款 …………… 34
　　可仲可诉的约定是否有效 ………………………………… 34
　　仲裁协议约定不明的一种情况 …………………………… 35
　　担保合同与主合同签订的时间不一致,不会影响合同效力 …… 35
　　以抵押登记簿为准,还是以抵押合同为准 ……………… 36
　　担保合同与主合同要对上号 ……………………………… 37
　　诚意金的性质是什么 ……………………………………… 37

  可以在《补充协议》中约定《协议》的终止吗 ⋯⋯⋯ 37
  企业合同管理 ⋯⋯⋯⋯⋯⋯⋯⋯⋯⋯⋯⋯⋯⋯⋯ 38
第三节　各类合同的起草、设计、审查 ⋯⋯⋯⋯⋯ 39
第一目　买卖合同 ⋯⋯⋯⋯⋯⋯⋯⋯⋯⋯⋯⋯⋯⋯ 39
  审查合同，要看一下双方履行义务的时间 ⋯⋯⋯⋯ 39
  要强调最后的10%质保金是价金的一部分 ⋯⋯⋯⋯ 39
  动产所有权保留买卖，只能附条件，不能附期限 ⋯⋯ 40
  循环给付，可以约定浮动价格吗 ⋯⋯⋯⋯⋯⋯⋯⋯ 41
  样品封存 ⋯⋯⋯⋯⋯⋯⋯⋯⋯⋯⋯⋯⋯⋯⋯⋯⋯ 41
第二目　赠与合同 ⋯⋯⋯⋯⋯⋯⋯⋯⋯⋯⋯⋯⋯⋯ 42
  并非理论游戏 ⋯⋯⋯⋯⋯⋯⋯⋯⋯⋯⋯⋯⋯⋯⋯ 42
  赠与合同审查之"三看" ⋯⋯⋯⋯⋯⋯⋯⋯⋯⋯⋯ 42
  本案回赠有风险 ⋯⋯⋯⋯⋯⋯⋯⋯⋯⋯⋯⋯⋯⋯ 42
  "双交"的约定没有用 ⋯⋯⋯⋯⋯⋯⋯⋯⋯⋯⋯⋯ 43
第三目　租赁合同 ⋯⋯⋯⋯⋯⋯⋯⋯⋯⋯⋯⋯⋯⋯ 43
  转租条款的审查及相关问题 ⋯⋯⋯⋯⋯⋯⋯⋯⋯ 43
  同意转租，在合同中如何表达 ⋯⋯⋯⋯⋯⋯⋯⋯ 44
  租赁时间怎么算 ⋯⋯⋯⋯⋯⋯⋯⋯⋯⋯⋯⋯⋯⋯ 44
  何种租赁 ⋯⋯⋯⋯⋯⋯⋯⋯⋯⋯⋯⋯⋯⋯⋯⋯⋯ 45
  可以把小猫当租金吗 ⋯⋯⋯⋯⋯⋯⋯⋯⋯⋯⋯⋯ 45
  特约第三人（买受人）的任意解除权是否有效 ⋯⋯ 46
  可以约定承租人、次承租人没有优先购买权 ⋯⋯⋯ 46
第四目　技术合同、委托合同 ⋯⋯⋯⋯⋯⋯⋯⋯⋯ 47
  技术合同的文字陷阱 ⋯⋯⋯⋯⋯⋯⋯⋯⋯⋯⋯⋯ 47
  如何区分委托开发合同和合作开发合同 ⋯⋯⋯⋯⋯ 47
  委托合同的审查，要看一下是不是间接代理 ⋯⋯⋯ 48
第五目　担保合同 ⋯⋯⋯⋯⋯⋯⋯⋯⋯⋯⋯⋯⋯⋯ 49
  对担保人主体资格的审查很重要 ⋯⋯⋯⋯⋯⋯⋯ 49

股权转让，能否由标的公司担任支付股权款的担保人 ………… 50
不宜约定"保证期限" ……………………………………… 50
主合同效力拿不准，要"保"一下担保合同（从合同）……… 50
能以特定的财产为保证吗 …………………………………… 51
代物清偿的有限责任保证 …………………………………… 52
反担保、再担保 ……………………………………………… 53
混合担保可以约定先找第三人 ……………………………… 55
能否将保证合同的成立、抵押权、质权的成立作为借贷合同
（主合同）或其他合同的生效条件 ………………………… 56
最高额抵押合同需要主债务人的签字吗 …………………… 57
质押合同不要约定担保期间 ………………………………… 58
质押合同可以约定变价期间 ………………………………… 58

第六目 和解协议、夫妻忠诚协议 ……………………… 58
起草和解协议的一个注意事项 ……………………………… 58
对和解协议原法律关系责任是否确定的审查 ……………… 59
审查和解协议着重看什么 …………………………………… 59
和解协议可以约定管辖法院吗 ……………………………… 59
可以把和解协议约定为实践合同吗 ………………………… 59
夫妻忠诚协议是否可以约定婚内赔偿 ……………………… 60

◎第二部分 合同法
第一节 合同法律关系 ……………………………………… 61
合同法律关系的研究 ………………………………………… 61
意定法律关系与法定法律关系 ……………………………… 61
合同法律关系的凭证 ………………………………………… 62
这个案例是否理论联系实际 ………………………………… 62
双务合同两个单一法律关系的牵连性是履行抗辩权成立的
基础 …………………………………………………………… 63

单一法律关系的三要素 …………………………………… 63
　　合同类型的判断 ………………………………………… 64
　　一个双务合同的两个诉讼时效 …………………………… 64
　　预约是不是本约的从合同 ………………………………… 65
第二节　合同的效力 ………………………………………… 65
第一目　合同的效力状态 …………………………………… 65
　　未按约定办理公证，合同有效吗 ………………………… 65
　　原因可以竞合，效力不能竞合（效力审查）…………… 66
　　恶意串通的判断 ………………………………………… 66
　　以重大误解撤销或变更合同，应当"看人下菜碟" …… 67
　　格式条款未进入合同与无效 ……………………………… 67
　　确认之诉，不受诉讼时效的限制 ………………………… 68
第二目　合同附条件及给付附条件 ………………………… 69
　　在条件成就之前，合同有效吗 …………………………… 69
　　买受人未付款，不影响追究出卖人的产品责任 ………… 69
　　缔约责任，是合同未成立或无效时的过错责任 ………… 70
第三目　签订合同的代理 …………………………………… 70
　　容忍委托授权的沉默与无权代理的沉默有何区别 ……… 70
　　无权代理人是否承担合同履行义务 ……………………… 71
　　被代理人对代理人的权利外观产生无过错的，不承担责任 …… 72
　　本案是否构成表见代理 …………………………………… 73
　　构成犯罪不影响表见代理的存在 ………………………… 73
　　表见代理与无效合同 ……………………………………… 73
　　依表见代理取得，还是善意取得 ………………………… 74
　　本案合同是效力待定的合同，还是无效合同 …………… 74
　　合同无效与合同可撤销，可撤销与可解除，可撤销与效力待定，
　　能竞合吗 …………………………………………………… 75

第三节　债权让与与债务承担 ………………………………… 76
第一目　债权让与 ………………………………………… 76
　　哪些债权的让与通知债务人即可，哪些须取得债务人的同意 … 76
　　哪些债权的让与连通知都不需要 …………………………… 77
　　债权让与，与向第三人履行不同 …………………………… 77
　　民间借贷的债权让与 ………………………………………… 78
第二目　债务承担 ………………………………………… 78
　　是免责的债务承担，还是并存的债务承担 ………………… 78
　　债务承担 ……………………………………………………… 79
　　并存的债务承担 ……………………………………………… 81
　　并存的债务承担与免责的债务承担的区别 ………………… 81
第四节　合同的履行、解除与抵销 ……………………………… 82
第一目　合同的履行 ……………………………………… 82
　　浅谈从给付义务与附随义务 ………………………………… 82
　　附随义务二例 ………………………………………………… 82
　　行使不安抗辩权，是否要基于同一双务合同 ……………… 83
　　关于加速到期 ………………………………………………… 85
　　行使抗辩权与行使解除权的选择 …………………………… 86
　　债权人撤销权成立的一个时间节点 ………………………… 86
第二目　合同的解除 ……………………………………… 87
　　溯及既往的解除（面向过去的解除）和不溯及既往的解除
　　（面向将来的解除）…………………………………………… 87
　　解除合同是不是一种违约责任形式 ………………………… 87
　　借款合同解除，从何时失去效力 …………………………… 88
　　是否构成不当得利 …………………………………………… 89
　　溯及既往的解除 ……………………………………………… 89
　　合同被撤销与被解除的区别及解决争议应当注意的问题 … 89
　　履行之催告、解除之通知、解除之催告、解除之异议 ……… 90

单方解除的通知及效力 …………………………………… 95
　　对书面合同，口头解除是否有效 …………………………… 96
　　单方解除后诉讼时效的起算 ………………………………… 97

第三目　抵　销 ……………………………………………… 98
　　抵销概说 ……………………………………………………… 98
　　谁到期，谁有抵销权 ………………………………………… 98
　　可以用工程款抵销违约金吗 ………………………………… 99
　　抵销权受除斥期间限制吗 …………………………………… 99

第五节　违约责任 …………………………………………… 99
　　违约责任形式的选择 ………………………………………… 99
　　可以强制实际履行的债 ……………………………………… 100
　　举重以明轻的解释方法 ……………………………………… 102
　　请求调整违约金的一方，应负举证责任 …………………… 102
　　对同一违约行为，为什么违约金与赔偿金不能并用 ……… 103
　　合同解除，还能适用违约金吗 ……………………………… 103
　　迟延履行的违约金与继续履行可以并用 …………………… 104
　　双方违约与过错相抵 ………………………………………… 104
　　举证责任分配一例 …………………………………………… 105
　　损害赔偿的五大规则 ………………………………………… 105

第六节　赠与合同 …………………………………………… 106
第一目　赠与合同概述 ……………………………………… 106
　　赠与合同的几个"点" ……………………………………… 106
　　赠与合同的主体 ……………………………………………… 106
　　赠与中的自己代理问题 ……………………………………… 106
　　赠与合同无对价 ……………………………………………… 107
　　赠与可以击破优先购买权 …………………………………… 108
　　射幸式赠与 …………………………………………………… 108
　　有奖销售不是赠与 …………………………………………… 109

无因管理不构成赠与 …………………………………………… 110
　　　第三人的无偿担保不是赠与，预先放弃追偿权的为赠与 …… 110
　　　有对价的，不是赠与合同 …………………………………… 112
　　　关于名义上的对价 …………………………………………… 112
　　　受赠人是特定的相对人 ……………………………………… 112
　第二目　赠与人的任意撤销权 …………………………………… 113
　　　写了欠条，还能撤销吗 ……………………………………… 113
　　　赠与人如何摆脱债务 ………………………………………… 113
　　　是否可以约定受赠人先履行义务 …………………………… 114
　第三目　赠与合同的法定事由撤销权 …………………………… 114
　　　法定事由撤销权的含义 ……………………………………… 114
　　　法定撤销权成立的事由 ……………………………………… 115
　　　赠与人行使法定撤销权的方式 ……………………………… 115
　　　撤销赠与财产后果的处理 …………………………………… 116
　　　撤销的效力 …………………………………………………… 117
　　　赠与法定撤销后的增值利益及价值减损 …………………… 118
　　　一种回赠 ……………………………………………………… 118
　第四目　各类财产的赠与 ………………………………………… 120
　　　赠与的标的财产有哪些 ……………………………………… 120
　　　遗产（房产）的赠与 ………………………………………… 120
　　　动产赠与之交付 ……………………………………………… 121
　　　赠与的缩短给付 ……………………………………………… 121
　　　赠与物的简易交付 …………………………………………… 122
　　　货币能否指示交付 …………………………………………… 123
　　　债权的赠与 …………………………………………………… 123
　　　股权的赠与 …………………………………………………… 124
　　　干股的赠与 …………………………………………………… 125

第五目　家事赠与 ……………………………………… 126
父母及其他人在缔结婚姻前的赠与 ……………………… 126
谁的房子 ……………………………………………………… 127
婚礼现场礼金的归属 ………………………………………… 128
能否以结婚作为赠与的条件 ………………………………… 129
关于互赠 ……………………………………………………… 129
婚内赠与 ……………………………………………………… 129
抚养给付与赠与 ……………………………………………… 130
抚养给付，不构成赠与 ……………………………………… 130
他人对夫妻的赠与 …………………………………………… 131
道德义务赠与一例 …………………………………………… 131

第七节　租赁合同 …………………………………………… 132
第一目　概　述 …………………………………………… 132
租赁合同是最典型的有偿用益权合同 ……………………… 132
租赁合同包含的三个单一法律关系 ………………………… 132
出租人不一定是所有权人 …………………………………… 133
定期租赁与不定期租赁 ……………………………………… 133
定期租赁的出租人或承租人能否以损害赔偿为代价获得单方解除权 …………………………………………………… 136
承租人能否请求强制实际履行 ……………………………… 136

第二目　出租人的瑕疵担保义务 ………………………… 137
出租人的权利瑕疵担保义务 ………………………………… 137
以抵押的财产出租对租赁合同效力的影响 ………………… 137
出租人的适用性担保义务 …………………………………… 139
未支付租金，应当先催告，后解除 ………………………… 140

第三目　转　租 …………………………………………… 140
转租产生的新的法律关系 …………………………………… 140
转租与承租权转让的区别 …………………………………… 141

分租是转租吗 …………………………………………… 141
　　转租的期限 ……………………………………………… 141
　　对转租的明示同意和默示同意 ………………………… 142
　　擅自转租的法律后果 …………………………………… 143
　　转租造成损害的承担 …………………………………… 144
　　先催告，后解除 ………………………………………… 144
第四目　租赁物所有权变动不破租赁的规则 …………… 144
　　租赁物所有权变动不破租赁概述 ……………………… 144
　　租赁期间所有权变动的主要情况 ……………………… 145
　　所有权变动不破租赁发生的要件 ……………………… 147
第五目　房屋承租人的优先购买权 ……………………… 147
　　房屋承租人优先购买权的一般问题 …………………… 147
　　出租人对第三人赠与时，承租人没有优先购买权 …… 149
　　不定期租赁的承租人没有优先购买权 ………………… 150
　　房屋交付占有之前，承租人没有优先购买权 ………… 150
　　共有人出卖份额，承租人没有优先购买权 …………… 151
　　近亲属购买租赁房屋的，承租人没有优先购买权 …… 152
　　通过一物多约实现承租人的优先购买权 ……………… 153
第八节　民间借贷 …………………………………………… 154
第一目　民间借贷与借款合同 …………………………… 154
　　民间借贷与非民间借贷的区分 ………………………… 154
　　民间借贷是借款合同的一种 …………………………… 155
　　民间借贷既有诺成合同，也有实践合同 ……………… 156
　　债的保持效力 …………………………………………… 160
　　民间借贷既有有偿合同，也有无偿合同；既有双务合同，
　　　也有不真正双务合同 ………………………………… 160
　　民间借贷既有不要式合同，也有要式合同 …………… 161
　　民间借贷有定期借贷，也有不定期借贷 ……………… 163

借款合同的展期 ·· 164
　　主合同履行期限变动、展期及以贷还贷 ······························ 165
　　当事人的诉讼地位 ·· 166
　　共同借贷 ··· 166
第二目　收条、借贷法律关系 ··· 167
　　收　条 ·· 167
　　借贷法律关系的分析 ·· 168
　　换一个角度 ··· 169
　　冒名借款，成立借贷法律关系吗 ······································· 170
第三目　民间借贷的无效 ·· 170
　　关于民间借贷无效的有关规定 ·· 170
　　"借贷"的基础法律关系 ·· 172
　　合意的事实 ··· 175
　　是否存在借款的争议 ·· 175
第四目　打主场：借款合同的履行地及诉讼管辖 ······················ 175
　　民间借贷的履行地在哪儿，打官司在哪儿起诉 ··················· 175
第五目　民间借贷的担保 ·· 176
　　连带保证人与一般保证人的"追加" ··································· 176
　　一方出具担保书、保函的情形 ·· 177
　　第三人签字、盖章能否构成保证人 ··································· 178
　　居间人可兼为担保人 ·· 179
　　未经内部程序的担保是否有效 ·· 179
　　以买卖合同作为民间借贷的担保——法理与技巧 ··············· 180
　　能否要求抵押登记 ·· 182
第六目　民间借贷举证责任、虚假诉讼 ···································· 182
　　原、被告举证责任的分配 ··· 182
　　被告抗辩借贷行为尚未实际发生 ······································· 183

原告仅依据金融机构的转账凭证提起民间借贷诉讼，有无胜诉的
可能 ·· 184
由谁举证 ·· 185
不出庭的后果 ·· 185
民间借贷与虚假诉讼 ·· 186
合理怀疑 ·· 187

第七目 公借私用与私借公用 ································· 188
"头"以企业名义借款，自己使用（公借私用） ············ 188
"头"以个人名义借款，企业使用（私借公用） ············ 188

第八目 民间借贷的利率、利息 ································· 189
不得预先扣除利息 ·· 189
支付利息的期限 ··· 190
提前偿还借款的利息 ·· 191
借款利息的起算 ··· 191
逾期利息的起算 ··· 192
是否有息的确定 ··· 193
借款利息的"两线三区" ··· 194
适用"两线三区"，在判决书中如何表达 ····················· 194
射幸利息 ·· 195
本金与利息的认定 ·· 195
民间借贷的复利 ··· 196
关于逾期利率 ·· 197
关于利息与违约金的合并计算问题 ······························· 198
利息与违约金的自愿支付 ··· 198
本金与利息的抵充 ·· 199

第九节 承揽合同、建设工程合同、居间合同 ············ 200
举证责任在谁 ·· 200
特别要注重《合同法》第286条的运用 ······················· 200

关于跳单 ··· 201
　　报告居间是卖信息 ································ 201
第十节　和解协议（和解合同） ······················ 202
第一目　和解协议概述 ······························ 202
　　和解协议涉及双层法律关系 ························ 202
　　本案的三个法律关系 ······························ 203
　　一般和解协议与特种和解协议 ······················ 204
　　特种和解协议概述 ································ 204
　　特种和解协议，以谁为被告 ························ 206
　　和解协议适用《合同法》 ·························· 206
　　可以通过和解协议处理无效合同的财产后果吗 ········ 206
　　不起诉协议 ······································ 207
　　可否按原法律关系起诉 ···························· 207
　　和解协议对重大误解和显失公平的排斥 ·············· 208
　　和解协议是当事人互相让步而产生的合同 ············ 208
　　和解协议可以约定违约金 ·························· 209
　　附随意条件的和解协议 ···························· 210
第二目　和解协议的确定效、创设效和认定效 ········· 210
　　和解协议的确定效 ································ 210
　　按和解协议起诉，还是按原法律关系起诉 ············ 211
　　和解协议的创设效 ································ 212
　　和解协议的认定效 ································ 213
第三目　和解协议的无效、解除 ····················· 214
　　和解协议的无效 ·································· 214
　　和解协议解除的原因 ······························ 214
　　和解协议合意解除 ································ 215
　　因解除条件的成就而导致和解协议解除 ·············· 215
　　因一方重大违约解除和解协议 ······················ 216

和解协议解除后，原法律关系的诉讼时效 …………………… 217

◎第三部分　物权法

第一节　物权概述 ……………………………………… 219
　　用益物权与用益债权 ……………………………………… 219
　　合同登记与产权登记 ……………………………………… 219
　　宣示登记无物权变动 ……………………………………… 220
　　自己建造的房屋，取得登记之前，可否送给他人 ………… 220
　　A、B 二房屋所有权在何时发生变动 ……………………… 221
　　从物不单独计价 …………………………………………… 222
　　第三人受让抵押物，无善意取得之问题 ………………… 222
　　正常取得的三种情况 ……………………………………… 222
　　受欺诈实施的单方行为无效 ……………………………… 223

第二节　《物权法解释（一）》的若干问题 …………… 223
　　本案程序如何选择 ………………………………………… 223
　　是登记绝对主义，还是登记推定主义 …………………… 224
　　异议登记的基本问题及确认之诉 ………………………… 225
　　异议登记后，还能否过户 ………………………………… 227
　　预告登记 …………………………………………………… 228
　　机动交通运输工具的物权变动与善意第三人的定位 …… 229
　　变动共有关系之法律文书的具体类型 …………………… 229
　　已经取得，当然可以请求物权保护 ……………………… 230
　　按份共有的几个问题 ……………………………………… 231
　　善意取得之善意的法律构成 ……………………………… 234
　　就善意取得之善意，是真实权利人承担举证责任，还是善意
　　　取得人承担举证责任 …………………………………… 234
　　让与人无权时，不动产受让人的"知道"与"应当知道" … 234
　　动产受让人重大过失的认定 ……………………………… 235

善意取得之交付 …………………………………… 236
合理的价格 ………………………………………… 237
机动交通运输工具善意取得的一个条件 ………… 237
基于无效合同不能善意取得，合同被撤销不能善意取得 …… 238

第三节 他物权 …………………………………… 239

抵押是担保之王 …………………………………… 239
主债权转让，须重新办理抵押登记吗 …………… 239
债权人占有债务人的动产，可以自行变卖吗 …… 240
抵押合同是债权合同 ……………………………… 240
抵押合同是诺成合同 ……………………………… 241
登记生效主义与登记对抗主义 …………………… 242
质押合同是债权合同 ……………………………… 245
货币能否质押 ……………………………………… 246
能否留置贝贝 ……………………………………… 247

第四节 占有及占有媒介关系 …………………… 247

意定占有媒介关系与法定占有媒介关系 ………… 247
物的用益互易之两个占有媒介关系 ……………… 248
能否直接向次承租人请求回复占有 ……………… 248
对本权之诉和占有之诉的基本要求是什么 ……… 249
占有之诉 …………………………………………… 249
民事诉讼中，可以适用占有权利推定规则 ……… 249
陶罐中的银圆归谁 ………………………………… 250
是占有抗辩权，还是留置权 ……………………… 250
占有和所有的取得 ………………………………… 251

◎第四部分 侵权责任法

第一节 概 述 …………………………………… 252

法律关系的聚合 …………………………………… 252

被侵权人可以是直接受害人，也可以是间接受害人 ·············· 253

受害人是谁 ·· 253

侵权行为与违约行为的区别与竞合 ································ 253

责任成立的因果关系和责任范围的因果关系 ···················· 255

相当因果关系 ··· 255

共同加害行为 ··· 256

共同危险行为 ··· 256

共同加害行为与共同危险行为的区别 ······························· 257

无意思联络分别侵权的连带责任 ····································· 258

侵权"进行时"，受害人的请求权不受诉讼时效的限制 ······ 259

过错相抵规则 ··· 259

过错相抵规则排除适用二例 ··· 260

对结果事实是受害人故意，行为人才不承担责任 ·············· 261

第三人造成损害的责任 ·· 261

侵权责任与不当得利责任的竞合 ····································· 262

财产损失确定的时间 ··· 263

侵害他人人身权益造成财产损失的确定 ··························· 263

定期金 ·· 264

连带责任人内部的按份责任与追偿权 ······························· 264

不真正连带责任 ··· 265

补充责任 ·· 266

责任，是立即陷入迟延的 ·· 266

是民事赔偿，还是国家赔偿 ··· 267

人格权与债权的冲突 ··· 268

赠与人应否承担瑕疵产品致人损害的责任 ························ 268

第二节　违法阻却事由 ·· 269

无因管理 ·· 269

正当防卫 ·· 270

老段子，新分析 ………………………………………… 271
自助行为 …………………………………………… 271
受害人同意 ………………………………………… 272
自甘风险排除公平责任规则的适用 ……………………… 272

第三节 用益侵权 …………………………………… 273
用益侵权的含义 …………………………………… 273
专利用益侵权 ……………………………………… 274
商标用益侵权 ……………………………………… 275
对肖像的用益侵权 ………………………………… 275
对隐私的用益侵权 ………………………………… 276
对姓名的用益侵权 ………………………………… 277

◎第五部分 婚姻法、继承法、遗赠扶养协议

第一节 婚姻法 …………………………………… 278
夫妻关系包含两个法律关系 ……………………… 278
亲子关系的推定 …………………………………… 278
财产的转换 ………………………………………… 279
律师必知 …………………………………………… 279
如何回答为好 ……………………………………… 280
赠与的是货币，还是房屋 ………………………… 281
是否为混同 ………………………………………… 282

第二节 继承法 …………………………………… 282
立遗嘱可以"概括处分财产"吗 …………………… 282
立遗嘱最好把债务处理一下 ……………………… 283
共同遗嘱是否有效 ………………………………… 283
放弃继承的声明是否有效 ………………………… 283
遗嘱应为人工授精的胎儿保留必要份额 ………… 284

第三节　遗赠扶养协议 ………………………………… 284
第一目　概　述 ……………………………………… 284
遗赠扶养协议的意义 ……………………………… 284
遗赠扶养协议不是身份合同，是债权合同 ……… 285
遗赠扶养协议是一种不违反伦理的交易 ………… 285
遗赠扶养协议不同于附义务的赠与 ……………… 286
遗赠扶养协议是射幸合同 ………………………… 286
遗赠扶养协议扶养人的资格 ……………………… 287
第二目　遗赠扶养协议的若干具体问题 …………… 291
遗赠扶养协议的解除 ……………………………… 291
受扶养人继承人的撤销权 ………………………… 292
扶养人对受扶养人不成立履行抗辩权 …………… 293
受扶养人财产的移转时点 ………………………… 294
对抗第三人的法律措施 …………………………… 294
能否将受扶养人给付的财产抵押给扶养人 ……… 295
实际履行扶养义务的，有权获得遗产 …………… 296

◎第六部分　律师操作
第一节　概　述 ………………………………………… 297
律师一般不要当见证人 …………………………… 297
不要念错当事人的名字 …………………………… 297
不要既主张解除权，又主张撤销权 ……………… 298
解除合同，不宜采取撕掉合同书的方式 ………… 298
击破第三人撤销之诉的一个重要点 ……………… 298
有的放矢 …………………………………………… 299
诉讼文书引用法条，要原汁原味 ………………… 299
诉讼请求要写清楚——以共有物分割为例 ……… 300
一个技巧：把握好起诉的时间 …………………… 300

推翻一审判决要考察的事项 …………………………………… 301
律师书写撤销仲裁裁决申请书,重点应在程序方面 ………… 303
提起解除权确认之诉,还是提起解除之诉 …………………… 303
容易被推翻的一审判决 ………………………………………… 304
预设败诉之后的措施 …………………………………………… 305
除斥期间超过以后,受害人还有没有机会 …………………… 305
一个有风险的"技巧" …………………………………………… 305
及时变更诉讼请求一例 ………………………………………… 306
举证责任如何分配? …………………………………………… 307
执行不足部分,债权人可以起诉次债务人吗 ………………… 307
行使代位权的被告,限于主债务人的次债务人吗 …………… 307
案由挺重要 ……………………………………………………… 308
抗辩与行使抗辩权 ……………………………………………… 308
反诉还是抗辩 …………………………………………………… 308
一定要问问当事人 ……………………………………………… 309
举证陷阱 ………………………………………………………… 309
证明什么及相关"技巧" ………………………………………… 310
主张定金罚则,是否需要反诉 ………………………………… 310
另辟蹊径 ………………………………………………………… 311
善意第三人购买房屋,被房屋承租人"抢走",可向出租人
主张违约责任 …………………………………………………… 311
律师最大的失误 ………………………………………………… 311
律师应当注意开发的一个业务领域 …………………………… 312
提醒小股东,预防灭顶之灾 …………………………………… 312
何时提出管辖权异议 …………………………………………… 313
股东诉讼与股东派生诉讼 ……………………………………… 314
律师的一项基本功 ……………………………………………… 314

第二节　若干技术问题 ····· 315
　　庭审突袭好不好 ····· 315
　　法律文书应当简洁 ····· 316
　　诉讼文书要抓住最重要的东西 ····· 316
　　法律文书可以打比喻吗 ····· 316
　　类案检索 ····· 317
　　制作卷宗有讲究 ····· 317
　　律师函中，最关键的一句话是什么 ····· 318
　　狭义的涉他契约 ····· 318
　　裁判抵销 ····· 319
　　欠钱的人下落不明，是先申请他为失踪人好，还是直接去法院起诉他好 ····· 319
　　有无打赢民事官司的可能 ····· 319
　　能否排除法定监护人 ····· 320
　　律师不要轻易给当事人打电话 ····· 320
　　给当事人的三个提示 ····· 321
　　律师与当事人（委托人）协商收费 ····· 321
　　律师的办公场所与律师的"外貌" ····· 321

第三节　律师要抓住最关键的一、两句话 ····· 322
　　新证据，还是新制作的证据 ····· 322
　　有无直接因果关系 ····· 323
　　对特异体质，不得适用过错相抵规则 ····· 323
　　不适用过错相抵的情形 ····· 323
　　书证，不否认签名，意味着什么 ····· 324
　　不能转让不存在的东西 ····· 324
　　自愿承担误解风险的，不构成重大误解 ····· 325
　　不动产抵押合同无效，但已经办理了抵押登记，抵押权效力如何 ····· 325

让与担保，是否有效 ·················· 325

第四节　参照适用——寻找请求权基础的一条路径　326
　　"参照适用"的意义 ················· 326
　　并存的债务承担人，可以行使履行抗辩权 ······ 326
　　冒名女朋友获赠与，参照什么规定处理 ······· 327
　　赠与人的法定撤销权成立的事由及参照适用 ···· 327
　　父母赠与房屋参照赠与货币的规定 ·········· 328
　　物的用益互易的参照适用 ··············· 329
　　过错相抵规则的参照适用 ··············· 329
　　无偿合同参照赠与的规定 ··············· 330
　　时间差与参照适用 ··················· 331
　　"揭开公司的面纱"，能否参照适用（见附录四） 331
　　超市提供寄存服务，是履行附随义务吗 ······ 332

◎附录　参考案例

附录一：唐兰与程永莉房屋买卖合同纠纷一案（对应第一部分"盖私章、摁手印不可取"） ············ 333

附录二：（指导案例1号）上海中原物业顾问有限公司诉陶德华居间合同纠纷案（对应第二部分"关于跳单"） ······ 347

附录三：（指导案例9号）上海存亮贸易有限公司诉蒋志东、王卫明等买卖合同纠纷案（对应第六部分"提醒小股东，预防灭顶之灾"） ········· 350

附录四：（指导案例15号）徐工集团工程机械股份有限公司诉成都川交工贸有限责任公司等买卖合同纠纷案（对应第六部分："'揭开公司的面纱'，能否参照适用"） ······ 353

附录五：（指导案例24号）荣宝英诉王阳、永诚财产保险股份有限公司江阴支公司机动车交通事故责任纠纷案（对应第六部

分"对特异体质，不得适用过错相抵规则"） 358
附录六：（指导案例50号）李某、郭某阳诉郭某和、童某某
继承纠纷案（对应第五部分"遗嘱应为人工授精的胎儿保留
必要份额"） 363
附录七：（指导案例56号）韩凤彬诉内蒙古九郡药业有限责任
公司等产品责任纠纷管辖权异议案（对应第六部分"何时提出
管辖权异议"） 367

第一部分　合同的起草、设计、审查

第一节　概　述

◎ **合同审查的四大原则**

1. 合法原则。真正意义上的合同，是指合同法律关系。合法性审查，要查看是否符合法律关系的三要素（主体、客体和内容）。

一要看主体是否适格。对自然人和法人主体资格的考察，有不同的侧重。要了解法律、司法解释对交易主体资格的特别规定。[1]

例：有的分公司作为保证人为总公司（本公司）提供债务担保，这种担保是否有效？

无效。分公司的财产是本公司责任财产的一部分，因而分公司无担保的资格。

---

[1] 比如，《合同法解释（一）》第10条规定："当事人超越经营范围订立合同，人民法院不因此认定合同无效。但违反国家限制经营、特许经营以及法律、行政法规禁止经营规定的除外。"

二要看客体是否合法。客体又称为标的。相对法律关系的客体，都是给付。审查合同，要看给付是否为法律不能。比如，买卖军用枪支、毒品、淫秽物品的合同，给付为法律不能。

三要看当事人设计的权利义务是否合法。合同审查要注意合同条文与法律条文的关系。民法条文大多是任意性规定，不要以为与民法条文不一致就是错的，就是无效的。

律师不要帮着当事人设计合同陷阱，否则可能构成共同民事侵权行为，也可能有更严重的后果。

2. 公平原则。有的律师认为，对合同审查应当确立"有利于委托人的原则"，理由是律师并不是法官，并不站在中间立场。律师对当事人有忠诚义务，但在合同审查上，仍不宜确立"有利于委托人的原则"，一味地追求对一方当事人有利，也可能把当事人拖到坑里。

双赢的合同是存在的。律师要为当事人争取利益最大化，但也要顾及公平。

自由即公平，自愿即公正，对利益不平衡的合同，当事人是自愿的，当然无可指责。

审查合同的时候，要看一个格式条款是否过于苛刻，过于苛刻即显失公平。格式条款的显失公平，不是按可变更、可撤销来处理的，而是按无效处理的。[1]审查合同的时候，要留心一下，看违约责任的约定是否过重，看自己承担的是否过重，也要看对方承担的是否过重。这也是贯彻公平的一个方面。

3. 风险控制原则。首先，要考察当事人想成立什么法律关

---

[1]《合同法》第40条规定："格式条款具有本法第五十二条和第五十三条规定情形的，或者提供格式条款一方免除其责任、加重对方责任、排除对方主要权利的，该条款无效。"以格式条款免除自己责任、加重对方责任或者排除对方主要权利的，该条款是显失公平的条款。

系，在此基础上，再向具体问题扩展。其次，尽量了解交易背景：①要防患于未然；②要防止合同陷阱；③要设想发生争议的情形；④要向委托人提示法律风险。

例：张甲设立了一人有限责任公司（乙公司）。乙公司对丙有300万元的贷款债权（或其他债权）。张甲与乙公司签订一份无偿债权让与合同，将合同书交给律师审查。

这个合同从已知条件来看是有效的。但律师应当向张甲提示法律风险：股东无偿受让乙公司（一人有限责任公司）的债权，乙公司的债权人可能主张适用《公司法》第63条揭开公司面纱的规则。[1] 张甲说乙公司现无对外债务，律师应告诉他：没有债务是暂时的，只要有经营，就会有债务。

如果在乙公司向张甲转让债权之后（请注意这个时间节点），乙公司对丙公司欠了400万元的债务，乙公司无力偿还，丙公司无权按《合同法》第74条行使债权人撤销权，[2] 但仍可能适用《公司法》第63条。而且，如果符合适用《公司法》第63条的条件，张甲就不是对300万元承担连带责任，而是就400万元承担连带责任。

4. 效益原则。合同审查，应宽严适度，促进交易。非得那么规范，生意就做不成了，或者影响了交易效率。合同没有大漏洞就行。审查合同，要反复考虑这个合同有没有大漏洞，如

---

[1]《公司法》第63条规定："一人有限责任公司的股东不能证明公司财产独立于股东自己的财产的，应当对公司债务承担连带责任。"
[2]《合同法》第74条规定："因债务人放弃其到期债权或者无偿转让财产，对债权人造成损害的，债权人可以请求人民法院撤销债务人的行为。债务人以明显不合理的低价转让财产，对债权人造成损害，并且受让人知道该情形的，债权人也可以请求人民法院撤销债务人的行为。撤销权的行使范围以债权人的债权为限。债权人行使撤销权的必要费用，由债务人负担。"

果有，会有什么样的法律风险。审查合同时，若从头到尾字斟句酌，锱铢必较，有时会影响对要害问题的判断。

合同条款不一定那么完备，面面俱到也挺烦人的。要抓要点，抓重点。首先要看甲给乙什么，乙给甲什么，对双方的给付（合同的标的）表述清楚没有。

◎ **合同审查的对象**

从载体上看，审查对象包括合同书、意向书、备忘录、传真、电话记录、录音、广告等。

从缔约过程看，审查对象包括要约邀请、要约和承诺。比如，对广告的审查，即是对要约邀请的审查，不过广告有时也视为要约。[1]

合同是法律关系，合同书、信件、收条等是合同法律关系的凭证，履行行为也可证明合同法律关系的存在。这些都是审查的对象。

◎ **一方签发的聘书能否证明合同法律关系的成立**

例：甲方给乙方发了一份聘书（甲方单方签署），请乙讲课或从事其他技术性劳务。

该聘书能够证明合同法律关系的存在。这与一方签发的保函能够成立保证法律关系是一个道理。[2]

---

[1]《合同法》第15条规定："要约邀请是希望他人向自己发出要约的意思表示。寄送的价目表、拍卖公告、招标公告、招股说明书、商业广告等为要约邀请。商业广告的内容符合要约规定的，视为要约。"

[2]《担保法解释》第22条第1款规定："第三人单方以书面形式向债权人出具担保书，债权人接受且未提出异议的，保证合同成立。"

第一部分　合同的起草、设计、审查

◎ 看看合同主体是否错位

合同审查,当然要审查合同的主体是否错位。

错位:公司股权的转让与公司资产的转让是不同的。比如,转让公司资产,应当由公司作为让与人。实务中,偏偏是很多股东充当让与人,他当然想:公司不是我的吗?但是,这样签下的合同,后患无穷。

法律人要有权利归属的思维,要有法律关系的思维。

不错位:甲公司与乙公司签订《股权转让合同》,合同中实际有两项内容,一项是公司股权的转让,一项是公司资产的转让。

如果仅有股东签字的话,是有错位的(对公司资产转让而言),如果还有公司法定代表人签字或有公司盖章,股权转让、公司资产转让都可生效。

不错位:甲有限责任公司有一项采矿权,乙公司知道采矿权不得转让,[1]就与甲公司的股东 A、B 商量,购买了甲公司的全部股份。请问:股权转让合同是否有效?

有效。"借壳"是可以的,本案主体不错位,并没有变更采

---

[1] 我国《矿产资源法》第6条规定:"除按下列规定可以转让外,探矿权、采矿权不得转让:(一)探矿权人有权在划定的勘查作业区内进行规定的勘查作业,有权优先取得勘查作业区内矿产资源的采矿权。探矿权人在完成规定的最低勘查投入后,经依法批准,可以将探矿权转让他人。(二)已取得采矿权的矿山企业,因企业合并、分立、与他人合资、合作经营,或者因企业资产出售以及有其他变更企业资产产权的情形而需要变更采矿权主体的,经依法批准可以将采矿权转让他人采矿。前款规定的具体办法和实施步骤由国务院规定。禁止将探矿权、采矿权倒卖牟利。"

矿权主体。采矿权对股东并没有要求。故不属于以合法的形式掩盖非法的目的。

采矿权是不允许流转的一种财产权利，[1]而股权是允许转让的财产权利。

◎区分合同的性质

例：某甲将一条经过美容而形象与"众"不同的宠物狗"租给"某乙，由某乙摄像后制作挂历销售，则甲、乙双方合同的基本性质属于作品使用许可合同，不是租赁合同。动物"肖像"的用益要区分"肖像"的来源：天然形成的"肖像"，没有著作权；人工形成的"肖像"，可有著作权。

◎可不可以接受屈辱条约

例：A教授要买一套房屋，找我诉苦，说："商品房买卖合同示范文本中的空白行，都被开发商用事先刻好的长条印章填满了，没有商量的余地。我签还是不签？"我说："签。"因为我知道，这个示范文本合同已经变成了格式条款合同，被长条印章填满的条款是锅炉钢板条款。对格式条款，我国已经有完备的规定，一旦发生纠纷，很容易推翻它（很容易寻找请求权基础）。

上课的时候，我讲过这个。有同学问：那一方当事人巧妙设计的格式条款就没有用了？我说，法律对格式条款规范已经很成熟了。显失公平的合同基本没用了，嘴上抹石灰，说了也白说。

---

[1] 我国《物权法》第123条规定："依法取得的探矿权、采矿权、取水权和使用水域、滩涂从事养殖、捕捞的权利受法律保护。"在《物权法》上，采矿权是一种准用益物权。

◎ 格式条款的转换

一方当事人事先拟定的格式条款,称为"锅炉钢板条款",一般是不允许修改的。但当事人双方经过协商,修改了若干格式条款后,这些被修改的格式条款就不再是格式条款了,是一对一经过协商的条款,不再适用《合同法》第39、40、41条关于格式条款的特殊规则。

◎ 盖私章、摁手印不可取

《合同法解释(二)》第5条规定:"当事人采用合同书形式订立合同的,应当签字或者盖章。当事人在合同书上摁手印的,人民法院应当认定其具有与签字或者盖章同等的法律效力。"签字、盖私章、摁手印对当事人主观意志反映不一。一般来说,签字与当事人的主观意志是吻合的。

1. 该条对盖章的规定是否合理,要看盖的是什么章。公章有备案,私章没有备案,欠缺公示性。如果盖的是私章(没有签字),则欠缺证明效力。

例:一份书面房屋买卖合同,买受人的签字是真实的,出卖人的签字是别人代签的,盖有私章。盖的私章,出卖人说不是自己的。买受人不能证明买卖法律关系存在的话,则应承担败诉的后果。[1]

《民事诉讼法解释》第91条规定:"人民法院应当依照下列原则确定举证证明责任的承担,但法律另有规定的除外:(一)主

---

[1] 参阅附录一:唐兰与程永莉房屋买卖合同纠纷一案。

张法律关系存在的当事人，应当对产生该法律关系的基本事实承担举证证明责任；（二）主张法律关系变更、消灭或者权利受到妨害的当事人，应当对该法律关系变更、消灭或者权利受到妨害的基本事实承担举证证明责任。"依此，上述案例，买受人应当证明房屋买卖合同法律关系的成立（证明私章是出卖人盖上去的）。

2. 该条对摁手印的规定不合理。依法理，对合同文件（合同书、收条、收货单等）摁手印的，应有两个无利害关系人在场见证。

自然人签订合同的，一般不要接受摁手印、盖私章，但在签字的基础上加摁手印、盖私章，当然没有问题。

与法人签订合同时，应要求对方盖公章，或由法定代表人签字，由有授权委托书的代理人签字也可以。若甲方是由代理人签字的，乙方就应当保存授权委托书的原件。

◎只有一方的手印（指模），协议能否成立

例：张男与李女离婚后的一日，李女起诉张男，说张男在离婚协议中答应补偿10万元，一直未给。协议是打印稿，上有李女的签名和张男的手印（指模），张男的名字是李女代签的。张男称，未见过这份协议。请问：本案应当如何处理？如果有张男的签字，应当如何处理？

李女应当证明给付10万元法律关系的成立（对张男在有意识的情况下摁手印，李女承担举证责任，不能证明的，应当判决驳回李女的诉讼请求）。仅有张男的手印（指模），不能证明法律关系的存在。

如果有张男的签字，张男不能反证自己无真实意思表示，

则负担支付 10 万元的义务。

◎ 为预约定性

审判实践中，存在把预约（预备合同）当作一般合同认定的情况。当事人的预约中，常常会包括本约的条款（这是不可避免的），法官可能当作一般合同认定这些条款的效力。签订预约，可以用两种表述封住"理解的泛滥"：

第一，采用表达预约性质的标题，如预约、预备合同、意向书等。如果一份买卖合同预约写成买卖合同，会造成人们的误解，或者被人故意利用。

第二，写上某某事项需进一步协商，正式订立合同或另行订立合同等文字。这些文字并不导致预约丧失效力。

◎ 暂付阙如的条款

合同可能有些条款暂付阙如（暂时空着），要与预约相区分。

预约，是当事人欲成立新的法律关系。条款暂付阙如，以后是要填补的，[1] 填补以后，并不丧失法律关系的同一性。

---

[1]《合同法》第 61 条规定："合同生效后，当事人就质量、价款或者报酬、履行地点等内容没有约定或者约定不明确的，可以协议补充；不能达成补充协议的，按照合同有关条款或者交易习惯确定。"第 62 条规定："当事人就有关合同内容约定不明确，依照本法第六十一条的规定仍不能确定的，适用下列规定：（一）质量要求不明确的，按照国家标准、行业标准履行；没有国家标准、行业标准的，按照通常标准或者符合合同目的的特定标准履行。（二）价款或者报酬不明确的，按照订立合同时履行地的市场价格履行；依法应当执行政府定价或者政府指导价的，按照规定履行。（三）履行地点不明确，给付货币的，在接受货币一方所在地履行；交付不动产的，在不动产所在地履行；其他标的，在履行义务一方所在地履行。（四）履行期限不明确的，债务人可以随时履行，债权人也可以随时要求履行，但应当给对方必要的准备时间。（五）履行方式不明确的，按照有利于实现合同目的的方式履行。（六）履行费用的负担不明确的，由履行义务一方负担。"

预约与本约是前后两个合同，两个法律关系并不具有同一性。对预约的履行，是订立本约。对预约不能强制实际履行。

◎合同可否设立排他性条款

合同中的排他性条款，也称为排他条款，所谓排他，是指合同当事人约定，不允许第三人进入某领域，或不允许第三人经营相同项目，或者不允许受让人许可第三人使用受让的技术等。排他条款一般是有效的。

◎可以在合同中约定"失权条款"吗

可以。比如，可以在设立公司的出资协议中约定：到期不交付出资的，丧失股东资格。《公司法解释（三）》第17条第1款规定："有限责任公司的股东未履行出资义务或者抽逃全部出资，经公司催告缴纳或者返还，其在合理期间内仍未缴纳或者返还出资，公司以股东会决议解除该股东的股东资格，该股东请求确认该解除行为无效的，人民法院不予支持。"既然可以因股东会决议开除某股东资格，当然也可以事先在出资协议中加以约定。不过，在出资协议之后订立的公司章程，不要与出资协议冲突。

◎"填空题"和"选择题"

当事人有时使用自拟的合同书，有时使用示范合同书文本。示范合同书文本上有"填空题"和"选择题"。"填空题"就是合同书上有空白行，让当事人填写；"选择题"就是有几个选项，让当事人打钩。这种合同的审查，表面上简便、容易，实际上需要律师对整个示范文本有所了解。不能只见树木，不见森林。

◎对示范合同书文本也要审查

示范合同书文本不是格式条款合同。格式条款合同是一方当事人制定的,其中的重要条款是"锅炉钢板条款",是不允许改动的。示范合同书文本是第三方制定的,有中立的立场,可信度较高。

但是,示范合同书文本有时也会出错,或者文本条款依据的规定已经修改,不审查就会将错就错,引发争议。我见过一本施工合同书文本,它藏着一个条款:两个月内不主张违约金,就丧失请求权。这个条款依据的规定已经修改了,但合同文本没有修改。最后双方当事人因为这一条发生了争议。

合同审查人员对常用示范合同文本的内容应当事先熟悉掌握,不要临时抱佛脚,不能图省事。

◎合同附件的特殊内容

有时,当事人会把技术规范、技术要求作为合同的附件。附件是合同的组成部分。

要命的是,附件中可能夹杂着违约责任的规定,负责起草合同的一方对此应是清楚的(也可能给忘了),另一方当事人可能并不知情。

技术方面的附件,技术人员要审查,法律人员也要审查。

◎异地签订书面形式的合同,是否一定要采用寄信的方式

不一定,可以采用数据电文签订合同。《合同法》第11条规定:"书面形式是指合同书、信件和数据电文(包括电报、电

传、传真、电子数据交换和电子邮件）等可以有形地表现所载内容的形式。"

《电子签名法》第4条规定："能够有形地表现所载内容，并可以随时调取查用的数据电文，视为符合法律、法规要求的书面形式。"第5条规定："符合下列条件的数据电文，视为满足法律、法规规定的原件形式要求：（一）能够有效地表现所载内容并可供随时调取查用；（二）能够可靠地保证自最终形成时起，内容保持完整、未被更改。但是，在数据电文上增加背书以及数据交换、储存和显示过程中发生的形式变化不影响数据电文的完整性。"

采用数据电文签订合同是有效率的，但要注意制造证据、保留证据。

单位以传真形式订立合同的，应当注意加盖公章。比如，甲方写好合同，盖上公章再传真给乙方，乙方同意的，盖上公章再传真给甲方。

《合同法》第33条规定："当事人采用信件、数据电文等形式订立合同的，可以在合同成立之前要求签订确认书。签订确认书时合同成立。"签订确认书是保留证据的一种方法，但当事人往往不愿意合同在签订确认书时成立（影响效率）。这一点要事先说清楚，说明确认书不是合同成立的标准，而只是对已经成立的合同的确认。

◎对要约邀请的审查

在合同订立前，往往要发出要约邀请。要约邀请有时是一对一的，有时则以商业广告的形式表现，针对不特定的多数人。

对要约邀请的审查，至少要注意三点：第一，会不会构成商业吹嘘或广告欺诈；第二，按容纳规则，要约邀请中的条款可能最终进入合同，这是否为当事人所愿意承受的；第三，要注意区分要约邀请与要约，有时，表面上是要约邀请，实际上却是要约。

◎不可撤销的要约与可撤销的要约

例1：甲给乙发电子邮件，问："借给贵公司的'起重机'，10万元出卖，你司要不要（要约）？请在5天内答复。"

由于规定了承诺期限，属于不可撤销的要约，乙应当在规定的期限内送达答复（承诺），否则要约失效。

例2：甲给乙发电子邮件，问："有一条'红龙鱼'，10万元，要不要（要约）？"

由于没有规定承诺期限，属于可撤销的要约。此要约失去效力可有两种情况：其一，甲通知乙撤销要约；其二，经过合理期限乙未送达答复（承诺），要约自动失效。

◎镜像规则、最后一枪规则、容纳规则

1. 合同的内容是由要约设计的，承诺是单纯的同意（镜像规则），例外是非实质性变更。
2. 由最后一个要约决定合同的内容，称为"最后一枪规则"。
3. 审查合同，要看要约是否承继了要约邀请的内容，后边的要约是否承继了前一要约的内容，以及最终哪些内容通过承诺进入合同（容纳规则）。

◎ **合同当事人的指代应前后一致**

合同书前边用甲方和乙方,后边又说出卖人与买受人,或者又说定作人与承揽人,看合同的人会觉得有点绕,得花力气搞清谁是甲方,谁是乙方。

合同的一个基本要求是:清楚。

◎ **合同书首部的签约日期与实际签约日期应当一致**

一份合同书,首部写着合同签约时间,而落款部分的签约日期又与其不一致(一般是实际签约时间在后),应以实际签约日期为准,因为实际签约时间是达成合意的时间。

为防止不必要的争议,在签署合同的时候,最好把前后两个时间统一起来,或者干脆不要首部的签约时间。

◎ **合同书约定的"时间段"与签约时间的协调**

合同书或其他书面形式的合同中,当事人常常约定"期间",期间是时间段,是合同效力持续的时间。期间的起点有时与签约的时间不一致。

例:甲与乙的书面合同,约定有效期是从 2016 年 1 月 1 日至 2017 年 1 月 1 日。双方实际签署的时间是 2016 年 2 月 1 日。

显然,合同自 2016 年 2 月 1 日起生效,根据已知条件,合同有效期间不能顺延到 2017 年 2 月 1 日。

◎ **违约金的约定一般要"对称"**

比如,甲方迟延履行的违约金迟延数额(逾期数额)计算标准是日0.05%，乙方迟延履行的违约金迟延数额（逾期数额）一般也应是日0.05%；甲方不履行的违约金是合同标的额的20%，乙方不履行的违约金一般也应是这个比例。

◎债权让与合同不可留下利息的"尾巴"

例：张甲借给李乙10万元钱，约定了月息，但没有约定借款期限。交付借款一年后，张甲将对李乙的债权转让给王丙。张甲与王丙的《债权转让合同》写道："张甲将对李乙的10万元债权（大写：拾万元整）转让给王丙。"

问题是已经发生的利息是否转让给了王丙？金钱之债是可分之债。张甲把利息债权保留下来，也不是没有可能。假如利息是1万元，可以这样写："张甲将对李乙的11万元债权（拾壹万元整，包括借款本金拾万元及一年利息）转让给王丙。"王丙可以10万元本金，对李乙主张受让债权后发生的利息。如果以11万元为本金对李乙主张利息，则法院不会支持。

◎股权转让，约定到期未到工商办理登记的违约责任是否有效

例：甲把自己对有限责任公司的股权转让给乙，3月1日签订股权转让合同，3月3日将乙记载于股东名册（实务中，很多公司没有设置股东名册）。双方约定4月1日前，甲到工商办理登记，到期不办，则承担若干违约金。此约定是否有效？

有人认为股权在股权转让合同成立生效后移转给受让人；有人认为是在记载于股东名册后移转；还有人认为是在公示登记后移转。应是在股权转让合同成立生效后移转。本案股权在3

月1日已经移转给乙，但甲不给乙办理登记，仍构成违约责任。办理登记，毕竟是一项合同义务（属于给付义务）。

◎ 术语的准确运用，有助于减少纠纷

术语运用不准确，可能产生争议。例如：

1. 定金写成了订金，而订金不适用双倍返还的规则；
2. 抵押写成质押，或者相反；
3. 保证人是在主债务人"不"履行债务时承担责任，还是"不能"履行时承担责任，没有写清楚；
4. "钢筋、木材、水泥等"写成"钢筋、木材、水泥等建材"就会避免对"等"的争议；
5. 有一种误用无伤大雅，但会引来内行人的讥笑，如"遗赠扶养协议"写成"遗赠抚养协议"。

◎ 商业广告的一个风险

要约与承诺取得一致，合同成立。要约与要约邀请不同：要约是为了唤起承诺，要约邀请是为了唤起要约；要约具有拘束力，要约邀请原则上不具有拘束力。

商业广告一般为要约邀请。一个风险是，把商业广告写成了要约，而广告中的宣传最终成为合同条款（容纳规则）。

审查者要告诉当事人这个广告是什么性质。

◎ 悬乎的"条件"

付款时间，不要约定为"债务人安装完毕时支付""经济状况好转时支付""赢利时支付"等。这些都很悬乎，极易引起争议。

可以算一下债务人"安装完毕""经济状况好转""赢利"等行为所需要的时间，直接把时间确定下来，即明确为"给付附期限"。这不易造成争议，因为时间的流逝是确定的。

◎ **合同附既成条件，等于没有附条件**

以某一已经发生的事实作为条件，该条件称为既成条件。"既"是"已经"的意思。

例：2月28日，甲与乙约定，如果甲继承了A房，就送给乙。被继承人丙于昨天（2月27日）死亡，甲于丙死亡时已经继承了A房，取得了A房的所有权。[1]

甲、乙均不知丙死亡，双方签订的合同是附既成条件赠与合同，这种合同等于没有附条件，即这种合同与一般的合同没有区别。

◎ **先履行义务人可以把"担保生效"作为"主合同生效"的条件**

先履行义务人（如先发货、先付款的人）常常会要求对方提供担保，对方提供的担保未生效时，先履行义务人可以行使抗辩权。先履行义务人也可以与对方协商，把担保生效作为主合同生效的条件。

◎ **合同可以同时约定附两种条件**

合同可以同时约定附两种条件，即同时约定附生效条件和

---

[1]《物权法》第29条规定："因继承或者受遗赠取得物权的，自继承或者受遗赠开始时发生效力。"

附解除条件，但在条件成就的次序上应当有先有后。在生效之后，才可因解除条件的成就而解除合同。

例：甲、乙两公司约定：甲在3个月内研发出A技术，就允许乙有偿使用（使用费由其他条款确定），如果乙方违反保密条款，则合同自动解除。

◎ **合同所附条件要明确**

附条件的合同，如果没有"条件"的字样，或者没有"如果"如何，"就"如何（如果3个月内发生地震，甲就送给乙3000顶帐篷）的表述，它仍然是附条件的合同。

若当事人在起草的合同中，没有将条件写清楚或者没有明确揭示出来，则会产生意思表示解释的问题。而意思表示解释又是一项非常复杂的作业，解释的结果往往要取决于法官的水平。

律师在审查、修改合同时，发现当事人有设定条件的意图，应当把条件明确下来（将条件明示）。明文规定发生某某事情时，"就"如何。

◎ **可以把一方不履行合同作为解除合同的条件**

例：一份协议书规定："如乙方没有按约定履行本协议第3条中的承诺，本协议自动解除。"

这是附解除条件的合同。本例的条件是随意条件，随意条件成就与否，决定于一方的意志。

◎当事人能否约定,以债务人的履行为合同的生效条件

例:张甲与李乙约定,张甲将一枚猴票(纪念邮票)以1万元的价格卖李乙,在签订合同后3天内,李乙交付5000元货款的时候,买卖合同生效。

张甲与李乙之间的买卖合同,是附随意条件的合同,约定是有效的。

条件分为偶成条件、随意条件和混合条件。以债务人的履行为条件,属于随意条件。

关于随意条件、偶成条件及混合条件,作以下简要说明。

1. 随意条件,又称为意定条件,是指条件之成就与否取决于当事人一方的意志。例如,试用买卖能否成功,取决于买受人的意志;所有权保留买卖能否发生所有权转移,取决于买受人能否如期完成约定的付款等义务。故试用买卖、所有权保留买卖是附随意条件的合同。再如,甲方借给乙方一架钢琴用来练习,准备考级,双方约定如果乙不再参加钢琴考级,则将钢琴归还。这也是附随意条件的合同。

2. 偶成条件,又称为偶然条件,是指条件之成就与否不取决于当事人的意志,而取决于偶然发生的事实。

3. 混合条件,是指条件成就与否不但取决于当事人的意志,还取决于偶然之事实。如张某与李某约定,如李某与黄某结婚,则张某送李某一套房屋。结婚不但取决于赠与合同当事人李某的意志,还取决于第三人黄某的意志,因此该赠与合同所附条件是混合条件。

◎实践合同与附随意条件

《合同法》第210条规定："自然人之间的借款合同，自贷款人提供借款时生效。"据此，两个自然人之间的借款合同（民间借贷的一种）是实践合同。

实践合同以履行作为合同的生效要件，这很像附随意条件的合同，但不是。因为附条件的合同所附条件为意定条件，而法律规定的条件是法定条件。

◎一方签字，仍可构成格式条款合同

例：事先定好去日、韩的油轮，船方宣布，因台风，不能去日本，只能去韩国。到了韩国口岸，中国甲旅游公司（旅游组织方）要游客们去韩国首尔观光。张乙不想下船，甲旅游公司非要张乙签订一份打印好的承诺书，承诺张乙不下船，一切责任由张乙自己承担。最后，张乙签了字。

一方签署的所谓承诺书，仍可构成格式条款合同。合同书的双方签字、盖章，只是证明双方达成合意。一方签订的承诺书，亦可证明达成合意。对此类合意，要依照《合同法》第40条进行考量，看是否有效。

◎对履行期和终止期的审查

例：甲公司与乙公司签订了买卖合同，约定发货的时间为2016年1月1日，还约定合同终止的时间是同年2月1日。到期出卖人甲公司没有发货。请问：约定终止期与不约定终止期有什么区别？

约定发货期与约定终止期的合同,都是附期限的合同。不过,发货期约定了给付期限,而终止期是合同法律关系消灭的期限(附终期的合同)。

本案到 2016 年 1 月 1 日时,甲公司没有发货,构成违约。但其可以在 2 月 1 日前发货。到了 2 月 1 日还不发货,则合同自动终止。

这个终止期是个双刃剑:第一,过了 2 月 1 日,买受人可以拒绝收货;第二,到期买受人也不能请求强制实际履行了,只能追究出卖人的其他违约责任。

如果买受人支付了定金,到 2 月 1 日出卖人还不发货,才能适用定金罚则。

◎是不是无效保底条款

例:甲与乙是 A 公司的股东,甲占股份 90%,乙占 10%。甲、乙签订股权转让合同,约定甲只留下 10% 的股份,其余转让给乙。乙的对价是:不论目标公司(A 公司)盈亏,每年给甲 100 万元。律师在审查合同时心中有疑问:是不是无效保底条款?

这不是合伙、联营的保底条款,因为公司是独立的经营主体。合同有效,但有可能是显失公平的。此类合同,可以放行。

◎自掘合同陷阱的行为

例:甲方提出了合同条款,不允许乙方变动,乙方要么接受,要么走开。

乙方知道合同中的条款是无效的,欣然签订了合同,而对无效条款，甲方可能是有对价的。问题是，这种对价不是单列的，不是具体对应某一条款的，一旦确认条款无效（合同部分无效），则相应的"对价"就覆水难收了（"对价"亦无效）。故甲等于自掘合同陷阱。

◎股权转让与公司资产转让

要区分股权转让与公司资产转让，不要一勺烩，不要一锅煮。

一个合同中，可能既有股权转让，又有公司资产转让。如果在一个合同中写，最好在一个条文中分上下款来写。

股权转让，须股东签名、盖章。公司资产转让，由公司法定代表人签字，或由公司盖章。

例：甲（股权转让人）、乙（股权受让人）、丙（目标公司）三方签订了一份协议书，约定：甲把90%的股权转让给乙，丙公司把公司所有的一套房屋转让给甲。

此合同三方签字后生效。

◎可以成功的技巧与不能成功的技巧

例1：甲把一批铝锭出卖给乙，价金为1500万元，约定由甲出款，乙欠甲借款1500万元（把欠的货款转为民间借贷）。到期乙未还钱，甲起诉乙请求解除铝锭买卖合同。

本案纠纷应当为民间借贷纠纷，欠的借款不是货款，因此甲并没有买卖合同的解除权，只能要求乙履行借款合同。

例2：甲把一批货物卖给乙，价金为250万元，甲担心乙嫌质量不好，想把货款转为欠款，约定乙欠甲借款 250 万元。到期乙未还钱，甲起诉请求履行民间借贷合同，乙则反诉质量不合格，请求解除合同、赔偿损失，还主张自己不支付款项是行使先履行抗辩权。甲主张本案纠纷是民间借贷纠纷，不应审理买卖合同纠纷。

本案应当审理买卖合同（基础法律关系）纠纷。甲的技巧不能成功（请与例 1 比较）。

◎业务人员使用专用章的，为有权代理

有的公司，刻了某某专用章让业务人员使用，此种情况，业务人员一般为有权代理。

例：甲房地产公司设立了售楼部，售楼部使用售楼专用章与买受人签订房屋买卖合同。公司知道这个章的存在。后来公司法定代表人声称不知道使用售楼专用章签订的各项合同。

其实，他知道售楼专用章的存在，至少构成容忍委托授权（见《民法通则》第 66 条第 1 款）。售楼部人员使用售楼专用章是有权代理，而非表见代理。

◎一个无权代理订立的合同中包含仲裁协议，该合同未获得追认，仲裁协议效力如何

该合同包含的仲裁协议也就未得到追认。实体合同与仲裁协议均不能生效。

仲裁协议独立存在，因为仲裁协议实际上是相对独立的程序性合同。当一个无权代理订立的合同包含仲裁协议时，该合同未获得追认，该合同包含的仲裁协议也就未得到追认。实体

合同与仲裁协议均不能生效，当事人间的纠纷应由法院处理。

《合同法》第57条规定："合同无效、被撤销或者终止的，不影响合同中独立存在的有关解决争议方法的条款的效力。"这里讲了一个因果关系。但是"解决争议方法的条款"会有自己无效的原因。但实体合同与程序合同会有同样无效的原因——无权代理未获追认。

◎关于部分追认

例1：无权代理人代理甲方与乙方订立了买卖1万吨煤炭的合同，甲方追认5000吨，甲、乙双方能否就5000吨煤炭成立合同？

不能。甲方就5000吨煤炭的代理权追认后，须得乙方同意，才能就5000吨煤炭的买卖成立合同。

例2：代理人只有代理签订6000吨煤炭的授权委托书，却代理签订1万吨，则可就4000吨追认，也可就4000吨拒绝追认。这时，可以用可分之债的理论进行解释。

前后两个案例不同，第一个案例根本没有授权。第二个案例有部分授权。

◎合同风险的承受

订立合同有风险。当事人订立合同，不一定要避免风险，只是要考量有没有必要承担这种风险，或者要考虑对这种风险有没有应对措施，有没有对风险的承受力。

做出决策的时候，如果能够预先了解合同风险，就好办了。最怕不知风险在哪里！

◎违约金条款的审查

审查违约金条款,应注意违约金的性质。违约金分为不履行的违约金、瑕疵履行的违约金、迟延履行的违约金。合同中可以同时约定上述三种违约金,同时约定不履行的违约金和迟延履行的违约金的,较为常见。

1. 不履行的违约金针对不履行。合同解除之后只能适用"不履行的违约金",因为合同解除后,处于不履行的状态。应注意的是,面向将来的解除属于部分不履行,对该部分适用的违约金,仍属于不履行的违约金。另外,还有按"批"解除的情形。

例:甲方卖给乙方100万元的煤炭,分10批发货,约定不履行的违约金为标的额的20%。第8批煤不符合质量,其余各批合格。

《合同法》第166条第1款规定:"出卖人分批交付标的物的,出卖人对其中一批标的物不交付或者交付不符合约定,致使该批标的物不能实现合同目的的,买受人可以就该批标的物解除。"因煤是可替代物,乙方可单就第8批解除,并请求该批不履行的违约金两万元。

2. 瑕疵履行的违约金针对虽然履行但有瑕疵的情形。例如,当事人约定:给付物质量未达到某某要求,支付多少违约金。

3. 迟延履行的违约金针对履行陷于迟延的情形。比如,出卖人虽然将出卖的房屋交付给买受人,但晚了3个月,如果约定了违约金,出卖人自当承担违约金责任。

◎ 合同可以排除违约金的调整权吗

《合同法》第114条第2款就违约金的调整权规定："约定的违约金低于造成的损失的，当事人可以请求人民法院或者仲裁机构予以增加；约定的违约金过分高于造成的损失的，当事人可以请求人民法院或者仲裁机构予以适当减少。"

在审查合同的时候，会发现，有时当事人合意排除违约金的调整权。这是可以的。

1. 合意排除违约人要求降低违约金的权利。违约金分为补偿性违约金和惩罚性违约金。补偿性违约金是违约金的基本性质，但惩罚性违约金也允许存在。当事人约定违约金超过违约造成的损失，而不予以调整的，则违约金既具有补偿性，又具有惩罚性；当违约并未造成损失时，仍适用约定的违约金，则违约金就是惩罚性违约金。

2. 合意排除违约人要求提高违约金的权利。当事人约定，当违约金不足以弥补损失时，不得再请求提高违约金，这种债务的"部分预先免除"当然是允许的。民事权利，权利人可以处分。

◎ 鱼和熊掌，可否兼得

《合同法》第116条规定："当事人既约定违约金，又约定定金的，一方违约时，对方可以选择适用违约金或者定金条款。"

在课堂上，我经常讲，违约金与定金是鱼和熊掌，不可兼得。现在要特别说明的是，如果当事人特约在适用定金的基础上又适用违约金，这种约定是有效的，原因在于上述《合同法》第116条并非强制性规定，是可以排除适用的。

例1：当事人约定，买受人向出卖人交付1万元定金，同时又约定，任何一方"撕毁合同"，除适用定金罚则外，还应当按标的额的10%支付违约金。

此例中，鱼和熊掌是可以兼得的，如果法官判决只能择一适用的话，并不是我说错了。律师为当事人设计"双用"条款时，一定要慎重。"双用"条款的风险，来自于对《合同法》第116条的不同理解。

例2：当事人约定，买受人向出卖人交付1万元定金，同时又约定，任何一方"撕毁合同"，应当按标的额的10%支付违约金。

此例中，鱼和熊掌是不可以兼得的，法官只能判决择一适用。因为此例看不出当事人对《合同法》第116条排除适用的意思。

当事人特约"双用"的，可以依照《合同法》第114条第2款的规定请求调整违约金。该款规定："约定的违约金低于造成的损失的，当事人可以请求人民法院或者仲裁机构予以增加；约定的违约金过分高于造成的损失的，当事人可以请求人民法院或者仲裁机构予以适当减少。"

◎注意合同条款的性质

要注意合同条款的性质，是"设权性条款"（为当事人设定权利的条款），还是"设义性条款"（为当事人设定义务的条款）。写不清楚，日后容易发生争议。

比如，甲、乙的《合作协议》是这样写的："甲方开发矿山，乙方保证矿石的供应。"能看出来，这实际上是"设义性条款",尽管甲方有相应的权利(请求供应矿石),但这个条款是从乙方义务的角度表述的。另外,这个条款的表述不够具体,应当细化。

◎记载于合同台账

甲方负责起草合同文本,乙方不同意或者质疑其中的某些条款,甲方对条款做了书面解释或者书面答复。

乙方对解释或书面答复应当保存或者记入合同台账。将来对合同条款的理解不一致,发生争议时,这些东西很有用。

◎当事人可以在合同中约定形成权和除斥期间吗

可以。例如,甲乙在合同中约定:发生某一事由,甲可在一个月内通知乙解除合同,超过一个月不行使解除权,即丧失该项权利。双方约定的解除权是简单形成权(形成权分为简单形成权和形成诉权),一个月的期间是除斥期间(除斥期间分为法定除斥期间和意定除斥期间)。

在现行的立法中,也有关于当事人约定形成权和除斥期间的具体规定。例如:

1.《合同法》第93条第2款规定:"当事人可以约定一方解除合同的条件。解除合同的条件成就时,解除权人可以解除合同。"依照此规定,解除合同的条件成就时,合同并不自动解除,而是当事人成立解除权。这个解除权是意定形成权(形成权分为法定形成权和意定形成权)。

2. 按照《担保法》,保证期间可以由当事人约定,且约定优于法定。按《担保法解释》的精神,保证期间是除斥期间。

◎合同中能否约定撤销权

撤销权是形成权,撤销权都是法定的,合同中如果约定了撤销权,并非无效,但应当解释为意定单方解除权。为避免麻烦,还是直接使用"解除权"这个词为好。

◎当事人可以在合同中约定律师费用的承担吗

在合同中约定,将来诉讼中,律师费用由败诉的一方承担,应当是有效的。它实际上是一种违约费用(违约带来的损失),符合损害填补规则的要求(或全部赔偿规则的要求)。

◎房屋"代持"合同,要写三句话

例:甲要买房,请求乙,以乙的名义购买,登记在乙的名下。

甲、乙的合同要写三句话:
第一句话:房子是甲的;
第二句话:钱是甲出的;
第三句话:以乙的名义。

第二节 若干技术问题

◎签字不能用艺术体

例:甲方与乙方签订了合同,由王丙为乙方的履行提供担保,王丙以保证人身份在合同书上签了字。后乙方不履行合同,甲方要求王丙承担责任。王丙拒绝,说自己没有签字。原来,合同书上的签字是艺术体（街边常见有偿为他人设计艺术签名的地摊），与王丙平时的签字并不一致。该签名是否为王丙所签能鉴定出来，但非常麻烦。所以，在签订合同的时候，要看一看对方或第三人的签字有没有异常。古语云：小心无大错。

有的当事人在签订合同、打借条时故意写错名字，或者故意违背平时书写习惯（笔画顺序等习惯）。另外，签名也不能用乳名、小名、外号。写了乳名、小名、外号，签字人事后可能不承认。

签名应是横着写，有人签名是上下写，这也不妥。

◎签字的位置与"身份"的认定

比如，在借条中有"借款人"一栏，在其右或者在其下，有张甲和李乙的签字，一般应认定张甲与李乙为共同借款人，二人承担连带责任。

再如，在借款合同中，在"出借人（贷款人）"一栏的右边或下边有张甲的签字，在"借款人"一栏的右边有李乙的签字。王丙的签字离上述两栏较远，没有"抬头"，在没有其他证据的情况下，不能认定王丙是借款人或保证人。

◎是否漏签——审查合同的一个点

例：甲、乙签订一份买卖合同，乙的法定代表人张某某以法定代表人的身份在协议书上签了字。后来乙不履行合同，甲起诉张某某，要求其承担连带责任。理由是合同上有一句话："张某某对乙履行债务承担连带保证责任。"张某某的抗辩是："合同是甲起草的，我没有注意到让我个人承担责任，我也没有以个人名义签字。"

这个案子中，张某某作为自然人是一个独立的主体，除了作为法定代表人签名外，还应作为自然人（保证人）签名。虽然不签名也能认定他有承担保证责任的真实意思表示，但要麻烦得多。实务中，这种例子并不罕见。

◎**合同签订的时间**

1. 合同落款部分，在签字或公章的后面，不要忘了注明合同签订时间。因为合同签订时间通常是合同生效的时间，有时也是履行期间的起点。

2. 一种是直接写年月日；还有一种加一个帽子，"签订时间：年月日"。

3. 双方异地签订合同的，要有两个签订时间。

4. 有的合同在落款部分，甲方下边有一个签订时间，乙方下边也有一个签订时间，这是可以的。如果双方同时签订，一个签订时间就可以。

5. 合同签订的时间，应当在落款部分，而且应当手写，不要事先打印好日期。有的合同，在首部打印好合同签订的时间，而在落款部分却没有签订时间。这会引起争议。

◎**编号、骑缝章及其他**

经常签订合同的单位，应给合同书编号，这样便于分类归档。两页以上的合同，要编页码，页码要连贯，防止漏页。

重要的合同要盖骑缝章。问题是：有时无法完整拼对，有时会漏页。当事人打官司的时候，这就会成为合同书是否构成有效证据的一个点。所以，盖章的时候心要细一些。心太粗，搞不了法律。

骑缝章与落款的章，应是同一个章，不要单刻一个骑缝章

（很多单位的骑缝章与公章不同）。

也可以将每页的边缘错开，以签字代替骑缝章。

◎告知当事人出借"信章书户"的风险

《民事诉讼法解释》第 65 条规定："借用业务介绍信、合同专用章、盖章的空白合同书或者银行账户的，出借单位和借用人为共同诉讼人。"这样规定，是因为出借人与借用人对合同相对人承担的是连带责任。审查合同时，应将风险告诉委托人（委托审查合同的一方）。

◎合同对"时间点"和"时间段"的表述

起草合同，经常会用"时间点"（期日）和"时间段"（期间）。在表述上要慎重。下面谈几例：

例 1：2 月 1 日（时间点）以前发货，不易产生争议。

例 2：6 月 1 日至 7 月 1 日（时间段）发货，基本上也不会发生争议，但有一点要说明，即这个时间段是包括 6 月 1 日当天的，6 月 1 日发货，不算提前发货。这与诉讼时效等时间段的起算不同。诉讼时效开始的当天（发生法律事实的当天），是不计入在内的。[1] 例如，张甲 2016 年 2 月 1 日把李乙打伤，如果没有中断、中止的事由，诉讼时效这个时间段到 2017 年 2 月截止，把李乙打伤的 2016 年 2 月 1 日不计算在内。原因在于，诉讼时效开始的当天不足一天，而当事人约定的 6 月 1 日是整整一天。

---

[1]《民法通则》第 154 条第 2 款规定："规定按照小时计算期间的，从规定时开始计算。规定按照日、月、年计算期间的，开始的当天不算入，从下一天开始计算。"

例3：甲、乙约定"一个月后发货"，按文义可以解释为"一个月后，两个月内发货"。有时，根据具体情况，也可以解释为"一个月后，一个月零15天内发货"。不能认为两个月后也在一个月之后，从而解释为"两个月以后发货也可以"。为避免、减少争议，最好不用这样的表述方式，直接标明何年何月何日到何年何月何日发货即可。

例4：甲、乙约定，履行期（期间）是签订合同后30个工作日。从实践中的情况看，有的合同落款没有时间，这就为计算履行期制造了障碍。

◎授权委托书，应写明受托人享有授权的期间

授权委托书，除了要写明所授权限以外，还应写明受托人享有授权的期间（时间段）。

授权委托书的内容：权限 + 期间。

即便写明了享有授权的期间，授权人（委托人）仍有权随时解除委托合同。《合同法》第410条规定："委托人或者受托人可以随时解除委托合同。因解除合同给对方造成损失的，除不可归责于该当事人的事由以外，应当赔偿损失。"

（订立）委托合同是双方法律行为，委托授权是单方法律行为。委托合同是委托授权的基础法律关系，解除了委托合同，也就终止了委托授权。

◎不同性质的款项要分别书写

例：甲公司、乙公司签订装修一座大楼的合同（建设工程合同），由工程承包人乙公司带资装修。《合同书》写道："工程竣工验收合格后15天内，甲公司支付工程款。"合同没有写

"带资"部分何时偿还。这样就会形成两个诉讼时效,一个是定期债务(工程款)的诉讼时效,另一个是"带资款"(性质为民间借贷)的不定期债务的诉讼时效。[1]

工程款和"带资款"(借款)分别书写清款时间,有减少矛盾与争议之效。

◎合同审查的一项任务:发现自相矛盾的条款

一些"裹脚布"合同,存在自相矛盾之处。诉讼时,甲主张A条款,乙主张B条款,谁都能找到武器,谁也说服不了谁。

例:一份房屋买卖合同书的一个条款约定,出卖人甲方不按时交付房屋,按合同标的额日0.05%支付违约金,另一个条款则规定违约金是日0.03%。

合同审查的一项任务,就是发现自相矛盾的条款。

◎可仲可诉的约定是否有效

例:甲、乙签订的技术合同中有一解决争议的条款:"发生争议,任何一方可向有管辖权的仲裁机关提起仲裁,或者向有管辖权的法院提起诉讼。"一方向仲裁机关提起了仲裁,另一方则提出仲裁机关无权审理。请问:可仲可诉的约定是否有效?

---

[1]《诉讼时效规定》第6条规定:"未约定履行期限的合同,依照合同法第六十一条、第六十二条的规定,可以确定履行期限的,诉讼时效期间从履行期限届满之日起计算;不能确定履行期限的,诉讼时效期间从债权人要求债务人履行义务的宽限期届满之日起计算,但债务人在债权人第一次向其主张权利之时明确表示不履行义务的,诉讼时效期间从债务人明确表示不履行义务之日起计算。"

《仲裁法解释》第 7 条规定："当事人约定争议可以向仲裁机构申请仲裁也可以向人民法院起诉的，仲裁协议无效。但一方向仲裁机构申请仲裁，另一方未在仲裁法第二十条第二款规定期间内提出异议的除外。"《仲裁法》第 20 条第 2 款规定："当事人对仲裁协议的效力有异议，应当在仲裁庭首次开庭前提出。"

另一方提出仲裁机关无权审理，等于提出了异议。

◎仲裁协议约定不明的一种情况

例 1：甲、乙的合同约定：如果发生争议，适用仲裁规则解决争议。

例 2：甲、乙的合同约定：如果发生争议，适用石家庄仲裁委的仲裁规则解决争议。

《仲裁法解释》第 4 条规定："仲裁协议仅约定纠纷适用的仲裁规则的，视为未约定仲裁机构，但当事人达成补充协议或者按照约定的仲裁规则能够确定仲裁机构的除外。"例 1 视为未约定仲裁机构，例 2 视为约定石家庄仲裁委为仲裁机构。

◎担保合同与主合同签订的时间不一致，不会影响合同效力

例 1：甲与乙约定，如甲借给丙 100 万元，由乙承担保证责任（在主合同之前签订）。

例 2：甲与乙约定，甲借给丙 100 万元，由乙承担保证责任（与主合同同时签订）。

例 3：甲借给丙 100 万元之后，又与乙约定，由乙承担保证责任（在主合同之后签订）。

担保合同是从合同，包括保证合同、抵押合同和质押合同。担保合同在主合同之前签订、同时签订、之后签订，都不会影响其效力。

◎以抵押登记簿为准，还是以抵押合同为准

在审查抵押合同的时候，要看合同是否注明抵押担保的范围包括利息。

抵押登记簿记载的抵押担保范围，与抵押权合同约定的担保范围应当一致。否则，按登记的处理。

例：甲借给乙100万元，约定了利息，双方还约定乙把自己的一套房屋抵押给甲，约定抵押担保的范围包括利息。双方到登记机关办理了抵押登记。抵押登记簿记载的抵押担保范围是100万元。后来，乙未按时还钱，甲起诉请求行使抵押权，优先受偿110万元（含10万元利息）。法官认为只能优先受偿100万元。

抵押权人（债权人）的辩解是：签订合同时，还不知道利息是多少，可能是10万元，也可能是15万元，对未确定的利息，就未要求登记机关在登记簿上记载。主张对利息部分，就抵押物也享有优先受偿权。抵押权人引用了《物权法》第173条："担保物权的担保范围包括主债权及其利息、违约金、损害赔偿金、保管担保财产和实现担保物权的费用。当事人另有约定的，按照约定。"

合同约定与登记簿记载是不同的法律行为，应当以登记簿为准，即应认定抵押权人对利息债权部分，就抵押物没有优先受偿权。

借款债权是可分之债，将本金与利息区分是可以的。

登记一般以合同为准，但当事人及登记机关也有失误的时候。在审查抵押合同后，应告知抵押权人，要将利息在抵押登记簿中记载，尽管利息没有固定的数额。

◎担保合同与主合同要对上号

主合同是主债权人与主债务人签订的。主债权人与担保人签订的合同，是担保合同、从合同。主债务人与担保人签订的合同，叫委托担保合同，是委托合同的一种。

实务中，很多主合同与担保合同（从合同）是分别签的，有些担保人还没有见过主合同。

如果主合同是有编号的，（担保合同）要注明担保某某合同（注明编号）的什么什么债权（谁的债权，多少债权）。如果没有编号，也要让人能一眼看出来担保合同是与哪个主合同配套的。

担保人不但要留一份担保合同，还要留一份主合同。

◎诚意金的性质是什么

我国南方地区签订商事合同，流行着诚意金。诚意金并不是法律术语，而是民间的一种说法。

诚意金的性质一般是订金，不是定金，但是要看当事人具体约定。当事人约定双倍返还的，就是定金了。

◎可以在《补充协议》中约定《协议》的终止吗

可以，没有什么障碍。有时所谓补充协议，是变更协议。

比如，当事人约定"支付本《补充协议》约定的款项后，原《协议》终止。"这就设定了原《协议》终止的一个条件

（随意条件）。

◎ **企业合同管理**

1. 企业合同管理，是企业管理活动中的一个重要方面。大型企业多制定了"合同管理办法"。企业合同管理是重要的课题，目前国内缺少系统研究。

2. 企业合同管理，是对合同行为及有关行为的管理。可以区分为几个阶段或层次，如合同订立的管理、格式条款的管理、公章使用的管理、履行行为的管理、解除程序的管理、争议解决的管理，等等。

3. 企业对外签订合同，主要有两种模式：第一种是"会签"，参加会签的人有合同经办人员、法律部门人员（一般是内部法务，有时会外聘律师）、财务人员。有时需要技术部门、生产部门的人员参加会签。大型国有企业纪检人员也会参加会签。狭义的会签，是要开会的，应当做出会议纪要，由参加会签的人员签字。会签，有点分担内部风险的作用。第二种是"报签"，按照一定程序，层层上报，由领导或主管领导最终拍板（一般不会拒签）。

凡事有利有弊。"会签"与"报签"减少了订立合同的内外风险，但效率较低。一些小企业采用"数额控制"的方法，即一定数额以下的合同，简化内部程序。这样，合同承办人员就会"化整为零"，100万元的货物，有时分十几次来买。

第三节　各类合同的起草、设计、审查

第一目　买卖合同

◎ **审查合同，要看一下双方履行义务的时间**

例：买卖合同当事人约定分批送货时，有时忘了约定付款时间。那么，是每批货物交付时付款，还是货物交齐了付款？

《合同法》第161条规定："买受人应当按照约定的时间支付价款。对支付时间没有约定或者约定不明确，依照本法第六十一条的规定仍不能确定的，买受人应当在收到标的物或者提取标的物单证的同时支付。"如果不能对合同漏洞进行填补，买受人应在每批货物交付时付款，买受人不付款，出卖人可以行使同时履行抗辩权。

审查合同，要看一下双方履行义务的时间。若发生争议，虽然有解决的办法，但也是挺麻烦的。

◎ **要强调最后的10%质保金是价金的一部分**

分期付款买卖合同的最后一期货款，常被当事人约定为质保金（一般是总货款的10%）。出卖人的请求权，诉讼时效应当从最后一批货款到期不支付时起算。[1]但实务中，有的法官和仲裁员认为，最后一批货款是另一给付，前几批货款和最后

---

[1]《诉讼时效规定》第5条规定："当事人约定同一债务分期履行的，诉讼时效期间从最后一期履行期限届满之日起计算。"

的质保金应当分别计算诉讼时效（有案例）。

合同审查人员能做到的是：第一，在合同书中强调，最后的10%质保金是价金的一部分；第二，告诉出卖人在买受人违约时及时主张权利。打预防针，对当事人是有好处的。

◎ 动产所有权保留买卖，只能附条件，不能附期限

《合同法》第133条规定："标的物的所有权自标的物交付时起转移，但法律另有规定或者当事人另有约定的除外。"这个条文中的"另有约定"，限于动产所有权保留。

《合同法》第134条规定："当事人可以在买卖合同中约定买受人未履行支付价款或者其他义务的，标的物的所有权属于出卖人。"这是附随意条件的约定。动产所有权保留买卖，只能附随意条件，不能附其他条件，不能附期限。

不能附期限的理由是什么呢？

1. 所有权保留附期限易使第三人蒙受不测之损害。这个理由似乎不够充分，因为以附条件为所有权保留，仍然易使第三人蒙受不测之损害。

2. 所有权保留附期限易损害买受人的利益。因为在所有权保留期间，他不能有所作为，而附随意条件，他可以通过付款或履行其他义务取得动产所有权。

3. 《物权法》第6条规定："不动产物权的设立、变更、转让和消灭，应当依照法律规定登记。动产物权的设立和转让，应当依照法律规定交付。"第23条规定："动产物权的设立和转让，自交付时发生效力，但法律另有规定的除外。"动产所有权转让，须有法定公示方式（交付），"另有规定"包括附条件的所有权保留买卖，不包括附期限的所有权保留买卖。

4. 如果想绕过所有权保留不能附期限的障碍，可以签订两

个合同，一个是租赁合同或借用合同（使用借贷），另一个是买卖合同。

◎循环给付，可以约定浮动价格吗

例：甲卖给乙货物（动产），约定每月交付一批（固定数额），合同期限为两年，并约定价格随行就市，是否可以？

这样的循环给付中，价格可以随行就市。只是需要约定清楚，防止发生争议。该合同不属于预约。

◎样品封存

1. "凭样品买卖"要封存样品，当然要采用合格的样品进行封存。我想强调的是"凭样品买卖"中，样品通常是表达外观质量的，因为样品很难表现货物的隐蔽瑕疵，[1]但也有反映内在质量的"样品"。

例：甲公司向乙公司购买1000床棉被，要送往灾区，双方封存一床棉被。乙公司赶制出来后，交付给甲公司，甲公司抽检时发现，乙公司交付的棉被，棉花是劣质棉花，与封存棉被的棉花明显不符，后乙公司承担了违约责任。

2. 封存样品，可将样品交第三人保管，也可买卖双方各持一份样品。不管是谁持有样品，都要"签封"，买卖双方各持一份样品没有签封的，样品就完全失去了证据意义。

---

[1]《合同法》第169条规定："凭样品买卖的买受人不知道样品有隐蔽瑕疵的，即使交付的标的物与样品相同，出卖人交付的标的物的质量仍然应当符合同种物的通常标准。"

第二目　赠与合同

◎并非理论游戏

赠与合同是诺成合同，将诺成合同约定为实践合同，并不是一种理论游戏，实为满足当事人的特殊需要。

例如，甲想对乙为公益或道德义务性质的赠与，但又怕过于受约束，也怕出现意外情况履约有困难（不一定都能适用《合同法》第195条）或自己有新的需求等，乙为增加获赠的机会，同意把合同约定为实践合同（否则甲连合同都不签）。

◎赠与合同审查之"三看"

一看赠与合同的主体，是不是共同赠与，是不是共同受赠。

二看赠与的财产（标的财产），财产分物权、（合伙）份额权（区别于物权的份额）、股权、债权和知识产权中的财产权，它们的移转方式不同，对任意撤销权的影响也就不同。

三看是否附义务（附负担）、附条件。

◎本案回赠有风险

例：甲将房屋赠与乙，约定若受赠人乙先死，房屋再归甲。签订赠与合同后，双方一起到不动产登记机关办理过户登记手续。

本案有两个赠与合同，一个是甲对乙的赠与，另一个是乙对甲的回赠。这个回赠是死因赠与（赠与人乙先死亡，是附条件的赠与）。

本案的回赠有风险，因为乙可能在生前将房子出卖给他人。

第一部分　合同的起草、设计、审查

可以这样设计：甲将房屋交付给乙使用终生（为乙设立用益债权），如果甲先死，则房屋归乙所有。

◎ "双交"的约定没有用

例：甲与乙签订了一套房屋的赠与合同，甲向乙交付了占有，也交付了房产证书。双方约定："双交"以后，所有权归乙。

按照《物权法》第5条物权法定原则的规定，物权变动须采用"法定方式"，不动产物权变动的法定方式，就是登记。甲、乙双方"双交"移转所有权给乙的约定无效（赠与合同的部分无效）。甲仍有可能行使《合同法》第186条的任意撤销权。

第三目　租赁合同

◎ 转租条款的审查及相关问题

审查租赁合同，要看一下合同中有无转租的规定。相关问题是，如果擅自转租，可以采取哪些措施？

1. 有人在网上"普法"说："租赁合同中，约定承租人有转租权，承租人转租时，还应再取得出租人的同意。"

其实不需要。也就是说，不需要"二次同意"。不过，当事人约定转租的，最好在合同中明确一下转租人在转租时的通知义务（附随义务）。

2. 租赁合同约定了承租人有转租权，那么，次承租人有转租权吗？

根据合同的相对性，次承租人没有转租权。

3. 承租人没有转租权,却与第三人签订了转租合同(次租赁合同)。该合同效力如何?

(1)该转租合同效力待定。效力待定的合同是可追认的合同。

(2)转租合同签订后,出租人拒绝追认的,出租人、承租人、次承租人都可以主张合同无效。

4. 承租人转租的,不能超越与出租人约定的租期。比如,甲把房屋出租给乙,约定的租期为一年,并允许乙转租,乙使用了半年,又转租给丙,则转租合同的期限不能超过半年。

◎同意转租,在合同中如何表达

出租人同意承租人转租,可以限定次承租人,也可以概括地同意。例如,出租人规定承租人可以转租给某特定的第三人,其他人并无作为次承租人的资格。概括地同意转租,次承租人是谁无关紧要,承租人可以自由选择次承租人。当甲将房屋出租给乙,乙转租给丙,丙将次承租权转让给丁时,若乙获得的是概括授权,其就有权同意丙对丁次承租权的转让。

◎租赁时间怎么算

例:甲、乙在租赁合同中写道:"租期为10年",又写道:"租期从某年某月某日到某年某月某日",依此租期为11年。双方还约定,租金在承租的每年年底交付。现出租人甲主张租赁期限为10年,承租人主张租赁期限为11年。依据已知条件,租赁期限应为几年?

租赁时间为11年,理由是:具体约定优于概括约定。"租期为10年"应解释为书写错误。

第一部分　合同的起草、设计、审查

◎ 何种租赁

例：张甲即将到外国工作，就将自己的一套房屋出租给李乙，书面合同中没有约定租期，但约定：如果张甲回到本地，可以请李乙搬出房屋。

请问：本案合同①是不是不定期租赁合同？②是不是附解除条件的合同？③是不是附解除权的合同？

1. 当事人没有约定租期，故是不定期租赁合同，但张甲放弃了不定期租赁的随时解除权（任意解除权）。[1]
2. 不是附解除条件的合同，因为，附解除条件的合同条件成就时，合同自动解除。本案合同不自动解除。
3. 是附解除权的合同。本案解除权是意定形成权，张甲可以行使，也可以不行使。[2]

◎ 可以把小猫当租金吗

例：张三有一只名种公猫，有偿交给李四，为李四母猫配种。双方约定：李四的母猫生了小猫以后，给张三一只。李四的母猫生了一窝猫，只存活一只，双方都争这只猫。请问：应当如何处理？

有偿的动物配种合同是租赁合同，本案合同是一个给付附

---

[1]《合同法》第232条规定："当事人对租赁期限没有约定或者约定不明确，依照本法第六十一条的规定仍不能确定的，视为不定期租赁。当事人可以随时解除合同，但出租人解除合同应当在合理期限之前通知承租人。"

[2]《合同法》第93条第2款规定："当事人可以约定一方解除合同的条件。解除合同的条件成就时，解除权人可以解除合同。"

条件的租赁合同。条件是生两只以上的小猫,结果只生一只小猫,该小猫应当归李四。

本案合同,把天然孳息(小猫)作为出租(用益)的对价。租金一般是货币,但当事人可以特约以其他财产作为租金。

一方面,小猫是天然孳息(与老猫的关系),另一方面,又把小猫当作用益的对价(法定孳息),法定孳息依相对法律关系产生。

◎特约第三人(买受人)的任意解除权是否有效

例:张三想出卖房屋,但也不是三天两天能卖出去的,便决定先出租,赚点钱。张三将房屋出租给李四一年,为定期租赁。对定期租赁,张三和房屋买受人是没有任意解除权的。张三与承租人李四约定,如果出卖的话,买受人(第三人)有任意解除权。这样好卖。

如果房屋未出卖,出租人是没有任意解除权的,如果出卖,买受人(第三人)为新的出租人,享有约定任意解除权。

◎可以约定承租人、次承租人没有优先购买权

1. 出租人与承租人可以在房屋租赁合同中约定,承租人没有优先购买权。绝大多数法定的财产权利是可以意定排除的。

2. 在出租人同意承租人转租的情况下,出租人可与承租人在租赁合同中约定,转租合同的次承租人无优先购买权。但是,这种约定不能对抗善意的次承租人。

3. 由于次承租人的优先购买权优先于承租人的优先购买权,承租人与次承租人可以在转租合同中约定,次承租人没有优先购买权。

第四目　技术合同、委托合同

◎技术合同的文字陷阱

例：甲方出资金，委托乙方（开发方）研发一项技术。甲拟写的合同中有一项条款：乙方研发的技术成果，"申请专利等知识产权归甲方"。

一项技术成果（发明创造）的知识产权是多方面的，很可能还有著作权。如"三图一件"（工程设计图、产品设计图、地图、计算机软件），既成立著作权，也可申请专利。例中如此约定，乙方可能吃亏。关键是那个"等"字。这个"等"，是等外等。

◎如何区分委托开发合同和合作开发合同

区分很有必要，因为两种开发申请专利的权利是不同的。[1]区分的标准，关键是看出脑子，还是出资金、设备、一般性劳务。

例：甲拿出以往的技术资料和资金（自己不参与研究），让

---

[1]《合同法》第339条规定："委托开发完成的发明创造，除当事人另有约定的以外，申请专利的权利属于研究开发人。研究开发人取得专利权的，委托人可以免费实施该专利。研究开发人转让专利申请权的，委托人享有以同等条件优先受让的权利。"第340条规定："合作开发完成的发明创造，除当事人另有约定的以外，申请专利的权利属于合作开发的当事人共有。当事人一方转让其共有的专利申请权的，其他各方享有以同等条件优先受让的权利。合作开发的当事人一方声明放弃其共有的专利申请权的，可以由另一方单独申请或者由其他各方共同申请。申请人取得专利权的，放弃专利申请权的一方可以免费实施该专利。合作开发的当事人一方不同意申请专利的，另一方或者其他各方不得申请专利。"

乙在自己技术的基础上进行研究开发。这是技术合作开发合同，还是技术委托开发合同？

在已有技术的基础上进行开发，是后续开发。本案是委托开发。因为对开发项目，一方（乙方）出脑子（智力投入），另一方出技术资料和资金，出技术资料的，对新的开发（后续开发）没有出脑子（对新项目没有智力投入，不是合作开发，只能是委托开发）。

◎ **委托合同的审查，要看一下是不是间接代理**

委托合同是委托人和受托人约定，由受托人处理委托人事务的合同。委托的事务包括法律事务和非法律事务。非法律的事务，如受托人接受委托，进行记账、算账、清点货物等单纯的事实行为。

委托的事务若是法律事务的话，要看一下是不是间接代理。[1]如果是，要告诉当事人可能发生的情况。律师不是算命先生，但还是要有一些预测的。间接代理，往往是案件的突

---

[1]《合同法》第402条规定："受托人以自己的名义，在委托人的授权范围内与第三人订立的合同，第三人在订立合同时知道受托人与委托人之间的代理关系的，该合同直接约束委托人和第三人，但有确切证据证明该合同只约束受托人和第三人的除外。"第403条规定："受托人以自己的名义与第三人订立合同时，第三人不知道受托人与委托人之间的代理关系的，受托人因第三人的原因对委托人不履行义务，受托人应当向委托人披露第三人，委托人因此可以行使受托人对第三人的权利，但第三人与受托人订立合同时如果知道该委托人就不会订立合同的除外。受托人因委托人的原因对第三人不履行义务，受托人应当向第三人披露委托人，第三人因此可以选择受托人或者委托人作为相对人主张其权利，但第三人不得变更选定的相对人。委托人行使受托人对第三人的权利的，第三人可以向委托人主张其对受托人的抗辩。第三人选定委托人作为其相对人的，委托人可以向第三人主张其对受托人的抗辩以及受托人对第三人的抗辩。"

破口。

第五目 担保合同

◎对担保人主体资格的审查很重要

主体不适格,则担保合同无效。审查担保合同,要看担保人有无权利相应的能力。[1]

如果担保人(第三人)是一个被吊销营业执照但尚未注销的公司,担保合同是否有效?这时风险就很大,因为这种公司只能从事与清算有关的活动,权利能力受到了限制。

---

[1]《担保法》第8条规定:"国家机关不得为保证人,但经国务院批准为使用外国政府或者国际经济组织贷款进行转贷的除外。"第9条规定:"学校、幼儿园、医院等以公益为目的的事业单位、社会团体不得为保证人。"第10条规定:"企业法人的分支机构、职能部门不得为保证人。企业法人的分支机构有法人书面授权的,可以在授权范围内提供保证。"《担保法解释》第3条规定:"国家机关和以公益为目的事业单位、社会团体违反法律规定提供担保的,担保合同无效。因此给债权人造成损失的,应当根据担保法第五条第二款的规定处理。"第16条规定:"从事经营活动的事业单位、社会团体为保证人的,如无其他导致保证合同无效的情况,其所签订的保证合同应当认定为有效。"第17条规定:"企业法人的分支机构未经法人书面授权提供保证的,保证合同无效。因此给债权人造成损失的,应当根据担保法第五条第二款的规定处理。企业法人的分支机构经法人书面授权提供保证的,如果法人的书面授权范围不明,法人的分支机构应当对保证合同约定的全部债务承担保证责任。企业法人的分支机构经营管理的财产不足以承担保证责任的,由企业法人承担民事责任。企业法人的分支机构提供的保证无效后应当承担赔偿责任的,由分支机构经营管理的财产承担。企业法人有过错的,按照担保法第二十九条的规定处理。"第18条规定:"企业法人的职能部门提供保证的,保证合同无效。债权人知道或者应当知道保证人为企业法人的职能部门,因此造成的损失由债权人自行承担。债权人不知保证人为企业法人的职能部门,因此造成的损失,可以参照担保法第五条第二款的规定和第二十九条的规定处理。"

◎股权转让,能否由标的公司担任支付股权款的担保人

例:甲把对 A 有限责任公司(标的公司)30% 的股权转让给乙(之前不是公司股东),转让款为 3000 万元,由 A 公司作为保证人。保证合同可以生效吗?

可以生效,但风险很大,是一种不充分担保,毕竟签订完合同后(非过户登记后),乙就是 A 公司的股东了。

◎不宜约定"保证期限"

保证合同不宜约定"保证期限",宜约定保证期间。因为:

1. 保证期间计算的起点,法律有明确规定。[1]如当事人写了保证期限,它的起算点是合同订立时,还是从合同履行期限届满时?很容易发生争议。

2. 保证期间的性质很明确,是不变期间,而保证期限的性质不明,也很容易产生争议。

◎主合同效力拿不准,要"保"一下担保合同(从合同)

主合同效力拿不准,可以协商这样一句话:"无论主合同是否有效,担保人都要承担责任。"《担保法》第 5 条第 1 款规定:"担保合同是主合同的从合同,主合同无效,担保合同无效。担保合同另有约定的,按照约定。"应注意:①"另有约定",也不得违反效力性强制性规定;②"另有约定",有的有效,有的无效。

---

[1]《担保法》第 25 条第 1 款规定:"一般保证的保证人与债权人未约定保证期间的,保证期间为主债务履行期届满之日起六个月。"第 26 条第 1 款规定:"连带责任保证的保证人与债权人未约定保证期间的,债权人有权自主债务履行期届满之日起六个月内要求保证人承担保证责任。"

例：甲公司要借给乙公司 3000 万（乙公司已被吊销营业执照，但尚未注销），丙公司提供担保。甲公司拿着与丙公司的担保合同书草案，请张律师审查。在主合同必签的前提下，张律师有何好的建议？

乙公司已经被吊销营业执照，但尚未注销，只能进行与清算有关的活动，也就是说，其权利能力受到限制。对这种主合同效力，会有争议，有判决无效的可能。

为避免主合同效力的纠缠，建议在担保合同中约定："不论主合同效力如何，丙公司仍然承担代为还款、付息的责任。"请注意，并不是约定"不论主合同效力如何，从合同仍然有效"。另外，"还款、付息"之间加一个"顿号"，说明这是两件事情。现在法官判案，会尽量往文义上靠。

◎ 能以特定的财产为保证吗

有时，担保人以一所房屋、一辆汽车、一项专利技术、10% 的股权等作为保证财产，这可以吗？——可以。

例：甲、乙签订主合同，担保人丙向债权人甲承诺："到期乙不履行债务，我以我的 2 号楼 101 号房屋承担保证责任。"到期主债务人乙未履行主债务，甲起诉担保人丙，主张丙的所有财产为责任财产，不限于合同条约定的 101 号房屋，都可以强制执行。

物的担保，以特定的物作为责任财产，担保人承担物上有限责任。人的担保（保证），以所有财产（或一般财产）作为责任财产，担保人为无限责任。但是本案以特定的财产作为保证财产，变成了有限责任的保证（有限保证），甲只能主张就 2

号楼 101 号房屋的变价款而受偿。

因以特定财产作为保证财产，债权人甲对变价款并没有优先受偿权。物的担保，担保权人才有优先受偿权。

因以特定财产作为保证财产不是代物清偿，甲不能请求把 2 号楼 101 号房屋给自己抵债。

能不能理解为抵押呢？不能，不符合当事人的真实意思。另外，会造成理解上的分裂：不动产抵押是要登记的，动产抵押可以不登记。把不动产理解为保证，把动产理解为抵押，就欠缺了统一标准。

我的建议是，债权人不要接受以特定财产作为保证财产。

◎代物清偿的有限责任保证

例：张先生拿了一份合同书草案请李律师审查。合同书的主要内容是：张先生借给王先生 300 万元，到期王先生不还钱，保证人赵先生将自己某小区 1 号楼 202 房屋过户给张先生抵债。李律师应如何解答？

赵先生是以代物清偿的方式承担有限保证责任。合同没有无效事由。

保证责任原是无限责任，以保证人的所有财产作为责任财产，但当事人（债权人和保证人）特约为有限责任，将特定的财产作为责任财产，并未违反法律强制性规定。

我国大陆审判实践受台湾地区的影响，认为代物清偿是实践合同，因此债权人张先生的风险很大。

该担保是人保（保证），不是物保，张先生对 202 房屋没有优先受偿权。当房屋被转卖时，张先生就"竹篮打水，一场空"了。若房屋抵押给第三人，第三人则优先于张先生受偿。假如本案房屋是经登记的抵押物的话,张先生就有优先受偿权了。

基于以上理由,建议张先生不采用这种担保方式。最好采用物保(抵押)方式。

还有两点需要说明:其一,本案担保不是质押(质物须是动产、须交付),谈不上"流质"的问题。[1]其二,本案担保不是抵押。抵押分为不动产抵押和动产抵押。本案标的财产是房屋,是不动产,不动产抵押权须登记才能产生效力。假如本案标的财产是动产(动产抵押可以登记,也可以不登记),也不构成抵押,因为从已知条件来看,张先生与赵先生并无抵押的合意。

再者,如果保证财产为动产就认定为抵押、为不动产就认定为有限责任保证,就失去了统一标准。

不是抵押,也就谈不上"流押"的问题。[2]

◎反担保、再担保

1. 反担保。《担保法》第4条规定:"第三人为债务人向债权人提供担保时,可以要求债务人提供反担保。反担保适用本法担保的规定。"反担保是债务人对为自己向债权人提供担保的第三人(保证人和物上保证人)提供的担保。

第三人(保证人、物上保证人)为债务人向债权人提供担保,自身要承担财产损失的风险,其承担财产损失后,作为债权人有权向债务人追偿。但债务人的一般财产未必能满足第三人的债权。第三人为了保证自己的财产不受损失或少受损失,

---

[1]《物权法》第211条对"流质"做出禁止规定:"质权人在债务履行期届满前,不得与出质人约定债务人不履行到期债务时质押财产归债权人所有。"

[2]《物权法》第186条对"流押"做出禁止规定:"抵押权人在债务履行期届满前,不得与抵押人约定债务人不履行到期债务时抵押财产归债权人所有。"

在为债务人提供担保时,可要求债务人为自己的债权提供担保。这就是反担保,是一个新的法律关系。

债务人以何种形式为第三人提供反担保?《担保法解释》第2条规定:"反担保人可以是债务人,也可以是债务人之外的其他人。反担保方式可以是债务人提供的抵押或者质押,也可以是其他人提供的保证、抵押或者质押。"这就排除了定金作为反担保的形式。

担保与反担保的形式又有不同。如第三人为债务人向债权人提供保证,则债务人可以特定物向第三人提供抵押或质押。或者第三人为债务人向债权人提供质押,债务人向第三人提供抵押,等等。法律对此并无特别的限制。

反担保也是担保,因此适用《担保法》的规定。

反担保图示:

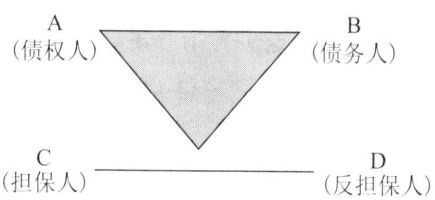

(1)C应B的请求与A成立了保证合同或抵押合同、质押合同。就A与C的关系来看,A是担保权人,C是担保义务人。

(2)B应C的请求把自己的财产抵押或者质押给C,或者D应B的请求与C成立了保证合同或抵押合同、质押合同。就C与D的关系来看,C是担保权人,D是担保义务人。D担保C对B的追偿权。

2. 再担保。再担保,是为"担保债务"或"担保责任"提供再担保。再担保的形式,多是为"保证债务"提供再保证(保证之保证)。

再担保与反担保不同:①再担保的担保权人是主债权人;反担保的担保权人是担保人。②再担保是担保主债权人实现主债权的;反担保是担保第三人(保证人、抵押人、质押人)对主债务人实现追偿权的。

例:甲对乙有100万债权,由丙提供保证担保(人保),甲对乙是主债权、对丙是保证债权(从债权)。当丙的保证债务不履行或者不能履行时,由丁承担保证责任,即由丁向甲履行。

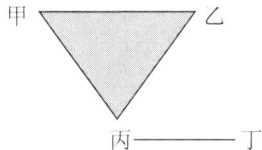

本例中,丁提供的是再保证。丙担保的是乙的主债务的履行,丁担保的是丙对保证债务的履行。①再保证是对保证人不履行保证债务的保证。②再保证不同于共同保证,共同保证担保的是主债务的履行。如果丙、丁共同对乙100万元的债务提供担保,就是共同保证。③再保证不同于反担保,反担保是对担保人(保证人和物上保证人)向主债务人追偿权的担保,再保证是对保证债务履行的担保。本例中,如果丁担保保证人丙向主债务人乙的追偿权,就是反担保。

◎混合担保可以约定先找第三人

《物权法》第176条规定:"被担保的债权既有物的担保又有人的担保的,债务人不履行到期债务或者发生当事人约定的实现担保物权的情形，债权人应当按照约定实现债权；没有约定或者约定不明确，债务人自己提供物的担保的，债权人应当先就该物的担保实现债权；第三人提供物的担保的，债权人可以就物的担保实现债权，也可以要求保证人承担保证责任。提供担保的第三人承担担保责任后，有权向债务人追偿。"

1. 本条是对混合担保（人保与物保的混合）的规定。
2. 口诀是：
（1）约定优先（约定人保优先适用于物保并无不可，约定第三人的物保优先适用于债务人的物保并无不可）；
（2）主物先用（主债务人提供的物保先适用）；
（3）两三选择（债权人在物上保证和人保中选择，也可以在两个物保、两个人保中选择）；
（4）有权追偿。
3. 这里，我想说的是，如果债权人与第三人（担保人）约定，可以先适用第三人提供的担保，对债权人很有利。

例：债权人对债务人有一个担保物权，对第三人有一个担保物权，能否在债务人与第三人之间择一行使担保物权？

"约定优先，主物先用"。当事人如果约定（债权人与第三人约定）债权人可以在债务人物保和第三人物保中择一行使的话，自然可以。否则，应当先适用主债务人的物保。

◎能否将保证合同的成立、抵押权、质权的成立作为借贷合同（主合同）或其他合同的生效条件

1. 保证合同是从合同，可以把保证合同的成立（保证合同成立时生效）设定为借贷等合同（主合同）的生效条件。
2. 把抵押权、质权的成立作为借贷等合同（主合同）的生

效条件，当然可以，但千万不要把不动产抵押合同的成立、质押合同的成立作为主合同生效的条件。因为，这些合同是债权合同，债权合同成立、生效了，担保物权却并未生效（并未设立）。合同的成立与担保物权的成立，不是一回事。

例：出借人甲公司与借款人乙公司签订了借款合同，乙公司承诺由丙公司以房屋作为借款的抵押担保。该借款合同约定：抵押合同成立时，借款合同生效。

问题是，抵押合同成立时，房屋抵押权（不动产抵押权）并未成立。《物权法》第15条规定："当事人之间订立有关设立、变更、转让和消灭不动产物权的合同，除法律另有规定或者合同另有约定外，自合同成立时生效；未办理物权登记的，不影响合同效力。"合同应当改为："抵押权成立时，借款合同生效。"或者改为："抵押权登记时，借款合同生效。"

如果丙以动产作为抵押，则主合同可以有两种约定：第一种，动产抵押合同成立时，借款合同生效；第二种，动产抵押成立时，借款合同生效。

我国动产抵押采登记对抗主义，不动产抵押采登记生效主义。意思是，动产抵押不登记也生效，但是不能对抗善意第三人；不动产抵押合同成立时，抵押权并不生效，须登记才生效（区分原则）。

◎最高额抵押合同需要主债务人的签字吗

不需要。其他最高额担保合同（最高额质押、最高额保证），也不需要主债务人（被担保人）的签字。它虽然是从合同，但负担义务的是担保人，有没有主债务人签字是无所谓的。

◎质押合同不要约定担保期间

例：甲借给乙 30 万元，乙将一台升降机质押给甲（在签订合同的当日交付），约定乙在 2015 年 7 月 1 日还清款项，质押期间为甲交付借款之日至 2015 年 7 月 1 日。

质押合同约定担保期间，对双方都没有好处，徒增争议。因为，质权人占有质物期间，一直都是有质权的。

◎质押合同可以约定变价期间

在债务人到期不履行债务的情况下，占有质物的质权人（也是主债权人）一直享有质权，并无期间的限制。

为防止久拖不决，损害出质人的利益，《物权法》第 220 条规定："出质人可以请求质权人在债务履行期届满后及时行使质权；质权人不行使的，出质人可以请求人民法院拍卖、变卖质押财产。出质人请求质权人及时行使质权，因质权人怠于行使权利造成损害的，由质权人承担赔偿责任。"

其实，当事人可以事先约定变价期间。如约定："到期债务人不履行债务，质权人应在 30 天内，参照市场价格出卖质物，价款超过主债务的部分，应在 10 天内归还给出质人。"

第六目　和解协议、夫妻忠诚协议

◎起草和解协议的一个注意事项

起草和解协议时，为防止和减少争议，可以对原法律关系的终止做出明确表述。比如，针对合同争议签订的和解协议，可以约定："原合同不再履行。"再如，以赔偿为内容的和解协议，可以约定："若有其他损失，不再予以赔偿。"

◎对和解协议原法律关系责任是否确定的审查

和解协议涉及双重法律关系，一是有争议的法律关系（原法律关系、基础法律关系），二是当事人为解决争议确定的法律关系（和解协议，具有确定效力）。对和解协议进行审查时，对基础法律关系也应当有所了解，但对基础法律关系的了解不必过细。毕竟一般情况下，要以和解协议为准。

◎审查和解协议着重看什么

审查和解协议，要着重看协议是否附条件（附生效条件或解除条件）。

另外，有些当事人（违约人、侵权人）签订和解协议，是实施拖延战略。这时，规定违约责任就特别重要。

◎和解协议可以约定管辖法院吗

甲违约后，与被违约人乙达成了和解协议，在和解协议中约定了管辖法院，这自无问题。

甲对乙侵权之后，双方达成了和解协议，在和解协议中约定了管辖法院。和解协议之债，是合意之债，就管辖法院的约定有效。

◎可以把和解协议约定为实践合同吗

法律对诺成合同和实践合同的规定，都不是效力性强制性规定，都可以突破。

和解协议是诺成合同，但也可以把它约定为实践合同。提请注意的是，如果把和解协议约定为实践合同，一定要规定义务人履行合同的时间。到期义务人不履行，权利人就可以按原法律关系起诉了。

◎夫妻忠诚协议是否可以约定婚内赔偿

例：张女提交律师审查的夫妻忠诚协议，约定了一方出轨，另一方予以婚内赔偿（精神损害赔偿）。张女的问题是："《婚姻法》及司法解释规定了离婚时的赔偿，[1]我不离婚，能否依照夫妻忠诚协议请求赔偿？"

可以约定婚内赔偿，《婚姻法》及司法解释规定的赔偿，是法定之债，而夫妻忠诚协议对赔偿的约定，是意定之债。夫妻一方依照夫妻忠诚协议起诉，法院应当受理，不受《婚姻法》及司法解释的限制。

AA制夫妻可以婚内赔偿，共有制的夫妻也可以婚内赔偿，比如，可以拿婚前个人财产赔偿。

---

[1]《婚姻法》第46条规定："有下列情形之一，导致离婚的，无过错方有权请求损害赔偿：（一）重婚的；（二）有配偶者与他人同居的；（三）实施家庭暴力的；（四）虐待、遗弃家庭成员的。"《婚姻法解释（一）》第28条规定："婚姻法第四十六条规定的'损害赔偿'，包括物质损害赔偿和精神损害赔偿。涉及精神损害赔偿的，适用最高人民法院《关于确定民事侵权精神损害赔偿责任若干问题的解释》的有关规定。"第29条规定："承担婚姻法第四十六条规定的损害赔偿责任的主体，为离婚诉讼当事人中无过错方的配偶。人民法院判决不准离婚的案件，对于当事人基于婚姻法第四十六条提出的损害赔偿请求，不予支持。在婚姻关系存续期间，当事人不起诉离婚而单独依据该条规定提起损害赔偿请求的，人民法院不予受理。"

第二部分 合同法

第一节 合同法律关系

◎ 合同法律关系的研究

1. 合同法研究的最高境界，是合同法律关系的研究，它兼顾了价值和规则两个方面的要求。法律关系分析的方法，是解决疑难理论问题和疑难案例的基本方法。

2. 法律关系都是直线的，存在第三人时，也是直线的。比如，存在担保人的时候，是三角直线关系。

3. 有理论，才会有高度。

◎ 意定法律关系与法定法律关系

法律关系分为意定法律关系和法定法律关系。意定法律关系，是由当事人意思表示（法律行为）建立起来的，如合同关系；法定法律关系，是由意思表示（法律行为）以外的法律事实建立起来的，如父子关系。

是意定法律关系还是法定法律关系，要从法律事实的角度看。意定法律关系的内容是意定的，但法律也会对其进行"填补"。

例如，当事人订立了一份合同，相关的法律规定（任意性规定）自动进入合同法律关系之中，但这并不改变意定法律关系的性质。

例：甲出卖给乙一套房屋，双方在合同中只写明了标的物和价款。此时，《合同法》规定的权利瑕疵担保义务自动进入合同之中，[1] 成为出卖人甲方的合同义务。

◎合同法律关系的凭证

例：某甲火车票丢了，承运人让他花钱补了一张车票。某甲起诉了承运人，胜诉了，承运人要退钱。

合同是法律关系，存在于观念之中。车票不是合同，只是合同凭证。车票丢了，承运人的电脑信息仍能证明合同法律关系的存在。

我们使用的合同书、成立合同的信件、购物小票等，实际上都是合同法律关系的凭证。

◎这个案例是否理论联系实际

例：甲有一套旧的日式橱柜，与乙约定，以15 000元的价格卖给乙，双方签订书面合同后，乙反悔，拒绝购买。甲起诉乙，非要乙买不可。买受人乙说："我现在一看那旧橱柜就恶心，你法院不能强制我去买，不能对我强制执行！"

---

[1]《合同法》第150条规定："出卖人就交付的标的物，负有保证第三人不得向买受人主张任何权利的义务，但法律另有规定的除外。"

1. 买卖合同是双务合同，双务合同有两个给付方向相反的单一法律关系。本案双务合同，第一个是甲为给付（交付并移转橱柜的所有权）的单一法律关系，第二个是乙为给付（交付15000元）的单一法律关系。

2. 在第一个单一法律关系中，乙是债权人；在第二个法律关系中，甲是债权人。甲起诉乙，非要乙买不可，是直接主张自己要履行债务，是要实现第一个法律关系。

甲硬要履行自己的债务，是为了要乙履行他的债务，在诉讼上走了弯路，会使法官的思维产生障碍。应当指出，乙不得以放弃债权为由，放弃自己的债务。

3. 甲的主张，应是"给我钱（15000元）"，而不是"我给你橱柜"！即甲要主张实现第二个法律关系。当然，由于双务合同两个单一法律关系的牵连性，甲也不会拒绝履行自己的义务。

◎双务合同两个单一法律关系的牵连性是履行抗辩权成立的基础

在双务合同中，有两个单一法律关系。如承揽合同，一个是定作人为给付的单一法律关系，一个是承揽人为给付的单一法律关系。两个单一法律关系具有履行上的牵连性，这是履行抗辩权成立的基础。

例：甲要乙为自己做一件羽绒服（用乙的原材料），约定付款1000元，甲收货一看，羽绒不是天然的，是一种人造棉，甲自然不给钱（行使履行抗辩权）。

◎单一法律关系的三要素

每一个单一法律关系都具备法律关系的三要素（主体、客体、内容)。

例：甲（出卖人）、乙（买受人）签订出卖汽车的合同，价金38万元。这个合同有两个单一法律关系，一个是甲给付汽车的法律关系（A），还有一个是乙给付价款的法律关系（B）。

在A法律关系中，主体包括债务人甲、债权人乙；客体（标的）是给付汽车的行为，汽车是标的物而不是标的；内容按通说，就是所谓的权利义务了（债权、债务）。

在B法律关系中，主体包括债务人乙、债权人甲；客体（标的）是给付货款的行为，货币是标的物而不是标的；内容按通说，也是所谓的权利义务（债权、债务）。

◎**合同类型的判断**

单一法律关系是法律关系的最小单位，一个单一法律关系有一个给付。双务合同有两个给付，一般认为，其中一个给付决定合同的类型。一方提供财产或劳务，另一方提供货币的，由提供财产或劳务的给付决定合同的类型。判断合同类型，还要结合另一个给付。例如，甲给乙一头牛（给付），是买卖还是赠与，还要看乙有无对价式给付。

◎**一个双务合同的两个诉讼时效**

例：甲与乙签订合同，约定甲把A房出租给乙一年，租金12万元。此合同有两个单一法律关系，一个是甲为给付的法律关系（非金钱之债），另一个是乙为给付的法律关系（金钱之债）。

1. 如果甲不履行合同，适用两年的普通诉讼时效。
2. 如果乙不履行合同，适用一年的特殊诉讼时效。

◎ **预约是不是本约的从合同**

主合同与从合同是两个法律关系，预约与本约也是不同的法律关系，但预约不是本约的从合同。

主从合同必须同时存在，否则无法区分主从。对预约的履行是签订本约，即使预约、本约都存在，也是有先有后的。

主合同无效的，从合同也无效。预约与本约不存在这样的效力从属关系。

主合同债权移转，从合同的债权随同移转。预约和本约不存在这样的现象。

第二节 合同的效力

第一目 合同的效力状态

◎ **未按约定办理公证，合同有效吗**

例：甲卖给乙价值670万元的冷冻虾仁。双方约定，买卖合同在办理公证后生效。后双方没有去办理公证，甲发货，乙受领。再后，乙发现虾仁不符合约定的质量标准，乙可以追究甲的违约责任吗？

1. 合同成立、生效。甲、乙约定买卖冷冻虾仁的合同办理公证后生效，该合同是意定要式合同（由当事人意思表示确定的要式合同），"要"是要件，"式"是指方式。要式合同是指以特定方式作为合同成立、生效的要件。办理公证是本案合同成立、生效的意定要件。

2. 当事人没有办理公证，一方履行，另一方受领了，参照《合同法》第 36 条的规定，[1]合同成立（诺成合同成立时生效）。

3. 理论解释上，认为双方履行了债务，是"履行治愈"。实际上，双方履行了债务，是达成了新的合意。公证的要件是当事人合意设立的，当事人当然也可以合意取消它。

4. 追究违约责任的前提是合同有效，本案乙可以追究甲的违约责任。

◎原因可以竞合，效力不能竞合（效力审查）

比如，甲、乙签订了一份合同，具有无效原因（如违反社会公共利益）、可撤销的原因（如欺诈）和效力待定的原因（如无权代理）。这份合同不可能同时是无效合同、可撤销合同、效力待定的合同。这份合同只能是无效合同。

◎恶意串通的判断

例：甲对乙有债权 1000 万元，乙的一座小楼价值 1000 万元，乙别无值钱的财产。乙以 680 万元的价格出卖给丙，丙知道乙小楼价值不低于 1000 万元。根据已知条件，乙、丙是否构成恶意串通？甲的第三人撤销诉讼能打赢吗？

1. 不构成恶意串通，乙的故意与丙的故意内容不同。乙的故意是为了规避执行小楼，丙的故意是为了贪图便宜。

2. 甲的第三人撤销诉讼能打赢。本案小楼转让价格达不到

---

[1]《合同法》第 36 条规定："法律、行政法规规定或者当事人约定采用书面形式订立合同，当事人未采用书面形式但一方已经履行主要义务，对方接受的，该合同成立。"

市场交易价的70%，属于明显不合理的价格。[1]

◎以重大误解撤销或变更合同，应当"看人下菜碟"

对商事主体和民事主体，应当采取不同的态度，因为他们的注意义务不同。对出售的商品标价错误，一般不应认定为重大误解；一般民事主体对出售或赠与的物品的价值认识有重大错误，则对其要尽量予以保护。

例：张甲看李乙喜欢瓷器，就送给李乙一个瓷碗，说："现代工艺，你看花纹多漂亮！"后来，一位专家到张甲家串门，告诉张甲："这个瓷碗是清朝的，价值10万元。"现张甲想要回瓷碗，是否可以？以什么理由？

有人认为，可以以"显失公平"的理由请求撤销。但这个理由不能成立，因为无偿合同不存在显失公平的问题。公平与否，是交易的规则。张甲可以重大误解为由，请求撤销合同。

◎格式条款未进入合同与无效

例：饭店大虾（实际是基围虾）在菜单上的标价是45元，

---

[1]《合同法》第74条第1款规定："因债务人放弃其到期债权或者无偿转让财产，对债权人造成损害的，债权人可以请求人民法院撤销债务人的行为，债务人以明显不合理的低价转让财产，对债权人造成损害，并且受让人知道该情形的，债权人也可以请求人民法院撤销债务人的行为。"《合同法解释（二）》第19条第1款规定："对于合同法第七十四条规定的'明显不合理的低价'，人民法院应当以交易当地一般经营者的判断，并参考交易当时交易地的物价部门指导价或者市场交易价，结合其他相关因素综合考虑予以确认。"第2款规定："转让价格达不到交易时交易地的指导价或者市场交易价百分之七十的，一般可以视为明显不合理的低价；对转让价格高于当地指导价或者市场交易价百分之三十的，一般可以视为明显不合理的高价。"

在相隔"很远"的菜单底部用很小的字注明是"按只计算",发生争议后,消费者说没有看到菜单底部的"注明"。请问:本案格式条款应解释为未进入合同,还是解释为无效?或者采其他解释?

解释为未进入合同,是指双方未就此达成合意;解释为无效,说明双方就此达成合意,但该项合意无效。

解释为未进入合同为好。按交易习惯,应解释为45元一盘。

菜单是要约邀请,格式条款可以先表现于要约邀请之中。消费者要一盘大虾,是要约,要约邀请中的格式条款自动进入要约之中(容纳规则),饭店承诺后,格式条款成为合同条款。

认定格式条款未进入合同,也是容纳规则的一种适用,就是要约邀请的内容没有被相对方所接受的,不进入要约,当然也就不能进入合同。

有时饭店也不为承诺,如饭店说,今天没有大虾,换个菜吧。

◎确认之诉,不受诉讼时效的限制

请求法院确认合同无效(确认之诉),不受诉讼时效的限制。因签订、履行无效合同产生的侵权之债(含缔约责任之债)、不当得利之债,受两年诉讼时效的限制。

确认财产归属,及共同共有人请求法院确认份额,也与诉讼时效无关。

第二目　合同附条件及给付附条件

◎ **在条件成就之前，合同有效吗**

附条件的合同在条件成就之前，当事人是有期待权的（合同成立了权利），在这个意义上，附条件的合同是有效的。

附条件的合同在条件成就之前，就受法律保护。比如，《合同法》第45条第2款规定："当事人为自己的利益不正当地阻止条件成就的，视为条件已成就；不正当地促成条件成就的，视为条件不成就。"这就是对附条件合同的法律保护。

例：甲与乙签订赠与合同，约定如果3个月之内发生6级以上的地震，甲就赠与乙1000万元。

这是附条件的合同，当事人之间，已经成立了法律关系，在这个法律关系中，甲的给付是为乙设立一个期待权。

3个月之内发生了6级以上的地震，则乙的债权（请求交付1000万元）是既得权。在第二个法律关系中，甲的给付是交付1000万元。

◎ **买受人未付款，不影响追究出卖人的产品责任**

例：甲公司卖给消费者乙电磁烧水器，因产品质量问题造成乙的人身损害，经查，该电磁烧水器因故未付款。

甲与乙之间成立的是买卖合同，甲给付商品是单一法律关系，乙付款是单一法律关系。甲构成违约责任与侵权责任的竞合，甲的责任不因乙未付款而消灭。

乙也可以追究生产者的侵权责任。

◎缔约责任，是合同未成立或无效时的过错责任

例：房屋出卖人未告知买受人房屋已经抵押给第三人的事实，出卖人是承担缔约责任，还是承担违约责任？

是承担违约责任，因为缔约责任是合同未成立或无效时的过错责任。

如果该合同以欺诈为由被判决撤销，则出卖人承担缔约责任。

同理，房屋出卖人未告知买受人房屋已经抵押给第三人的事实，也是承担违约责任。

第三目　签订合同的代理

◎容忍委托授权的沉默与无权代理的沉默有何区别

《民法通则》第66条第1款规定："没有代理权、超越代理权或者代理权终止后的行为，只有经过被代理人的追认，被代理人才承担民事责任。未经追认的行为，由行为人承担民事责任。本人知道他人以本人名义实施民事行为而不作否认表示的，视为同意。"这是关于容忍委托授权的规定，"不作否认表示的，视为同意"，是以不作为默示的方式同意代理的行为。容忍委托授权的代理，是有权代理。《合同法》第48条规定："行为人没有代理权、超越代理权或者代理权终止后以被代理人名义订立的合同，未经被代理人追认，对被代理人不发生效力，由行为人承担责任。相对人可以催告被代理人在一个月内予以追认。被代理人未作表示的，视为拒绝追认。合同被追认之前，善意相对人有撤销的权利。撤销应当以通知的方式作出。"这是关于无权代理的规定。"被代理人未作表示的，视为拒绝追认"，是

以不作为默示的方式，拒绝代理的行为。

默示作为意思表示，区分为作为方式的默示和不作为方式（沉默）的默示。上述两个条文都规定了不作为方式（沉默）的意思表示。两个沉默的时间节点不同，前一个沉默在签订合同前或在签订合同时，后一个沉默在签订合同后。

例：2016年1月1日12点10分，甲、乙公司签订合同。在这个时间节点以前，甲知道张三代理甲（代理自己）与乙签订合同而不作否认表示（沉默，不作为的默示）的，视为同意（容忍委托授权，《民法通则》第66条第1款）。在个这时间节点之后，无权代理人张三代理甲与乙签订合同，乙向甲催告，甲未作表示（沉默）的，为拒绝追认（《合同法》第48条第2款）。

在2016年1月1日12点10分之前，沉默可构成容忍委托授权；在2016年1月1日12点10分之后，沉默也可构成拒绝追认。

◎无权代理人是否承担合同履行义务

例1：无权代理人张某代理甲公司与乙公司签订买卖合同（双务合同），约定出卖人甲卖给乙价值10万元的烟台苹果。后甲公司通知乙公司，拒绝追认张某的无权代理行为，乙公司遂找到张某，让其发货。

张某不是合同当事人，不是出卖人，他没有发货义务。如果他的无权代理行为造成了乙公司的损失（过错侵权责任），他应承担赔偿责任。《民法通则》第66条第1款规定："没有代理权、超越代理权或者代理权终止后的行为，只有经过被代理人的追认，被代理人才承担民事责任。未经追认的行为，由行为人承担民事责任。本人知道他人以本人名义实施民事行为而不作否认表示的，视为同意。"条文中"由行为人承担民事责任"并不是指承担合同责任，而是指承担侵权责任。有人认为，张某应当承担发货的合同责任。这是不对的，合同不生效，哪来的合同责任？另外，缔约责任其实不是合同责任，是缔约阶段的侵权责任。

例2：无权代理人张某代理甲公司与乙公司签订还款计划，后甲公司通知乙公司，拒绝追认张某的无权代理行为，乙公司遂找到张某，让其承担还款的连带责任。

双方达成合意的还款计划也是合同，但甲公司并未追认，还款计划不生效，张某不承担还款的合同责任，也不承担连带责任，如其有过错，造成乙公司的损失，则构成侵权责任。

◎被代理人对代理人的权利外观产生无过错的，不承担责任

例：甲公司在外墙上贴了一份告示，上盖有公章。早先被开除的职工张三撕下告示，花20元仿刻了一枚假公章，以甲公司名义与乙公司签了一份买卖合同，骗取货物后溜之大吉。法院判决构成表见代理。

判决不正确，张三不构成表见代理。无权代理人的权利外观，须由被代理人的行为产生。[1]甲公司对张三权利外观的产

---

[1]《最高人民法院关于在审理经济纠纷案件中涉及经济犯罪嫌疑若干问题的规定》第5条规定："行为人盗窃、盗用单位的公章、业务介绍信、盖有公章的空白合同书，或者私刻单位的公章签订经济合同，骗取财物归个人占有、使用、处分或者进行其他犯罪活动构成犯罪的，单位对行为人该犯罪行为所造成的经济损失不承担民事责任。行为人私刻单位公章或者擅自使用单位公章、业务介绍信、盖有公章的空白合同书以签订经济合同的方法进行的犯罪行为，单位有明显过错，且该过错行为与被害人的经济损失之间具有因果关系的，单位对该犯罪行为所造成的经济损失，依法应当承担赔偿责任。"

生并无过错。

◎ **本案是否构成表见代理**

例：张某与其妻李某有一套房屋是二人共同财产，登记在张某名下。张某将该套房屋出卖给王某。后张某之妻李某表示将拒绝给王某办理过户手续。有观点认为：王某所买的房屋是张某与其妻李某的共同财产，王某有理由相信其与张某签订房屋买卖合同是张某与其妻李某的共同意见，构成夫妻表见代理。

不构成表见代理。因为表见代理的代理人是以本人（被代理人）的名义与他人订立合同。而本案，并未使用妻子李某的名义签订合同。本案应当是无权处分或有权处分（授权处分）的问题。代理是以他人名义，无权处分是以自己的名义。

◎ **构成犯罪不影响表见代理的存在**

例：张业务员带着加盖甲公司公章的空白合同书去乙公司签订买卖合同，半路被甲公司辞退。张业务员想借机发一笔，仍以甲公司的名义与乙公司签订合同，张业务员取得巨额货款后逃之夭夭，其已经构成犯罪。请问：是否构成表见代理？

是否构成犯罪，不影响表见代理的成立。

◎ **表见代理与无效合同**

《合同法》第49条规定："行为人没有代理权、超越代理权或者代理权终止后以被代理人名义订立合同，相对人有理由相信行为人有代理权的，该代理行为有效。""该代理行为有效"，是指该表见代理行为"可以"产生成立合同的效果，如果代理行为违反了效力性强制性规定，合同照样无效。

例：甲以乙的名义与丙签订合同，构成表见代理，但该合同存在无效事由。

合同无效。若被代理人乙有过失（因乙的行为使无权代理人甲表面上有代理权），致使丙遭受到损失，可令乙承担缔约责任（缔约阶段的侵权责任）。

◎依表见代理取得，还是善意取得

例：甲将一台注塑机交付给乙，同时给乙写了一份授权委托书，言明由乙代理甲出租。乙将授权委托书中的"出租"涂改为"出卖"，以甲的名义出卖给丙，已经交付。丙能否取得所有权，假如取得所有权，是否为善意取得？

应重点审查丙是否为善意，如果丙不知情且无过失，则丙取得注塑机的所有权（一般取得，正常取得，非善意取得）。因为，乙构成了表见代理。

若乙以自己的名义出售注塑机（冒充自己的注塑机），则丙可以善意取得。

◎本案合同是效力待定的合同，还是无效合同

例：张甲是李乙的监护人，张甲代理李乙签订了赠与合同，合同约定，李乙将收藏的5本古书赠与张甲。

1. 本案属于自己代理。自己代理订立的合同，有的有效（如纯为被代理人的利益），有的效力待定。但本例合同，应认定李乙不能追认，即应认定为无效合同（具体来说，是不能生

效的合同)。

2. 或许有人认为,当王丙成为新的监护人时,其可能追认,赠与合同应为效力待定。我的意见是,当王丙成为新的监护人并予以"追认"时,应认为成立新的法律关系(成立新的赠与合同),而不属于对原合同(原法律关系)的追认。

◎合同无效与合同可撤销,可撤销与可解除,可撤销与效力待定,能竞合吗

例1:甲与乙签订了一份合同,既有无效事由,又有可撤销事由。该合同效力如何?

该合同为无效。

合同无效与合同可撤销不能竞合。也就是说,一份合同不可能既是无效合同,又是可撤销的合同(有效但可撤销的合同)。

在无效原因与可撤销原因竞合时,按无效处理。原因可以竞合,效力不能竞合。

例2:甲以欺诈手段与乙签订了合同,后甲觉得亏了,拒不履行合同,构成重大违约。可撤销合同与可解除合同可以发生竞合吗?

可以。本案合同既是可撤销的合同,也是可解除的合同(可解除的合同是有效合同,可撤销的合同也是有效合同)。主张撤销的,以欺诈为理由,追究缔约责任。主张解除的,以重大违约为理由,追究违约责任。

例3:张甲以欺诈的手段与限制行为能力人李乙签订了合同,即使没有欺诈,李乙的行为能力也不能与签订的合同相适

应。请问：本案是否构成可撤销与效力待定的竞合？

不构成。本案是效力待定的合同。效力待定的事由与欺诈的事由竞合时，只能是效力待定的合同。

第三节　债权让与与债务承担

第一目　债权让与

◎哪些债权的让与通知债务人即可，哪些须取得债务人的同意

债权让与也称为债权转让。《合同法》第 79 条规定："债权人可以将合同的权利全部或者部分转让给第三人，但有下列情形之一的除外：（一）根据合同性质不得转让；（二）按照当事人约定不得转让；（三）依照法律规定不得转让。"

1. 金钱债权一般是允许任意转让的债权，即金钱债权一般是可采用单方通知方式（无须取得债务人的同意）转让的债权。比如，贷款债权、货款债权、租金债权、承揽费债权等，是可以以通知方式转让的。

例：张甲发信息对李乙说："你欠我的 10 万元，请还给王丙，我把债权给他了。"

这是以通知方式成立的债权让与。

2. 根据合同性质不得转让的债权，是不允许任意转让的债权，但仍可以合意的方式转让（以债务人同意的方式转让）。

根据合同性质不得转让的债权，主要包括：①租赁权；②转让会增加债务人负担的债权；③与人身信任关系密切的债权等。

例1：雇主对雇员的债权，是请求给付劳务的债权，是非金钱债权，雇主不得向第三人转让自己的债权。

例2：甲与乙签订了有偿委托合同，请求提供特定的劳务，委托人甲是债权人。甲方擅自将债权转让给丙，不能发生转让的效力。

例3：张某与李某签订赠与合同，约定张某送给李某一套房屋。在赠与合同中，赠与人张某是债务人，受赠人李某是债权人。李某擅自把债权转让给王某，不能发生转让的效力。

例4：甲把房屋出租给乙，乙享有的承租权是债权，乙擅自把承租权转让给丙，不能发生转让的效力。

◎哪些债权的让与连通知都不需要

证券化的债权让与，并不需要让与通知。证券，是格式化的书面凭证。证券化的债权，具有高度的流通性，根据其性质及为节约成本的考量，转让不需要通知。比如，张某有一张电影票，转让给李某，并不需要通知放映公司。持票者即为债权人。

◎**债权让与，与向第三人履行不同**

向第三人履行，是第三人代债权人受领，第三人并没有获得债权人的地位（《合同法》第64条）。而债权让与，第三人（受让人）获得了债权人的地位。

口诀是：①第三人受领，债权不动；债权让与，债权动。②第三人代为履行，债务不动；债务承担，债务动。

◎民间借贷的债权让与

1. 债权人就转让出去的全部债权或转让出去的部分债权丧失债权人的地位。

2. 金钱债权一般是允许任意转让的债权（采用单方通知方式转让的债权）。如贷款债权（含民间借贷）、货款债权、租金债权、承揽费债权等，是可以以通知方式转让的。

例：张甲借给李乙10万元钱，久讨不回。张甲就以9万元的价格将债权转让给讨债能力强的王丙，并通知了李乙。王丙找李乙要钱，李乙的抗辩是："张甲将债权转让给王丙，未经我这个债务人李乙同意啊？"

依《合同法》第79条，金钱债权的转让（让与）无须经过债务人的同意，通知其即可。如果张甲将李乙写的借条交给王丙，王丙持借条通知李乙，也是可以的。即是说，债权的转让，债权人可以亲自通知债务人，也可以委托他人（包括债权受让人）通知债务人。

第二目　债务承担

◎是免责的债务承担，还是并存的债务承担

例：张三借给李四1万元。债务人李四到期不还，债权人张三找到居间人王二，说："看你的面子，我才借给李四钱的，你看怎么办吧？"王二内心愧疚，就给张三写了一张1万元的欠条。请问：王二是免责的债务承担，还是并存的债务承担，抑或是连带责任保证？免责的债务承担与并存的债务承担的区别

是什么？连带责任保证与并存的债务承担的区别是什么？

王二是并存的债务承担，其债务与李四的债务并存，二人承担连带责任。

1. 免责的债务承担与并存的债务承担的区别在于，免责的债务承担，原债务人免责；并存的债务承担，新加入的债务人与原债务人承担连带责任。

认定是哪一种债务承担，最关键的是看债权人有无免除原债务人债务的意思。若有，就是免责的债务承担；同意第三人加入，但并无免除原债务人债务的意思表示，则导致原债务人与第三人构成连带责任。

2. 连带责任保证与并存债务承担的区别。

（1）连带责任保证是附停止条件的责任（给付），即主债务人到期不履行债务，发生保证人的给付义务；并存的债务承担并不以"债务人到期不履行债务"为给付条件。

（2）连带保证可以担保一部分债务，也可以担保全部债务；并存的债务承担可为一部分承担，亦可为全部承担。连带保证适用保证期间（除斥期间）的规定；并存的债务承担则不适用。

（3）连带保证很少因无因管理发生，并存的债务承担因无因管理发生的较多。本例并存的债务承担，是由于王二的无因管理行为发生的，王二在向张三清偿后，可向无因管理的本人（被管理人）李四求偿。

◎**债务承担**

1. 免责的债务承担。《合同法》第84条规定："债务人将合同的义务全部或者部分转移给第三人的，应当经债权人同意。"免责的债务承担（免责的债务转让），债务人就转让出去的债务免责。口诀是"转让多少,免责多少"。

例1:甲对乙享有10万元债权,乙经甲同意,将全部债务转移给丙,乙就该10万元免责,对新债务人丙的履行,原债务人乙是否有担保责任?

乙对新债务人丙没有担保责任。

例2:乙经甲同意,将10万元债务中的5万元债务转让给丙。请问:是免责的债务承担,还是并存的债务承担?丙不履行该5万元债务,乙有无担保责任?

本案是免责的债务承担,不是并存的债务承担。乙就该5万元免责,没有担保责任。10万元是可分之债,5万元转让后,乙欠甲5万元,丙欠甲5万元。

2. 债务承担合同(债务转让合同)有两种:

(1) 债务人与承担人(债务受让人)之间的债务承担合同(债务转让合同),在债权人同意之前,为效力待定。下图乙与丙签订的债务承担合同(债务转让合同),该合同在甲同意后生效。

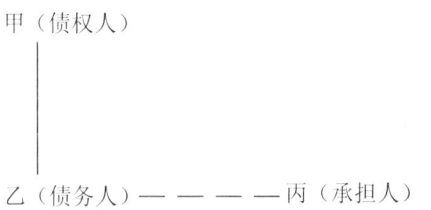

(2) 债权人与第三人(承担人、债务受让人)之间的债务承担契约(债务转让合同)。如上图甲与丙签订的合同为债务承担合同。

第三人丙与债权人甲订立债务承担合同,债务于合同成立时移转于该第三人。

◎并存的债务承担

广义的债务承担包括免责的债务承担（债务转让）和并存的债务承担。免责的债务承担是狭义的债务承担。两者的主要区别是：免责的债务承担，是由第三人替代债务人履行债务，原债务人实现了"胜利大逃亡"；并存的债务承担（债务加入），是第三人加入债务关系，与原债务人一起承担连带责任。

例： 张三借给李四1万元。债务人李四到期不还，债权人张三找到居间人王二，说："看你的面子，我才借给李四钱的，你看怎么办吧？"王二内心愧疚，就给张三写了一张1万元的欠条。请问：王二是并存的债务承担，还是连带责任保证？

是并存的债务承担。（与连带保证的区别）
关键的一句话是：张三对李四，没有免责的意思表示。

◎并存的债务承担与免责的债务承担的区别

并存的债务承担，新的债务人（加入人）是连带债务人。原债务人并不退出债的关系。

例： 张母听说儿子李某（成年人）借了10万元，就找到债主说："这笔钱一个月内我还清，你放过李某吧！"债主答应了。请问：本案是免责的债务承担，还是并存的债务承担？

本案是免责的债务承担。因为债主有免除李某债务的真实意思。另外，债务承担与债务清偿不同，如张母当时掏出10万元交给债主，则是清偿行为。

张母是无因管理行为。

第四节　合同的履行、解除与抵销

第一目　合同的履行

◎浅谈从给付义务与附随义务

从给付义务是给付义务，如给付产地证明书、发票等。附随义务是注意义务和保障义务，如有事及时通知对方。附随义务是为给付义务实现服务的，也是防止对方利益受其他损害的一种义务。

问题又来了，什么是给付义务？履行就是完成给付的行为。比如，提供财产的合同，要使对方得到财产本身（比如买卖合同、赠与合同）或财产利益（如租赁合同）；提供劳务的合同，要使对方得到劳务带来的好处（如雇佣合同、委托合同）。附随义务不提供财产，也不提供劳务。

从给付义务是给付义务，因此可以针对从给付义务的不履行约定违约金。附随义务不是给付义务，因此不能对附随义务不履行本身约定违约金。附随义务不履行，是不能请求赔偿的，不履行造成损害，才能就损害请求赔偿。

◎附随义务二例

从给付义务与附随义务很难区分。这么说吧，我的东西（财产、劳务）给你，是给付义务（含从给付义务）；我没有东西给你，但要告诉你、保护你，这个义务是附随义务。下面举两个例子：

1.《合同法》第228第2款规定："第三人主张权利的，承租人应当及时通知出租人。"

2.《合同法》第230条规定："出租人出卖租赁房屋的，应当在出卖之前的合理期限内通知承租人，承租人享有以同等条件优先购买的权利。"

◎ **行使不安抗辩权，是否要基于同一双务合同**

行使同时履行抗辩权和先履行抗辩权，要基于同一双务合同，而行使不安抗辩权则无须基于同一双务合同。可以比较《合同法》第66、67、68条三个条文的规定。第66条的同时履行抗辩权和第67条的先履行抗辩权，规定了"互负债务"，这种互负债务，是同一双务合同内部的互负债务，是对待给付。而第68条的不安抗辩权，没有规定"互负债务"，也就是说互负债务不是不安抗辩权的成立要件。[1]

例1：甲卖给乙一颗大白菜，双方一手交钱，一手交货。

双方一手交钱，一手交货的买卖，被称为即时买卖。一方不履行，另一方可行使同时履行抗辩权（拒绝履行）。同时履行抗辩权，基于的是同一双务合同。

同时履行，并不要求瞬间同时，实际上是有先有后的。同

---

[1]《合同法》第66条规定："当事人互负债务，没有先后履行顺序的，应当同时履行。一方在对方履行之前有权拒绝其履行要求。一方在对方履行债务不符合约定时，有权拒绝其相应的履行要求。"第67条规定："当事人互负债务，有先后履行顺序，先履行一方未履行的，后履行一方有权拒绝其履行要求。先履行一方履行债务不符合约定的，后履行一方有权拒绝其相应的履行要求。"第68条规定："应当先履行债务的当事人，有确切证据证明对方有下列情形之一的，可以中止履行：（一）经营状况严重恶化；（二）转移财产、抽逃资金，以逃避债务；（三）丧失商业信誉；（四）有丧失或者可能丧失履行债务能力的其他情形。当事人没有确切证据中止履行的，应当承担违约责任。"

时履行，不一定是同一刻，不一定是同一天，不一定是同一个月。同时履行，意味着双方没有先后的履行利益（没有顺序利益）。比如，甲与乙约定，甲一个月发一次货，乙一个月付一次钱，双方为同时履行。

例2：甲卖给乙一颗大白菜，价款4块钱，按交易习惯，双方应一手交钱，一手交货。买受人乙接过大白菜后说："上次买菜给你50的，你有4块钱没找我。这次我就不给钱了。"

由于不是基于同一双务合同，因而乙不是行使同时履行抗辩权，而是行使抵销权。

例3：依照合同约定，出卖人甲应当于2016年1月1日交货，买受人乙应于同年2月1日付款。

乙有顺序利益，到期甲没有交付货物，乙可以行使先履行抗辩权。

例4：按甲、乙签订的重型机械买卖合同，甲先发货，乙后给钱。在发货前，甲发现乙不论购买谁的重型机械，立刻降价20%出售，套取现金，其他供应商都拿不到货款。

其他供应商都拿不到货款，甲可中止发货（行使不安抗辩权）。甲想，我也不比其他供应商长得俊，他们拿不到钱，我也拿不到（有不能为对待给付之虞）。

同时履行抗辩权和先履行抗辩权，都是基于同一双务合同两个给付的牵连性，而不安抗辩权可以是基于两个给付的牵连性，也可以不基于同一双务合同。比如，你前一个合同不给钱，我这一个合同就可以不发货。

例5：甲、乙在1月20日签订了合同，由甲卖给乙一台价款为620万元的机器，交货时间为1月23日，付款时间为2月25日。1月23日甲交货后，乙认为机器质量很好，又于25日与甲签订合同，再购买一台机器。发货期为3月25日。至3月25日，甲公司可以乙公司未支付第一份合同的货款为由拒绝第二份合同的发货，因为乙方欠缺信用。

甲的不安抗辩权成立。不安抗辩权发生的原因，并不要求基于同一双务合同。

◎ **关于加速到期**

享有不安抗辩权的人，是先履行义务人。欲履行时，发现相对人有不能为对待给付或难为对待给付之情形，得中止履行，无效果时，可以解除合同。不安抗辩权人全部履行之后，才发现自己原有不安抗辩权，已经谈不上中止履行。这时可以主张相对人的债务已经到期或者加速到期。

最高人民法院《关于当前形势下审理民商事合同纠纷案件若干问题的指导意见》第17条规定："在当前情势下，为敦促诚信的合同一方当事人及时保全证据、有效保护权利人的正当合法权益，对于一方当事人已经履行全部交付义务，虽然约定的价款期限尚未到期，但其诉请付款方支付未到期价款的，如果有确切证据证明付款方明确表示不履行给付价款义务，或者付款方被吊销营业执照、被注销、被有关部门撤销、处于歇业状态，或者付款方转移财产、抽逃资金以逃避债务，或者付款方丧失商业信誉，以及付款方以自己的行为表明不履行给付价款义务的其他情形的，除非付款方已经提供适当的担保，人民法院可以根据合同法第六十八条第一款、第六十九条、第九十四条第（二）项、第一百零八条、第一百六十七条等规定精神，判令付款期限已到期或者加速到期。"

◎**行使抗辩权与行使解除权的选择**

例：甲乙签订承揽合同，约定由承揽人乙为定作人甲印制塑料瓶贴。双方还约定，乙交付瓶贴后一个月内，甲付款。

乙交付瓶贴后，甲经过检验，发现质量低劣，不能使用，遂通知乙重新印制，乙未予理睬。

甲如何处置？有选择的余地，可以行使先履行抗辩权，看看事态的发展，也可以通知乙解除合同。

双务合同，当事人既是债权人，又是债务人。行使抗辩权，是从债务人角度设计的权利；行使解除权，是从债权人角度设计的权利。

◎**债权人撤销权成立的一个时间节点**

例：2015年12月1日，甲公司把300万元财产无偿给了乙公司。2016年1月7日，甲公司与丙公司签订合同，由于甲履行中的过失，致丙公司遭受财产损失400万元，甲公司无力赔偿，丙公司能否依《合同法》第74条规定请求撤销甲、乙之间的赠与合同？[1]

---

[1]《合同法》第74条规定："因债务人放弃其到期债权或者无偿转让财产，对债权人造成损害的，债权人可以请求人民法院撤销债务人的行为。债务人以明显不合理的低价转让财产，对债权人造成损害，并且受让人知道该情形的，债权人也可以请求人民法院撤销债务人的行为。撤销权的行使范围以债权人的债权为限。债权人行使撤销权的必要费用，由债务人负担。"

甲公司放弃或者无偿转让财产，应当是与丙公司订立合同以后的行为（诈害债权的行为，须先有债权），否则，丙公司不能行使《合同法》第74条规定的债权人撤销权。换句话说，本案300万元的财产已经不是责任财产。

这时候，律师可以替当事人考虑，能否通过破产程序要回一些财产。[1]

第二目　合同的解除

◎溯及既往的解除（面向过去的解除）和不溯及既往的解除（面向将来的解除）

合同解除，主要有四种情况：一是双方合意解除合同；二是法定条件具备时，一方通知相对人解除合同；三是附解除条件的合同，条件成就时，合同归于解除；四是附解除权的合同，在解除权成立后，一方通知相对人解除合同。

这四种解除，都面临着一个问题：合同从何时失去效力？

我国《合同法》规定的解除，是终止的一项原因，分为溯及既往的解除（面向过去的解除）和不溯及既往的解除（面向将来的解除）。除了有约定的以外，要看合同是一次性给付合同，还是持续性给付合同。前者是溯及既往的解除（发生回复原状的后果），后者是不溯及既往的解除（不发生回复原状的后果）。

◎解除合同是不是一种违约责任形式

不是。解除合同，是消灭法律关系的一种法律行为，它本

---

[1]《破产法》第31条规定："人民法院受理破产申请前一年内，涉及债务人财产的下列行为，管理人有权请求人民法院予以撤销：（一）无偿转让财产的；（二）以明显不合理的价格进行交易的；（三）对没有财产担保的债务提供财产担保的；（四）对未到期的债务提前清偿的；（五）放弃债权的。"

身不是一项给付。

例：甲、乙签订买卖一台磨床的合同，由于买受人乙的重大违约，甲通知乙解除了买卖合同，甲的通知是单方法律行为，通知送达乙后，以给付磨床为标的的合同（法律关系）消灭。甲的解除通知的另外一个效果，是在甲、乙之间产生救济法律关系，乙负担给付违约金或赔偿金等义务。

严格意义上的违约责任，是一种给付，学说上称为"二次给付"。这个"二次给付"，存在于救济法律关系之中。

◎借款合同解除，从何时失去效力

借款合同可以解除，在提供借款后，多是出借人行使解除权。出借人解除合同，应当先行催告（履行之催告），催告无效果后，再通知债务人（借款人）解除合同。借款合同（含民间借贷）的当事人，可事先约定无须催告，出借人可径直通知借款人解除合同。

借款合同解除，并不是自订立时起合同失去效力。

例：甲借给乙10万元人民币，1月1日订立合同，提供借款后，乙重大违约，甲书面通知乙解除合同（双方事先约定解除合同无须催告）。甲的通知4月1日送达。

甲解除借款合同的通知是单方法律行为，这个单方法律行为的效力是使甲、乙双方的借款合同（双方法律行为）从4月1日起失去效力。借款合同"相当于"持续给付的合同，已经履行的部分继续有效，解除面向将来发生效力。

◎是否构成不当得利

例：2月1日，甲、乙订立了一份买卖合同，2月10日，买受人甲依约交付了货款，出卖人乙未按期交付货物，甲催告，无效果。乙于4月1日对甲发出解除合同的通知，通知4月3日送达。请问：乙是否构成不当得利？

通知（单方法律行为）4月3日生效，合同（双方法律行为）解除，自订立时起（2月1日）失去效力。甲收取的货款，因嗣后丧失法律原因，构成不当得利。

◎溯及既往的解除

例：2014年6月2日，甲公司（出卖人）与乙公司（买受人）签订了买卖合同。同年6月10日，乙公司给甲公司支付10万元货款。由于甲公司的重大违约，乙公司在同年7月1日通知甲公司解除合同。

本案合同的解除，是溯及既往的解除，该合同自订立时起失去效力。对10万元货款，甲公司构成不当得利。第一，甲公司得到10万元，是嗣后丧失法律根据；第二，甲公司得到了不应当得到的财产。

◎合同被撤销与被解除的区别及解决争议应当注意的问题

1. 撤销的原因发生在订立时或订立前，解除的原因发生在订立合同后。
2. 缔约责任是缔约行为的后果，违约责任是违约行为的后果。
3. 撤销的原因是当事人意思表示有瑕疵，解除的主要原因是债务人违约。

4. 追究责任的性质不同。撤销以后追究缔约责任，解除以后追究违约责任。二者的救济法律关系不同，违约责任法律关系是以合同法律关系为基础法律关系的，缔约责任法律关系不以合同法律关系为基础法律关系。

5. 合同失去效力的时间不同。撤销，合同自始无效。解除有两种情况：①面向将来的解除，解除后，已经履行的部分继续有效，合同面向将来失去效力；②溯及既往的解除，解除后，合同从订立时起失去效力。

6. 撤销权是形成诉权，解除权是简单形成权。

◎履行之催告、解除之通知、解除之催告、解除之异议

简而言之：

履行之催告——催促相对人履行。

解除之通知——通知相对人解除合同。

解除之催告——催促解除权人，你是否解除合同？

解除之异议——对解除通知提出反对意见。

1. 履行之催告。

（1）履行期限届满，合同债务人不履行义务，债权人催促其履行称为履行之催告。债务人履行合同不符合约定，催促其重新履行或采取补救措施，也是履行之催告。

（2）履行之催告经常是解除的前置性程序。《合同法》第94条第3项就履行之催告做出了规定。

（3）作为解除前置性程序的履行之催告中，是否要包含"再不履行，就要解除合同"之类的提示语？理论上存在着争议。《合同法》第94条第3项并无此要求，但实务中，在履行之催告通知上加上这句话，可以避免、减少争议。

(4) 履行之催告以通知方式为之。以会议纪要、协议等表达一方催告履行的意思，也可完成解除的前置性程序。

(5) 催告期间届满，债务人（违约人）仍不履行合同，始成立解除权。但在催告期间内，债务人明示或默示拒绝履行的，不待期间届满，解除权成立。

(6) 解除权人在催告中给对方定下的宽限期限，也称为催告期间。该期间的设定应当合理。

例1：2月1日，甲、乙订立合同，约定由甲为乙"量身定做"一台锅炉，乙支付价款100万元（定作合同，兼有买卖的性质），约定当年11月1日前交货。3月1日，甲通知乙说，由于技术等原因，到期无法交货，希望乙另找交易伙伴。乙未应对。3月15日，甲又通知乙说，已经聘请到有资质的技术人员，到期交货没有问题。请问：①甲的第一次通知有无解除效力？②接到第二次通知以后，乙还能针对预期重大违约行使解除权吗？

甲的第一次通知不是解除通知，其也没有解除权，自不会发生解除效力。

3月1日，甲的通知表明其已经构成重大预期违约。依据《合同法》第94条第2项，乙有权单方通知其解除合同，但乙没有行使这项权利，在甲的第二次通知送达后，乙丧失了这项解除权。

例2：甲把房屋出租给乙，约定租金一季度一付。出租后的第二个季度，承租人乙未支付租金，甲通知乙在15天内支付，乙仍未支付，甲遂通知乙解除合同。乙提出异议，说："甲只要求我支付租金，但没有说不支付就解除合同。"

《合同法》第 227 条规定:"承租人无正当理由未支付或者迟延支付租金的,出租人可以要求承租人在合理期限内支付。承租人逾期不支付的,出租人可以解除合同。"甲已经满足了《合同法》第 94 条第 3 项要求的"履行之催告"的程序,其解除通知有效。

那么,起诉解除合同是否能视为催告呢?不能,因为催告是履行之催告,是让对方在宽限期内履行的,而起诉是为了解除合同、消灭法律关系。

(7)依据《合同法》第 94 条第 3 项,"履行之催告"一般是解除的前置性程序。对不定期债务,也存在催告问题。

《合同法》第 62 条第 4 项规定:"履行期限不明确的,债务人可以随时履行,债权人也可以随时要求履行,但应当给对方必要的准备时间。"在给对方(债务人)的必要的准备时间届满后,不定期债务转化为定期债务。准备时间届满,债务人仍不履行,债权人应依照《合同法》第 94 条第 3 项再为履行之催告(解除的前置性程序)。当然,符合第 94 条第 4 项的,无须催告。

(8)有些解除,不需要催告履行。

例 3:甲定于 5 月 4 日举办中学生运动会,其与乙订立承揽合同,要求乙将特制的在运动会开幕式上使用的大钟于 5 月 2 日前送到。至 5 月 3 日,乙没有送货。甲了解到乙还没有将钟装好,根本不能保证 5 月 4 日的使用。遂通知乙解除合同,并要求赔偿损失。

此例中,甲解除合同不需要事先经过催告程序,因为催告已无必要。依据是《合同法》第 94 条第 4 项。

2. 解除之通知。《合同法》第 96 条第 1 款规定："当事人一方依照本法第九十三条第二款、第九十四条的规定主张解除合同的，应当通知对方。合同自通知到达对方时解除。对方有异议的，可以请求人民法院或者仲裁机构确认解除合同的效力。"

法定解除权及约定的解除权是形成权，权利的行使无须借助于对方的意思表示，但须通知对方。

解除之通知，是一方通知另一方解除合同。解除权是形成权，行使形成权的行为是单方法律行为。发出解除之通知，一是要考虑自己的解除权是否成立；二是要考虑解除的后果。应当注意的是，解除之通知，是有相对人的意思表示。有个判例是这样的：解除权人把解除通知送达到债务人的子公司，被判决解除无效。

3. 解除之催告。

（1）《合同法》第 95 条规定："法律规定或者当事人约定解除权行使期限，期限届满当事人不行使的，该权利消灭。法律没有规定或者当事人没有约定解除权行使期限，经对方催告后在合理期限内不行使的，该权利消灭。"

第一，本条就期限（期限包括期间和期日）经过，解除权消灭做出了规定。

第二，本条就解除之催告做出了规定。解除之催告，就是以通知的方式询问、催促解除权人：你是否于一定期限内解除合同？此举是债务人（违约人）为防止法律关系处于不稳定状态而实施的行为。超过法定或约定解除期限而未行使解除权的，解除权消灭。接到解除之催告，未予以确答的，解除权仍至期限届满时消灭。

（2）《商品房买卖合同解释》第 15 条第 2 款规定："法律没有规定或者当事人没有约定，经对方当事人催告后，解除权行使的合理期限为三个月。对方当事人没有催告的,解除权应当在解除权发生之日起一年内行使;逾期不行使的,解除权消灭。"

第一,条文中的"催告"是债务人(违约人)解除之催告,不是债权人(被违约人)解除之通知。

第二,上述"三个月",是从催告后(应解释为"通知到达之日起")开始计算;"一年"是从解除权成立之日起计算。

第三,我国大陆现行法律不允许在解除之催告中单方确定解除期限。

4. 解除之异议。解除之异议,是收到解除通知的债务人(违约人)在约定或法定的期限内,对解除提出的反对意见(主张解除无效)。

《合同法解释(二)》第24条规定:"当事人对合同法第九十六条、第九十九条规定的合同解除或者债务抵销虽有异议,但在约定的异议期限届满后才提出异议并向人民法院起诉的,人民法院不予支持;当事人没有约定异议期间,在解除合同或者债务抵销通知到达之日起三个月以后才向人民法院起诉的,人民法院不予支持。"条文中的"三个月"是异议期。起算时间是"通知到达之日起"。

以上规定分为两种情况:

(1) 对解除或抵销有约定异议期的,被解除人或被抵销人应在异议期内提出异议,但提起诉讼不受异议期的限制。

(2) 对解除或抵销没有约定异议期的,被解除人或被抵销人应在3个月内提起诉讼。

例1:甲、乙约定,任何一方违约,被违约人可通知其解除合同,不同意解除的,应在解除通知到达之日起一个月内提出反对意见。后乙违约,甲在2014年4月5日通知乙解除合同,通知4月8日送达，乙在5月8日提出不同意解除的反对意见。在5月9日（周五）提起诉讼。请问：乙提起诉讼的时间是否晚于规定？

不晚。乙在异议期内提出异议后，可在异议期限届满后提起诉讼，尚存在得到法院支持的可能性。如果乙在5月9日提出异议并起诉，法院对其就不予以支持了。

例2：甲、乙约定，任何一方违约，被违约人可通知其解除合同。后乙违约，甲在2014年4月5日通知乙解除合同，通知4月8日送达，乙在7月8日提出不同意解除的反对意见。在7月9日提起诉讼。请问：法院对乙应否予以支持？

不应支持。依《合同法解释（二）》第24条，乙应在7月8日（含7月8日）前提出异议并起诉。

◎ **单方解除的通知及效力**

例：甲方以特快专递方式通知乙方解除合同，乙方以快递信封内无解除通知书为由进行抗辩，主张合同没有解除。

第一，以特快专递送达解除通知，是有效的。实务中，有的专递员代签了收件，相对人不承认收到通知，此种情况应认为未送达（非对话意思表示，我国采送达主义）。

第二，相对人主张硬皮信封内"无货"，应当在合理的时间内提出。否则，在诉讼中应承担举证责任。《民事诉讼法解释》第93条规定："下列事实，当事人无须举证证明：（一）自然规律以及定理、定律；（二）众所周知的事实；（三）根据法律规定推定的事实；（四）根据已知的事实和日常生活经验法则推定出的另一事实；（五）已为人民法院发生法律效力的裁判所确认的事实；（六）已为仲裁机构生效裁决所确认的事实；（七）已为有效公证文书所证明的事实。前款第二项至第四项规定的事实，当事人有相反证据足以反驳的除外；第五项至第七项规定的事实，当事人有相反证据足以推翻的除外。"按照上述第4项的所谓"日常生活经验法则"：其一，在交易活动中，收到快递的相对人，发现信封是空的，一般会在合理的时间内询问对方，在通信技术发达的今天，询问不是一件难事。其二，从生活经验来看，特快专递的信封是空的，是概率很小的事情。按照操作规程，专递员是接过文件，放入信封中，再合上封条。这是讲的一般情况，当然会有例外发生。

第三，解除通知，可辅以数据电文形式。数据电文形式，也是书面形式。

第四，重要合同的解除，可公证送达。

第五，解除合同的通知（单方法律行为）是有相对人的意思表示，不要认错了郎、上错了床。有一个判例：某甲通知某公司解除合同，把解除通知送到了它的母公司，还进行了公证。但法官不认！

◎对书面合同，口头解除是否有效

例：甲、乙签订标的额近1亿元的合作合同。一次喝酒，甲对乙说："合同履行有很多问题，解除合同吧?"乙同意解除。后在法庭上，丙、丁、戊证明甲、乙确实有解除的合意，法官判决合同解除。

判决不正确。是否解除，是个证据问题。甲、乙之间的书面合同是意定要式合同，按照交易习惯，应当采用书面合同形式解除。当事人在酒桌上的解除合意，应认为是解除的预约。解除的本约尚未成立。

◎ 单方解除后诉讼时效的起算

合同解除不是一种违约责任形式。违约责任是二次给付。对二次给付（债权请求权），单方解除合同的，请求承担违约责任的，诉讼时效应当从解除通知送达之日起算。

例：甲公司与乙公司在2015年12月1日签订了技术转让合同，转让方乙公司提供的技术不符合要求，经催告后，乙未能提供合格技术。甲于2016年1月30日以特快专递通知乙解除合同，并要求返还技术转让费130万元，通知于2016年2月1日送达乙。

130万元返还的诉讼时效期间，如无中断、中止的事由，从2016年2月1日开始，到2018年2月1日截止。前后两个2月1日，称为"对应日"，2016年2月1日，不计入在内。[1]

违约责任是二次给付，乙的第一次给付是转让技术，第二次给付是支付130万元（返还不当得利）。前后有两个法律关系，第一个是技术转让合同法律关系，第二个是救济法律关系（也是不当得利法律关系）。

---

[1] 《民法通则》第154条第2款规定："规定按照小时计算期间的，从规定时开始计算。规定按照日、月、年计算期间的，开始的当天不算入，从下一天开始计算。"

第三目　抵　销

◎ **抵销概说**

抵销，是以自己的债权充抵自己的债务。同一对主体之间，有两个没有牵连的债权关系（法律关系），主动债权人可以通知对方抵销；有两个有牵连的债权关系（法律关系），债权人不得抵销。

例1：甲欠乙货款10万元，这是一个单一法律关系。乙欠甲工程款100万元，这是另一个单一法律关系。

这两个单一法律关系不具有牵连性，甲或乙可以通知对方，抵销10万元。发出抵销通知的，称为主动债权人。

例2：甲、乙签订买卖一台生产洗衣粉设备的合同，价金为30万元。

本案双务合同的两个债权具有牵连关系。甲、乙不能将取得一台洗衣粉设备的债权与取得30万元的债权抵销，如果双方有这样的约定，也只是合意解除而已。

◎ **谁到期，谁有抵销权**

例：甲对乙的承揽费债权（第一个单一法律关系）于2016年6月1日到期，甲对乙负担的借款债务50万元（第二个单一法律关系）于2016年9月1日到期。

至2016年6月1日，甲的债权到期，而乙的债权尚未到期，甲有抵销权，而乙没有。乙如果有，等于强迫甲提前履行债务。

当甲、乙的债权均已到期时，双方均有抵销权。

◎可以用工程款抵销违约金吗

例：甲方将工程发包给乙方，应当向乙方支付款项1000万元，乙方迟延10天交工，按照约定，违约金为10万元。请问甲方可否行使抵销权？

违约金债务是金钱债务，与货款、承揽费、建设工程费等金钱债务完全可以抵销，没有任何法律障碍。

◎抵销权受除斥期间限制吗

例：形成权受除斥期间限制，抵销权是形成权，受除斥期间限制吗？

不受。并不是所有的形成权都受除斥期间限制。

第五节　违约责任

◎违约责任形式的选择

例：甲请乙盖了一间小厨房，完工后，甲支付了约定的款项，到了雨季，甲发现该厨房是危房，必须拆掉重盖。甲是要求乙继续履行，还是另行找他人重新盖房，只向乙要求赔偿损失？

违约责任的形式是可以选择的，选择权在债权人（被违约人）手里。从实务的角度看，甲还是要求赔偿较好。

债务人（违约人）对违约责任形式并无选择权。

隋彭生：律师民法业务思维（二）

◎可以强制实际履行的债

可以强制实际履行的债，也称为可以强制执行的债。《合同法》第110条规定："当事人一方不履行非金钱债务或者履行非金钱债务不符合约定的，对方可以要求履行，但有下列情形之一的除外：（一）法律上或者事实上不能履行；（二）债务的标的不适于强制履行或者履行费用过高；（三）债权人在合理期限内未要求履行。"

本条是对非金钱债务强制履行（实际履行、继续履行）的规定。实际履行是补充性救济方法，因此受到条文所述五种情形的限制。五种情形是：

1. 法律不能。如，标的物是他人的特定物。再如，不能强制演员演出。

例：出卖人甲与买受人乙签订买卖一古董茶壶（特定物）的合同。双方同时约定，一方违约应支付价款30%的违约金。但在交付前甲又与丙签订买卖合同，并交付给丙。乙起诉要求强制实际履行。

一物双卖，两个合同都有效。因交付，丙已经取得了茶壶的所有权，属于一般取得（正常取得），不属于善意取得。乙要求实际履行属于法律不能。

2. 事实不能。如，特定物毁损、灭失。

3. 不适于强制履行。如，时间过长，绵延几年，法院会深陷其中，不能自拔。

例：张三与李四签订个人合伙协议，约定一起养鱼，每人出资5万元。张三出资到位，李四拒不出资。请问：张三起诉，请求强制执行，法院应否予以支持？

不应予以支持。个人合伙是人合组织，出资是不适于强制履行的。这与有限公司不同，有限公司虽然有人合的因素，但其基本性质是资合公司，股东出资不到位的，权利人有权请求强制执行。

4. 不符合经济合理原则。比如，履行费用过大，产生不公平的后果。

5. 权利失效。比如，请求交付新鲜水果，季节过了才请求强制执行。

例：下列合同能否强制履行？
(1) 股权让与合同（ ）
(2) 房屋买卖合同（ ）
(3) 互易合同（ ）
(4) 赠与合同（ ）
(5) 租赁合同（ ）
(6) 非自然人间的借款合同（ ）
(7) 委托合同（ ）
(8) 媒介居间合同（ ）
(9) 演出合同（ ）
(10) 合伙合同（ ）
(11) 实践合同（ ）
(12) 预约（ ）

答案：
(1) 可以。(2) 可以。(3) 可以。(4) 可以（赠与人有任意撤销权的除外）。(5) 可以。(6) 可以。(7) 不能。(8) 不能。(9) 不能。(10) 不能。(11) 不能。(12) 不能。

◎举重以明轻的解释方法

例：甲借给乙500万元，乙同意拿自己的房产作抵押，一般情况是，先办理抵押登记再拨款。因等着用款，乙请求甲先拨款，随后办理抵押登记。拨款后，乙拒绝办理抵押登记。甲可否提起诉讼，请求办理抵押登记？

可以。既然房屋可以强制过户，抵押合同也可以发出协助执行通知书。这是举重以明轻的解释方法。

◎请求调整违约金的一方，应负举证责任

约定违约金的一个好处是，违约方违约之后，被违约方不必就损失是否存在及损失的大小进行举证。

法官不得自行调整违约金。《合同法》第114条第2款规定："约定的违约金低于造成的损失的，当事人可以请求人民法院或者仲裁机构予以增加；约定的违约金过分高于造成的损失的，当事人可以请求人民法院或者仲裁机构予以适当减少。"谁主张，谁举证。原告（被违约人、债权人）主张增加违约金，须举证"约定的违约金低于造成的损失"，被告（违约人、债务人）主张减少违约金，须举证"约定的违约金过分高于造成的损失"。

不过，违约金调整的幅度有限制。[1]

---

[1]《合同法解释（二）》第28条规定："当事人依照合同法第一百一十四条第二款的规定，请求人民法院增加违约金的，增加后的违约金数额以不超过实际损失额为限。增加违约金以后，当事人又请求对方赔偿损失的，人民法院不予支持。"第29条规定："当事人主张约定的违约金过高请求予以适当减少的，人民法院应当以实际损失为基础，兼顾合同的履行情况、当事人的过错程度以及预期利益等综合因素，根据公平原则和诚实信用原则予以衡量，并作出裁决。当事人约定的违约金超过造成损失的百分之三十的，一般可以认定为合同法第一百一十四条第二款规定

被告主张适用过错相抵规则和减损规则,以实际减少违约金数额的,不属于请求调整违约金,但仍应承担相应的举证责任。

◎对同一违约行为,为什么违约金与赔偿金不能并用

1. 违约金的基本功能是补偿,常见的违约金是补偿性违约金,当事人也可以约定惩罚性违约金。

2. 违约金是预定的赔偿金,再与赔偿金并用会发生重复赔偿。

3. 违约金作为预定的赔偿金,可上下调整。当违约金不足以赔偿损失的时候,再加赔偿金与《合同法》第114条第2款的规定不符,调高违约金即可。

4. 违约金还是赔偿金,对可预见规则的适用是不一样的,如果两者并用,会造成规则适用的复杂化。

5. 从立法的角度看,如果允许采用违约金加赔偿金的方式处理违约后果,则对意思自治损害过巨。

6. 如果当事人约定了违约金,就只能适用违约金,不但不能与赔偿金合并适用,也不能在违约金和赔偿金之间任选。

◎合同解除,还能适用违约金吗

《买卖合同解释》第26条规定:"买卖合同因违约而解除后,守约方主张继续适用违约金条款的,人民法院应予支持;但约定的违约金过分高于造成的损失的,人民法院可以参照合

(接上页)的'过分高于造成的损失'。"

同法第一百一十四条第二款的规定处理。"[1]买卖合同以外的其他合同，解除与违约金也可以并用。

违约金分为不履行的违约金、瑕疵履行的违约金和迟延履行的违约金。与解除相应的违约金，是不履行的违约金。瑕疵履行的违约金和迟延履行的违约金，不能与解除并用。

◎迟延履行的违约金与继续履行可以并用

《合同法》第114条第3款规定："当事人就迟延履行约定违约金的，违约方支付违约金后，还应当履行债务。"也就是说，迟延履行的违约金与继续履行可以并用，这种并用，具有正当性。

例：出卖人甲给买受人乙发货，晚了一个月，乙请求发货，并请求按事先的约定，按天支付违约金。

乙的请求无可指责。需强调的是，这一个月的迟延履行违约金，也包括乙未能及时利用标的物所带来的损失。

◎双方违约与过错相抵

有一些法律人将双方违约的规则与过错相抵的规则相混淆。

1. 双方违约与双方侵权，都是两个损害，如甲的汽车交付给乙保管，乙保管不善，造成汽车的损害，这是甲受到的损害，而甲未交保管费，这是乙受到的损害。

2. 《合同法》第120条规定："当事人双方都违反合同的，应当各自承担相应的责任。"对双方违约，绝对不能适用过错相

---

[1]《合同法》第114条第2款规定："约定的违约金低于造成的损失的，当事人可以请求人民法院或者仲裁机构予以增加；约定的违约金过分高于造成的损失的，当事人可以请求人民法院或者仲裁机构予以适当减少。"

抵规则，双方违约是各自承担，过错相抵是一方承担。过错相抵，是对一个损害，双方都有过错。

例：甲给乙发货（水果）迟延，造成水果一定程度的腐烂，乙在收货时也有一定的过错，使水果的腐烂加剧。本案只有买受人乙的一个损害，是多因一果。水果的价值减损是10万元，甲的过错占有60%，乙的过错占有40%，适用过错相抵的规则，甲须赔偿乙6万元。

◎举证责任分配一例

《合同法》第119条规定："当事人一方违约后，对方应当采取适当措施防止损失的扩大；没有采取适当措施致使损失扩大的，不得就扩大的损失要求赔偿。当事人因防止损失扩大而支出的合理费用，由违约方承担。"这是关于减损规则的规定，减损规则的本质，是过错相抵规则。

那么，关于扩大的损失金额，举证责任由谁承担呢？

1. 被违约人甲起诉乙，因乙违约遭受损失30万元。——由甲对该30万元损失承担举证责任。

2. 乙抗辩说，甲未尽减损义务，如果甲尽减损义务，则损失只有10万元。——由乙对甲未尽减损义务承担举证责任。

◎损害赔偿的五大规则

在请求违约赔偿的诉讼中，原告主张依据的规则是全部赔偿规则（损害填补规则），被告抗辩依据的规则是可预见规则、损益相抵规则、过错相抵规则和减损规则。在诉讼中，应注意辨别举证责任的承担主体。

第六节 赠与合同

第一目 赠与合同概述

◎赠与合同的几个"点"

1. 赠与合同是民法合同中的债权合同,是债权债务法律关系。

2. 赠与合同是单一法律关系,符合法律关系的三要件。法律关系的三要件是主体、内容和客体。债的客体都是给付,赠与合同是赠与人(债务人)向受赠人(债权人)为给付。

3. 赠与合同与其他合同一样,是双方法律行为,此点区别于遗赠(遗赠是单方法律行为)。

4. 赠与合同是诺成合同。

5. 赠与合同的成立,可能是赠与人发出要约,也可能是受赠人发出要约。

◎赠与合同的主体

赠与合同的主体,是赠与法律关系的主体,是享受权利和负担义务的人,包括赠与人(债务人)和受赠人(债权人)。

有时,两个以上的人共同作为赠与人,这称为共同赠与。比如,甲、乙是一套房屋的共有人,他们一起将房屋赠送给丙,这就属于共同赠与。有时,受赠人是两个以上的人,这称为共同受赠。

◎赠与中的自己代理问题

自己代理,是代理人以被代理人的名义与自己成立合同。

自己代理成立的合同通常是效力待定，在被代理人追认后生效。

父母向没有相应行为能力的子女赠与，理论上常解释为自己代理，而且认为不是效力待定，而是有效的。因为儿女是纯获利益的一方。

王泽鉴教授的一个例子可供参考：甲赠与 B 屋给其子丙，丙仅 2 岁，为无行为能力人。无行为能力人意思表示无效，应由法定代理人代为意思表示，并代受意思表示，故甲须一方面以法定代理人的资格代理丙，一方面以自己系赠与人的地位，缔结甲与丙间之赠与契约，并作成物权契约，办理登记以转移 B 屋所有权。此种代理人为本人与代理人自己为法律行为的代理，学说上称为自己代理（自己契约）。[1]

但是对未成年子女的赠与，并非都可用自己代理解释。10 周岁到 18 周岁的未成年人是限制行为能力人（年满 16 周岁以自己的劳动收入为主要生活来源的未成年人，视为完全行为能力人），也可以是有相应行为能力的。比如，父母向自己年满 17 周岁的孩子赠送一套房屋，就不宜用自己代理来解释。

◎赠与合同无对价

1. 赠与合同无对价（无对待给付），有对价的不是赠与。

2. 对价不充分的，有的是赠与，有的不是赠与。比如，以一块钱作为名义上的对价，自不影响赠与的无偿性质。

3. 在附义务（附负担）赠与中，受赠人也负担债务，但由于未与赠与人的义务形成对待给付关系，故仍为无偿合同。

4. 互赠礼品一般是两个赠与合同，不是对价关系，如互赠订婚戒，应按互相赠与处理。互易是交易关系，是有偿合同，

---

[1] 参见王泽鉴：《民法总则》，中国政法大学出版社 2001 年版，第 455 页。

与赠与有明显区别。

例：过春节时，甲想到去年春节乙送给自己两盆牡丹，价值约 400 元，就买一瓶 400 元的白酒送到乙家中。

过去的对价不是对价，不构成有偿合同，本例是前后两个赠与合同。为"回报以前接受的利益"而为赠与，不改变赠与的无偿性质。

◎赠与可以击破优先购买权

优先购买权是针对有偿合同（交易合同）设定的规则。例如，《合同法》第 230 条规定："出租人出卖租赁房屋的，应当在出卖之前的合理期限内通知承租人，承租人享有以同等条件优先购买的权利。"[1]

例：在赠与的场合，承租人没有优先购买权。因此，实践中有的出租人与买受人（第三人）为规避法律，将房屋的买卖合同写成赠与合同，即以赠与掩盖买卖的实质。

在名为赠与，实为买卖时，承租人仍然享有优先购买权。

◎射幸式赠与

赠与合同的给付，一般是实定的，但赠与合同也可以由当事人设计为射幸合同。比如，某公司在年终时组织职工开晚会，晚会上有一个节目叫抛彩球，抛到谁身上，就奖励 1 万元。这

---

[1] 需要注意的是，承租人享有优先购买权的是房屋，而不是其他租赁物。对房屋以外的不动产及动产，承租人没有优先购买权。

实际上是射幸式赠与。在给职工正常的给付（报酬、奖金及工伤赔偿等）之外的财产给付，是无对价的赠与行为。这与抽奖式有奖销售不同，有奖销售是有对价的。

◎ **有奖销售不是赠与**

有奖销售是指经营者销售商品或者提供服务，附带性地向购买者提供物品、金钱或者其他经济上利益的行为，包括"奖励"部分购买者的抽奖式有奖销售和奖励所有购买者的附赠式"有奖"销售。

有学者认为，有奖销售是附条件的赠与行为（以购买商品或服务为条件）。其实不然。

1. 抽奖式有奖销售带有或然性，购买有奖销售的商品或服务而获得奖励（偶然对价），具有射幸性质，即便获"奖"，也是因为自己支付了款项，买到了一个期待权，不宜认为是无偿的赠与行为。

2. 附赠式有奖销售，不是典型的有奖销售，每一个购买商品、服务的人都会获"奖"。理论上，附赠的礼品和其他财物的价值虽不应受到限制，但实际上价值远远低于购买的商品或服务。获奖的缘由是支付了对价，不应认为是附条件的赠与。比如，商家宣传买一送一，买一件1000元的羽绒服，送一个枕头，实际上羽绒服和枕头，是1000元的对价，消费者并非无偿拿到枕头。出卖人表明"赠送"从物的，也不是赠与。比如，出卖名马，表示赠送马鞍，并不是赠与，交易习惯上，从物是不单独作价的，主物的作价已经考虑了从物的价值。[1]

---

[1]《合同法》第163规定："标的物在交付之前产生的孳息，归出卖人所有，交付之后产生的孳息，归买受人所有。"《物权法》第115条规定："主物转让的，从物随主物转让，但当事人另有约定的除外。"

例：甲房地产公司与乙消费者在购房合同中约定："购买一套120平方米住房，无偿赠送40平方米花园。"后甲交付房屋，却未"赠送"花园。乙起诉甲，要求甲交付40平方米花园。甲称自己对赠与有任意撤销权。甲的观点是否正确？

甲没有赠与任意撤销权。名为"赠与"，实为买卖，不能按赠与合同处理。

消费者支付的价金或费用之对价，包括所谓"赠与物"。这些"赠与物"的给付，不属于从给付义务，也不属于附随义务，是主给付义务之一部分。总之，有奖销售是营销手段，是隐性折扣，羊毛出在羊身上，不属于赠与。所谓"奖"，是对价之一部分。

◎无因管理不构成赠与

无因管理行为，是指没有法定或者约定义务而为他人管理事务的行为。无因管理之债，是因无因管理行为产生的法定之债。赠与之债，是意定之债。

例：张甲出国，长时间不交电话费，为维持张甲电话的畅通，李乙为其垫付了电话费。

李乙构成无因管理，其可以向张甲追偿。劳务那部分，是无偿付出的，但不属于赠与。若李乙放弃追偿权，对张甲说："那点钱算我赠送你的。"这也不是赠与，而是债务的免除。

◎第三人的无偿担保不是赠与，预先放弃追偿权的为赠与

1. 担保合同。这里说的担保合同（保证合同、抵押合同、

质押合同），是债权人和第三人之间的担保法律关系。[1]第三人与主债权人成立的担保合同，都是无偿的、单务的。

担保合同是债的法律关系（抵押权、质权是物权，但抵押合同、质押合同是债权合同）。债具有相对性，担保人的无偿担保，是指保证人代主债务人履行债务，或主债权人以主债务人或第三人的抵押物、质物变价受偿，主债权人是不支付对价的。

第三人的无偿担保不是对主债务人的赠与行为，因为担保人对主债务人是可以追偿的。如保证人代为清偿了100万元，虽然主债权人没有相应的对价，但保证人可以向主债务人追偿本金100万元，还可以追偿利息及有关费用。

2. 委托担保合同。主债务人委托第三人为自己提供担保。主债务人与第三人（担保人）之间的合同，在性质上是委托合同，具体来说，是委托担保合同，不是担保合同（从合同）。这种委托合同，可以是有偿的，也可以是无偿的。如果第三人无偿提供担保，那第三人是否对主债务人构成赠与？

例：甲欲向银行借款100万元，委托乙提供保证担保。保证人乙与银行（主债权人）之间的合同为保证合同（从合同）。乙与甲的合同是委托担保合同。乙答应甲，自己无偿提供担保，当甲不能向银行清偿，自己代为清偿后，不向甲追偿。

委托担保合同分为有偿和无偿两种。有偿的委托担保合同，在担保人代为清偿后，对主债务人有追偿权和获取报酬的权利。无偿的委托担保，在担保人代为清偿后，对主债务人有追偿权，但没有获取报酬的权利。

---

[1] 抵押人、质押人也可以是主债务人自己，此处只讨论由第三人担保的情况。

本案乙的所谓无偿担保（预先放弃追偿权），实际上是附停止条件的赠与行为。乙的行为表面看又像债务免除行为，其实不是。债务免除是先有债务，再予以免除。本案乙预先放弃追偿权，甲一直没有产生对乙的债务。

乙代甲履行债务，等于对甲赠与了货币。

◎有对价的，不是赠与合同

赠与合同是无偿合同，没有对价。附义务（附负担）的赠与，存在赠与人为给付的单一法律关系和受赠人为给付的单一法律关系，但双方的给付不是对价关系。

◎关于名义上的对价

有对价的，不是赠与。有不充分对价的，仍可构成赠与。例如，甲将一部小说的电影改编权转让给乙，接受一块钱作为名义上的对价，甲、乙之间仍为赠与。

◎受赠人是特定的相对人

例：张某将旧的电视机修好，放置路边，希望有人拿走使用。第二天，李某发现这台电视机，就拿回家自己使用。李某是依据先占取得所有权，还是依照赠与合同取得所有权？

受赠人是特定的相对人，本案中并没有特定的相对人。李某是依据先占取得所有权，不是依照赠与合同取得所有权。

依据先占取得所有权，是以事实行为取得所有权；依据赠与合同取得所有权，是以法律行为取得所有权。

第二目 赠与人的任意撤销权

◎写了欠条，还能撤销吗

例：张男要送给李女5万元，李女撒娇说："口说无凭，立字为证。"张男就给李女写了一张5万元的欠条。第2天，张男就反悔了，对李女表示不送了。李女说："已经请教了律师，权利移转后，不得撤销了。"

张男给李女写的5万元欠条，其真实意思是要赠与李女5万元，该欠条不过是赠与法律关系的凭证，5万元并未移转给李女，依《合同法》第186条的规定，张男有权撤销。不过，赠与要与"包养费"相区分，比如，王甲包养了"小三"赵乙，答应每月给3万元钱，第三个月王甲手头紧张，就给赵乙写了一张3万元的欠条。包养是有对价（尽管是不法对价）的，不是赠与，不存在任意撤销的问题，包养协议应当确认为无效。

◎赠与人如何摆脱债务

例：张甲赠送李乙一套房屋，交付使用10年后，李乙起诉张甲，请求办理过户登记手续（所有权变更登记）。开庭时，张甲说诉讼时效已经超过，又当着法官的面，通知李乙撤销赠与合同。请问：此案应当如何处理？

1. 诉讼时效未超过。有两种可能：第一种可能，二人未约定办理过户登记的时间，这样，张甲的债务为不定期债务，在李乙提出办理登记的请求，张甲仍不予以办理时，才开始计算诉讼时效；第二种可能，二人约定可办理过户登记的时间，到期未办理，由于李乙占有、使用该房屋，是行使权利的行为，故经过了 10 年，也不存在超过诉讼时效的问题。

2. 张甲享有任意撤销权，行使任意撤销权的单方法律行为，是不要式行为，张甲的通知有效。

3. 张甲以"已经撤销"的理由提出抗辩后，法院应驳回李乙的诉讼请求。

◎是否可以约定受赠人先履行义务

附义务（附负担）的赠与，一般是赠与人先履行给付财产的义务。比如，甲送给乙一套打井设备，让乙给村里的一位老人打一眼机井（先送设备，后打井）。按意思自治原则，当事人约定受赠人先履行义务，也并非不可。比如，张甲与李乙约定，李乙到某老年公寓做 10 天义工后，张甲送李乙一辆宝马汽车。双方的给付，不是对价关系，故他们之间的合同应认定为无偿合同、赠与合同。

李乙做了 10 天义工之后，张甲不能撤销赠与，因为此时的赠与已经演变为道德义务的赠与，张甲丧失了任意撤销权。

第三目　赠与合同的法定事由撤销权

◎法定事由撤销权的含义

1. 所谓法定事由撤销权，是指具备法定事由时，赠与人或者其他撤销权人通知受赠人撤销赠与合同的权利，一般简称为法定撤销权（法定任意撤销权一般简称为任意撤销权）。

2. 法定事由撤销并不受财产权利是否转移的限制。财产权利转移之前和转移之后均可撤销。

3. 经过公证的赠与、道德义务的赠与、公益性质的赠与，是不能任意撤销的。但经过公证的赠与和道德义务的赠与，可以法定撤销。公益性质的赠与，按其性质，既不能任意撤销，也不能法定撤销。

◎法定撤销权成立的事由

《合同法》第 192 条第 1 款规定："受赠人有下列情形之一的，赠与人可以撤销赠与：（一）严重侵害赠与人或者赠与人的近亲属；（二）对赠与人有扶养义务而不履行；（三）不履行赠与合同约定的义务。"第 2 款规定："赠与人的撤销权，自知道或者应当知道撤销原因之日起一年内行使。"

例 1：甲赠与乙一辆"路虎"，所负义务是乙在受领汽车后的一个月内，天天接送甲上下班。乙因醉酒，有一天没有接甲下班。

乙为轻微违约，不构成重大违约，甲不成立法定事由撤销权。

例 2：甲方以乙方（民政机关）为受赠人，捐赠 150 万元盖一所希望小学，乙方擅自用该 150 万元盖了一座办公楼。

本案赠与是公益性质的赠与。涉及公益（公共利益）为违约，对撤销应当给予限制。不宜认为甲方有《合同法》第 192 条第 1 款第 3 项规定的撤销权，但甲方有权诉请乙方再出 150 万元盖一所希望小学。

◎赠与人行使法定撤销权的方式

法定撤销权是简单形成权，行使形成权的行为是单方法律行为。撤销权人通知相对人（行使单方法律行为）即可发生撤销的效力。享有简单形成权的人,也可以通过诉讼方式行使自己的权利。

撤销经过公证的赠与,不必再去办理公证或去撤销公证。通知相对人即可达到撤销的后果。

◎ **撤销赠与财产后果的处理**

撤销可以是针对尚未移转财产的赠与合同的撤销,也可以是针对已经移转财产的赠与合同的撤销。但它们的撤销后果是不同的。

例1:甲赠送给乙一套房屋,在交付(移转占有)之后,过户登记(所有权变更)之前,甲依《合同法》第192条通知乙撤销赠与。甲在撤销时并没有丧失所有权,撤销后的财产后果是,甲依照所有权(本权)请求乙交回房屋(回复占有),这是占有媒介关系的效力。甲的物权请求权不受诉讼时效限制。

例2:甲赠送给乙1万元人民币,在交付之后甲依《合同法》第192条通知乙撤销赠与。货币具有占有与所有同一的特性,甲在撤销时已经没有所有权,撤销后的财产后果是,甲请求乙返还不当得利。甲的债权请求权受诉讼时效限制。

有的赠与合同是分期履行的。例如,赠与人与受赠人成立了赠与12万元人民币的合同,每月交付1万元,在交付6个月后,出现了法定撤销事由。此时有两种解决办法:

第一种办法,赠与人行使法定撤销权,撤销12万元的赠与,这样尚未履行的无须履行,已经履行的请求返还。

第二种办法,赠与人对已经履行的6万元行使法定撤销权,对尚未履行的部分行使任意撤销权(对可分之债可以)。如果是道德义务的赠与、经过公证的赠与，只能采取上述第一种办法。

◎撤销的效力

《合同法》第 194 条规定："撤销权人撤销赠与的，可以向受赠人要求返还赠与的财产。"赠与撤销，溯及既往，赠与合同自始失去效力。撤销权人有权要求返还赠与的财产，如果赠与的财产已经被受赠人消费，不复存在，则撤销权人有权要求返还不当得利（请求折合成金钱返还）。

赠与人及其法定代理人撤销的，财产返还给赠与人；继承人撤销的，财产返还给继承人。

例1：张甲（赠与人）与李乙在 1 月 1 日签订赠与合同，约定张甲赠送给李乙一套房屋，2 月 1 日办理了所有权变更登记（过户登记）。10 月 1 日，张甲、李乙等聚会，李乙借酒劲将张甲打成轻伤。10 月 9 日，张甲发出撤销赠与的通知，10 月 10 日送达李乙。

张甲撤销的通知，是单方法律行为（行使形成权的行为是单方法律行为），该单方法律行为在 10 月 10 日生效（到达主义）。该单方法律行为的效力，是使双方法律行为（1 月 1 日订立的赠与合同）自始失去效力。

由于赠与合同自始失去效力，李乙取得房屋所有权自始丧失法律根据，构成不当得利，应当返还给张甲。

需注意的是，赠与合同撤销后，房屋所有权还是属于李乙，只是其享有这个所有权无法律根据，要返还给张甲。这里，涉及返还不当得利与行为无因性的关系。张甲通知李乙撤销赠与合同，李乙并非从取得登记的 2 月 1 日丧失所有权。李乙返还的是所有权，在返还之前，对该套房屋的占有还是有本权（所有权）的。

例2：张甲（赠与人）与李乙在1月1日签订赠与合同，约定张甲赠送给李乙一头白骆驼，张甲2月1日将白骆驼交付给李乙。5月1日，李乙将张甲妻子打成轻伤。5月2日，张甲发出撤销赠与的通知，5月5日送达李乙。

张甲撤销的通知，在5月5日生效（到达主义）。该通知（单方法律行为）的效力，是使双方法律行为（1月1日订立的赠与合同）自始失去效力。

由于赠与合同自始失去效力，李乙取得白骆驼所有权自始丧失法律根据，构成不当得利，应当返还给张甲。

需注意的是，赠与合同撤销后，白骆驼的所有权还是属于李乙，只是其享有这个所有权无法律根据，要返还给张甲，变成张甲的所有权。

◎赠与法定撤销后的增值利益及价值减损

1. 增值利益。赠与法定撤销后，增值利益自当归撤销权人。比如，甲赠与乙价值100万元的房屋，撤销时该房屋已经增值到150万元，受赠人乙应当将价值150万元的房屋返还给甲，不得主张增值利益。

2. 价值减损。赠与法定撤销后，发现存在价值减损的情况，也不应向受赠人请求赔偿。比如，甲赠与乙一辆价值10万元的汽车，撤销后发现这辆旧汽车只值2万元，赠与人不得请求赔偿8万元，这是为了简化法律关系，也符合一般人的观念。

◎一种回赠

受赠人甲取得赠与人乙赠与的财产后，又将该财产赠与给乙，此种现象称为回赠。

例：张某85岁，脑筋很清楚，[1]她与儿子李甲签订房屋赠与合同，并将房屋过户登记给李甲。张某女儿李乙知道后，反复找张某"磨"，请求张某要回房子。为"维稳"，张某找李甲协商，双方签订了"撤销赠与的协议"。"协议约定"，在一个月内，双方一起到登记部门办理手续，将房屋过户到张某名下。到期后，李甲拒绝办理过户手续。一种观点认为，"撤销赠与的协议"是合意解除原赠与合同的行为，该"协议"是诺成合同，张某可以起诉到法院，请求强制履行该"协议"。

1. "撤销赠与的协议"，不是合意解除原赠与合同的行为，无瑕疵履行致使合同终止的，法律关系已经消灭，无解除之标的，当然也无撤销之标的。

2. 张某与李甲签订的"撤销赠与的协议"，是李甲无偿向张某转让财产（房屋）的协议，因此在性质上，双方签订的"协议"是赠与合同，当合同名称与合同内容不一致时，以内容为准。

3. 《合同法》第188条规定："具有救灾、扶贫等社会公益、道德义务性质的赠与合同或者经过公证的赠与合同，赠与人不交付赠与的财产的，受赠人可以要求交付。"作反面解释，非具有救灾、扶贫等社会公益、道德义务性质的赠与合同或者未经过公证的赠与合同，赠与人不交付赠与的财产的，受赠人并无要求交付的权利（没有请求强制实际履行的权利）。张某起

---

[1] 一些法律人（法官、律师、法科学生等），自觉不自觉地把年龄大的人当作限制行为能力人或无行为能力人。法律以年龄和精神状况作为判定行为能力的标准。以年龄判断行为能力时，是"以下"，即10周岁以下和18周岁以下，例外是18周岁以下，16周岁以上，以自己劳动收入为主要生活来源的人。

诉到法院，请求强制履行，在法律上不能胜诉。原因在于，此类赠与，赠与人享有任意撤销权（反悔权）。

第四目　各类财产的赠与

◎**赠与的标的财产有哪些**

不少人认为，赠与合同是转移物的所有权的合同，但从《合同法》的规定来看，除了转移物的所有权以外，其他财产权利也可以作为赠与的标的财产，不一定是物的所有权。

赠与的标的财产有物（物权）、债权、股权、份额权和知识产权中的财产权等，各类财产的移转，有不同的特点，有不同的法律要求。有的须办理登记，有的须交付，有的须有其他要件。

自己的财产可以赠与，获得授权的，对他人的财产，也可以赠与。

赠与合同是债权合同，当事人不妨以将来财产作为赠与的标的财产。

◎**遗产（房产）的赠与**

例：张甲继承其母李乙的一套房屋，张甲将该房屋赠与邻居王丙，须先将该房屋登记到自己的名下，再过户登记到王丙名下。[1]

---

[1]《物权法》第29条规定："因继承或者受遗赠取得物权的，自继承或者受遗赠开始时发生效力。"第31条规定："依照本法第二十八条至第三十条规定享有不动产物权的，处分该物权时，依照法律规定需要办理登记的，未经登记，不发生物权效力。"

这样，国家收了两道税。对张甲收了一道税，对王丙又收了一道税。

◎动产赠与之交付

动产的移转（赠与、买卖等）需要交付（物权变动公示方法）。交付不同于占有，交付是移转占有的双方行为。

例：张甲（女）发现银行卡里少了 1 万元钱，经查，钱被同居男友李乙取走。李乙有过目不忘的本领，张甲在取款机取钱时，李乙在旁边扫了一眼便记住了密码，李乙趁张甲出差之机，从梳妆台找到银行卡，取走 1 万元后，又将银行卡放回原处。李乙辩解的理由是，张甲曾答应送他 1 万元零花钱，张甲出差了，之后自己去取了。张甲也承认曾经答应要送给李乙 1 万元零花钱。

张甲与李乙之间有一个赠与 1 万元的口头合同，但须经张甲对李乙交付的双方行为，财产才能移转给李乙（现金须交付，也可以采用划账的方式移转财产）。李乙持银行卡擅自取钱，构成了盗窃。

◎赠与的缩短给付

所谓缩短给付，是存在连环法律关系时，将标的物直接交付给下游法律关系的债权人，"节约了一道手续"。

例：李甲在商场订了一台苹果电脑，想送给新郎张乙，让商场送到婚礼现场，当众交给新郎张乙。李甲不过手，这称为缩短给付。

1. 这种缩短给付（向第三人交付），不违反《物权法》的公示原则。[1]

2. 就商场与李甲的买卖合同而言，新郎张乙是代为受领（代债权人、买受人李甲受领）。《合同法》第64条规定："当事人约定由债务人向第三人履行债务的，债务人未向第三人履行债务或者履行债务不符合约定，应当向债权人承担违约责任。"如果电脑不符合质量要求，由李甲向商场主张责任。就李甲与张乙的赠与合同而言，张乙受领电脑的占有，是受领李甲的给付（履行）。

3. 第三人代为受领，不是债权让与。本案债权人的主体地位没有发生变化（未发生主体变更）。李甲依然是商场的债权人，张乙依然是李甲的债权人。

4. 本例不是指示交付。若李甲的电脑由第三人占有，李甲向张乙移转本权，才是指示交付。本案苹果电脑，在交付前是商场享有所有权，交付后由张乙享有所有权。向第三人履行是现实交付。指示交付是观念交付的一种。观念交付的特点是，占有不发生变动，只是本权发生变动。本例的占有发生了变动。

◎赠与物的简易交付

《物权法》第25条就简易交付规定："动产物权设立和转让前，权利人已经依法占有该动产的，物权自法律行为生效时发生效力。"

---

[1]《物权法》第6条规定："不动产物权的设立、变更、转让和消灭，应当依照法律规定登记。动产物权的设立和转让，应当依照法律规定交付。"第23条规定："动产物权的设立和转让，自交付时发生效力，但法律另有规定的除外。"

例：甲（网上商店）将一台电烤箱通过快递发给乙，误发到丙，甲请丙退货，给了丙一个地址，不料将地址写错了，电烤箱退到丁处，丁给甲打电话，问怎么办？甲说："不好意思，给您添麻烦了，电烤箱您留着用吧。"丁表示接受，接着烤了10个鸡翅。甲对丁有无交付，可否反悔？

本案赠与人甲对受赠人丁为简易交付，受赠人事先占有了标的物，进行简易交付，只是将本权移转给受赠人。在实行简易交付后，甲丧失了任意撤销权。

◎货币能否指示交付

货币（现金）是动产，是种类物、消费物。货币具有"占有与所有同一"的特性，故而至少有两种现象值得注意：第一，货币交付（移转占有）后，就发生所有权移转，赠与人从而丧失了任意撤销权；第二，货币不能采用观念交付的方式（观念交付包括简易交付、指示交付和占有改定）交付。

例：甲赠送给乙1万元，通过银行卡划到乙的账上。甲对乙是否为指示交付？

不是指示交付。甲对存入银行的货币没有所有权，因而不能是指示交付。甲向乙移转的实际上是对银行的1万元债权。

◎债权的赠与

债权无偿转让合同是一种赠与合同，适用《合同法》对债权转让的规定。

例：甲对乙说："你结婚了，我无现金送你，丙欠我5万元，你找他要吧，5万都归你。"乙欣然接受。

甲对乙是债权赠与，不是货币赠与，通知丙后，对丙发生效力。

◎ **股权的赠与**

有限责任公司的股权可以赠与，股份有限公司的股权也可以赠与。股权的赠与要与《公司法》的规定相协调，既要遵守《合同法》的规定，也要遵守《公司法》的规定。

有限责任公司股权转让中（包括赠与），股权在何时发生转移，关系到赠与人任意撤销权何时消灭的问题。目前有三种观点：第一种观点认为，股权转让，是在工商机关变更登记后移转给受让人；第二种观点认为，股权转让，是在登记在股东名册后转让给受让人；第三种观点认为，转让人与受让人达成协议时即转让给第三人。

第三种观点是正确的。①《公司法解释（三）》第27条第1款规定："股权转让后尚未向公司登记机关办理变更登记，原股东将仍登记于其名下的股权转让、质押或者以其他方式处分，受让股东以其对于股权享有实际权利为由，请求认定处分股权行为无效的，人民法院可以参照物权法第一百零六条的规定处理。"《物权法》第106条是善意取得的规定。善意取得对应的是无权处分。也就是说，原股东将仍登记于其名下的股权再次转让，已经构成无权处分了。这说明，第一个受让人在工商过户登记之前就已经取得了股权。②《公司法》第73条规定："依照本法第七十一条、第七十二条转让股权后，公司应当注销原股东的出资证明书，向新股东签发出资证明书，并相应修改公司章程和股东名册中有关股东及其出资额的记载。对公司章程的该项修改不需再由股东会表决。"[1]该条的"记载",并不是股权变动的要件,况且我国大多数有限责任公司并不设置股东名册。③综上,股权转让(包括赠与),在签订转让合同后,即移转给受让人。

例:甲把对标的公司10%的股份赠与乙,签订了书面赠与合同,但未记载于股东名册,也未办理股权变更登记。后来,甲对乙越看越不顺眼,就书面通知乙解除赠与合同。

甲的股权已经移转给乙,甲没有《合同法》第186条规定的任意撤销权,不得通知乙撤销赠与。

◎**干股的赠与**

"干股"不是法律概念,是民间用语,是指自己不实际出资,而由他人代为出资拿到(享有)的公司股份。

例1:按出资人协议,张甲、李乙、王丙共出资30万元设立一个有限责任公司,分成3股,每人1股,每股10万元,王丙不实际出资,张甲、李乙各出资15万元,即他们每人代王丙

---

[1]《公司法》第71条规定:"有限责任公司的股东之间可以相互转让其全部或者部分股权。股东向股东以外的人转让股权,应当经其他股东过半数同意。股东应就其股权转让事项书面通知其他股东征求同意,其他股东自接到书面通知之日起满三十日未答复的,视为同意转让。其他股东半数以上不同意转让的,不同意的股东应当购买该转让的股权;不购买的,视为同意转让。经股东同意转让的股权,在同等条件下,其他股东有优先购买权。两个以上股东主张行使优先购买权的,协商确定各自的购买比例;协商不成的,按照转让时各自的出资比例行使优先购买权。公司章程对股权转让另有规定的,从其规定。"第72条规定:"人民法院依照法律规定的强制执行程序转让股东的股权时,应当通知公司及全体股东,其他股东在同等条件下有优先购买权。其他股东自人民法院通知之日起满二十日不行使优先购买权的,视为放弃优先购买权。"

出资 5 万元。

他人代出资而获得干股，多是一种赠与行为。赠与的是货币，而不是赠与股份。但也有直接赠与股份的情形。

例 2：甲是一人有限责任公司股东，欲将公司改为普通的有限责任公司，其将股份赠与乙 20%。在新的有限责任公司中，甲、乙股份比例为 8∶2。

此案为股份的赠与，不是代为出资。

第五目　家事赠与

> **题记**：这里所说的"家事赠与"，不是严格的法学概念，泛指与夫妻、家庭有关的赠与。家事赠与有它的特殊性，故单列一目。家事赠与包括父母对缔结婚姻子女的赠与，夫妻相互之间的赠与，无法定扶养义务人的扶养给付（赠与），等等。

◎父母及其他人在缔结婚姻前的赠与

看到子女要结婚了，父母通常会有些赠与。婚前接受的赠与，自然归个人所有（婚前财产），在结婚后不转化为夫妻共同财产。

例：张父在张男、李女结婚登记前，与张男订立书面赠与合同，要送给张男 20 万元，张父在张男与李女办理登记后才将 20 万元现金凑足，交付时间在登记之后。张男主张是个人财产，李女主张是婚后赠与，应当属于共同财产。

张父与张男的赠与协议在婚前达成，张男对张父的20万元债权是既得权，婚后交付的20万元现金是20万元债权的财产转化形式，该20万元应当归张男所有。

可以打一个比方，张男在婚前借给他人1万元，婚后人家还了，这1万元自然是张男的个人财产。

◎ 谁的房子

有时，男方为讨女方喜欢，把用父母赠与的购房款买的房屋登记在女方名下。

例：张男与李女结婚登记后，张男用父母赠与自己的500万元购买了一套房屋，张男对李女说："三口子不如两口子近，这套房屋登记在你名下吧。"张男是以李女的名义签订的商品房买卖合同，之后又到不动产登记机关办理了登记。一年后，两口子离婚。李女主张，这套房屋是张男赠与自己的，张男说，当时只是为讨李女喜欢，才将房屋登记在李女名下。如果没有与李女白头偕老的心，是不会这样做的。张男主张房屋为共有。

1. 本案有两个赠与，一个是父母对张男500万元的赠与，还有一个是张男对李女的赠与。一般情况下，商品房合同上的买受人，最终登记为房屋所有权人。

2. 张男以妻子李女的名义订立商品房买卖合同，最终又将房屋登记在李女的名下，赠与的其实是货币。张男有与李女共同生活的愿望，应当认为赠与的货币"实际上"是购房款的50%，货币转化为房屋，应当认定为共同共有，在离婚时应当确定二人各占50%的份额。

3. 共有的财产登记在夫妻一方名下在我国是正常现象，不但有占有与所有的脱离，也有登记与所有的脱离。[1]

◎婚礼现场礼金的归属

中国有一个习惯，在新郎、新娘的婚礼现场送红包（礼金），这是一种赠与行为。实务中，对礼金归属有不少争议。

例：张男与李女在结婚登记一周后举办婚礼，现场收红包的"执事"记载，张男的同事、朋友送10万元，李女的朋友、同事送9万元。婆家的朋友、同事送25万元，岳母家的朋友、同事送20万元。当事人就礼金归属发生争议。请问：如何分配？

不少人认为，礼金是对新婚夫妻的赠与。生活并不是这样的。

1. 张男的同事、朋友送10万元，李女的朋友、同事送9万元，属于夫妻共有。

2. 原则上婆家的朋友、同事送的，归婆家；岳母家的朋友、同事送的，归岳母家。婆家、岳母家自己的同事和朋友送礼，并不是看小夫妻的面子，更重要的是，"回礼"（还情）是婆家、岳母家承担的，不是小夫妻承担的。

3. 婆家、岳母家有赠与许诺的除外。

4. 一般要先从礼金中扣除举办婚礼的费用。[2]

---

[1] 登记与所有的脱离，是第三人善意取得的一个前提，不过，这是另一问题，此处不予探讨。

[2] 葬礼上的赠与，亦应按上述分配原则处理。

◎能否以结婚作为赠与的条件

例：张女之父张某生命垂危，张女与李男约定，李男提供50万元医疗费并负责安排住院，联系名医，张某病愈后，张女即与李男登记结婚。请问：张女与李男之间的协议（合同）效力如何？

1. 身份行为附条件无效。李男出资挽救张某生命后，张女有权拒绝结婚。由于协议无效，李男有权请求返还财产。

2. 若李男完成约定的行为，张女自愿与李男结婚，婚姻有效，但不能认为是履行协议的结果，应认为是独立的行为。李男出资，按赠与对待，亦应认为是独立的行为。

◎关于互赠

例：订婚仪式上，张男将一枚价值10万元的戒指穿上李女的纤指，李女将一块价值3万元的手表扣在张男的粗腕上。后李女与王男结婚。张男请求返还戒指，李女认为是互易，拒绝归还。此案应如何处理？

不是互易，是相互赠与（两个赠与合同）。一般解释为附解除条件的赠与。本案双方应相互返还。

◎婚内赠与

我国承认婚内赠与。如《婚姻法解释（三）》第6条规定："婚前或者婚姻关系存续期间，当事人约定将一方所有的房产赠与另一方，赠与方在赠与房产变更登记之前撤销赠与，另一方请求判令继续履行的，人民法院可以按照合同法第一百八十六条的规定处理。"婚内赠与，是财产关系，不是身份关系，也要适用债法、物权法的规定。

例：张男与李女是夫妻。李女婚前有房产一套，结婚后出卖，得款100万元，存入银行。后夫妻双方商量花300万元买房。李女拿出该100万元存款。再后，二人离婚。请问财产应如何处理？

李女婚前有房产一套，自属个人财产。结婚后出卖，得款100万元，该100万元个人财产的属性不发生变化（只是个人财产的客体发生变化）。李女拿出该100万元存款买房（有人认为是赠与），所买房屋为共同共有。离婚时，应补偿李女的100万元。

财产采夫妻共有制的，夫妻之间也可以发生赠与。因为夫妻共有制的家庭，夫妻不但有独立的人格，也仍存在各自单独所有的财产。

◎抚养给付与赠与

父母对未成年子女有抚养义务，在正常的付出之外，父母与子女仍可能成立赠与合同，发生赠与法律关系。

对抚养给付与赠与给付进行区分，有时是很重要的，因为抚养给付不得撤销，而赠与是可以任意撤销、法定撤销的。

例：张甲3岁时，其父母送其一套房屋。

此为赠与，不为抚养给付。

◎抚养给付，不构成赠与

例：张男与李女离婚后，5岁的儿子随李女生活。法院判决张男每月给儿子1000元生活费。后张男收入增加，为使儿子生活的更好一些，自愿每月给2000元生活费。

张男的行为是抚养给付，不构成赠与。

在过年时，父母给未成年人一些零花钱作为压岁钱，应属于抚养给付，不宜列入赠与。没有抚养义务的人给的压岁钱属于赠与。

◎他人对夫妻的赠与

例：张男与李女是夫妻，夫妻财产为共有制。张男同事送给张男一辆小汽车。张男与李女离婚时，李女认为该汽车是夫妻共有财产，要求分割该财产。

1.《婚姻法》第18条第3项规定，遗嘱或赠与合同中确定只归夫或妻一方的财产，为夫妻一方的财产。作反对解释，张男同事的赠与，未确定只归张男，该小汽车就应归夫妻共有。请注意，这里的赠与与父母赠与购买不动产的出资款不同。

2. 张男依据赠与获得财产，李女依照《婚姻法》的规定及张男获得小汽车所有权的事实，取得共有。张男取得财产与李女取得财产，虽然在同一时刻，但依据的法律事实截然不同。

◎道德义务赠与一例

例：张甲（夫）与李乙（妻）协议离婚，考虑到未成年的残疾儿子丙需要特殊呵护、特殊帮助，离婚协议约定将登记在李乙名下的一套共有房屋赠与未成年的残疾儿子丙，但未给丙办理过户登记手续（所有权变更登记）。离婚后，张甲将该套房屋以个人名义出卖给完全不了解情况的丁，办理了过户登记手续。现李乙作为监护人代理其子丙主张相应权利。

1. 根据已知条件，本案赠与为道德义务的赠与，张甲不得以享有任意撤销权进行抗辩。
2. 丁已经善意取得该套房屋。
3. 张甲应当向丙返还不当利益。

第七节　租赁合同

第一目　概　述

◎租赁合同是最典型的有偿用益权合同

1. 用益权合同是指以设立用益债权为目的的合同。租赁合同是一种用益权合同，是以他人之物为用益对象的债权合同，它只转移物的用益权能而不转移用益物的所有权。用益权合同之用益权，为意定用益债权。

2. 用益权合同可以分为有偿用益权合同和无偿用益权合同。租赁合同是最典型的有偿用益权合同。用益价值的让渡，是以租金为对价的。承租人的承租权，是"占有债权"，因此具有物权化的倾向，具有一定的对世效力。

◎租赁合同包含的三个单一法律关系

合同是意定相对法律关系的一种表现形式，对租赁法律关系的分析，也就是对租赁合同的分析，反之亦然。

租赁合同是结合法律关系（也称为复合法律关系）、双务法律关系，是交易形式。租赁法律关系包含两个对立的给付，一个是出租人作为债务人而为用益权能的给付，一个是承租人作为债务人支付租金的给付。两个法律关系是牵连法律关系，两个给付的交换，就是我们通常所说的交易。用益法律关系的分析，为租赁效力的分析提供了基础。

承租权作为占有用益债权，须取得对标的物的占有，而占有具有特殊的效力。占有媒介关系是租赁合同包含的第三个法律关系。

◎出租人不一定是所有权人

例：开发商甲把商品房卖给了乙，交付之后、办理登记之前，乙是可以出租给第三人的。乙在取得登记（取得所有权）之前，已经取得了用益权（用益债权），自可将用益权能让渡给他人。

◎定期租赁与不定期租赁

根据租赁是否确定用益的期间（时间段），可以分为定期租赁和不定期租赁。

1. 定期租赁。当事人约定了租赁期限的租赁，为定期租赁。租赁期间只有最长时间的限制，而没有必要作最短时间的限制。租赁期限如果过长，当事人难以预测情势的变化，不利于平衡当事人之间的利益。所以，我国《合同法》第214条规定："租赁期限不得超过二十年。超过二十年的，超过部分无效。租赁期间届满，当事人可以续订租赁合同，但约定的租赁期限自续订之日起不得超过二十年。"显然该条为效力性强制性规定。[1]有几个问题需要说明：

---

[1]《合同法解释（二）》第14条规定："合同法第五十二条第（五）项规定的'强制性规定'，是指效力性强制性规定。"《合同法》第52条规定："有下列情形之一的，合同无效：……（五）违反法律、行政法规的强制性规定。"

第一，有人认为，不定期租赁也不能超过 20 年。其实，不定期租赁不会受 20 年的限制。当不定期租赁持续到 20 年的时候，双方仍然可以保持租赁关系。因为，定期租赁的租期限制，是为了防止租期过长制约当事人，使他们蒙受不测之损害。而不定期租赁，当事人因有随时、任意解除权，不存在此问题。

第二，实践中有约定"永久租赁"的情形，自应缩短至 20 年。20 年之后双方当事人继续履行合同的，成立不定期租赁。

第三，有的当事人在租赁合同中这样表述："租期为 20 年，届期自动展期 20 年。"并美其名曰为"附期限的合同"。这其实是规避法律的行为，合同中"自动展期"的规定无效，即租赁合同属于部分无效。

第四，在租赁合同履行过程中，能否通过更新重新确定租赁时间，使租赁合同的履行实际超过 20 年？租赁合同的更新是以新合同取代原合同。我国《合同法》第 214 条第 2 款规定："租赁期间届满，当事人可以续订租赁合同，但约定的租赁期限自续订之日起不得超过二十年。""届满"之后的再"续订"并不合理。当然应当允许当事人在租赁期间更新合同。

例：某银行租用"邻居"的土地 30 年，履行 10 年以后才发现法律对租赁期限有 20 年的限制，双方当事人重新签订租期为 20 年的合同。

这种更新是有效的，因为当事人又重新考评了 20 年之内的市场情况，对租赁更新后的利害结果重新进行了考量。当事人一般不会刚刚签订合同就进行更新，那样对当事人没有意义，而经过一段时间后的更新则体现了当事人新的预期。

2. 不定期租赁。当事人没有约定租赁的期限,为不定期租赁。不定期租赁的特点是双方当事人都有随时解除权。随时解除权是不需要理由的,因此也称为任意解除权。[1]这里强调的是出租人要给予承租人一定的宽展期。租赁合同双方的随时解除权是不以损害赔偿为代价的,这一点区别于承揽合同定作人的随时解除权、托运人的随时解除权、委托合同双方当事人的随时解除权。[2]

不定期租赁有两种情况:第一种是当事人明确约定为不定期租赁;第二种是推定的不定期租赁。推定的不定期租赁又有三种情形:①对租赁期限没有约定或者约定不明确,依照《合同法》第61条的规定不能确定的,视为不定期租赁。②租赁期限6个月以上的,应当采用书面形式。当事人未采用书面形式的,视为不定期租赁。(《合同法》第215条)③租赁期间届满,承租人继续使用租赁物,出租人没提出异议的,原租赁合同继续有效,但租赁期限为不定期。(《合同法》第236条)情形③是在租赁期限届满后,当事人的行为表明他们的租赁关系继续存在,即当事人以行为为要约和承诺(新的法律事实),成立租赁合同。在当事人之间,有两个租赁合同,前一个是定期租赁合同,后一个是不定期租赁合同。那么,前一个定期租赁合同中的仲裁条款的效力如何呢?虽然是两个法律关系、两个合同,

---

[1] 我国《合同法》第232条规定:"当事人对租赁期限没有约定或者约定不明确,依照本法第六十一条的规定仍不能确定的,视为不定期租赁。当事人可以随时解除合同,但出租人解除合同应当在合理期限之前通知承租人。"

[2] 我国《合同法》第268条规定:"定作人可以随时解除承揽合同,造成承揽人损失的,应当赔偿损失。"第308条规定:"在承运人将货物交付收货人之前,托运人可以要求承运人中止运输、返还货物、变更到达地或者将货物交给其他收货人,但应当赔偿承运人因此受到的损失。"第410条规定:"委托人或者受托人可以随时解除委托合同。因解除合同给对方造成损失的,除不可归责于该当事人的事由以外,应当赔偿损失。"

除租期以外，前一合同的条款都进入后一合同，就后一个合同发生争议，仍可提起仲裁。这是一个立法政策问题，须作出明确规定。

◎ 定期租赁的出租人或承租人能否以损害赔偿为代价获得单方解除权

不能。解除权是被违约人（债权人）的权利，违约人（债务人）无解除权。当然，当事人之间有约定的，应当遵循约定。

例1：甲、乙签订了租期为一年的租赁合同，甲交付租赁物后，通知承租人乙解除租赁合同并愿意承担乙的损失，要求返还租赁物。

承租人可主张解除无效，同时主张占有抗辩权（拒绝回复占有的权利）。

例2：甲、乙签订了租期为一年的租赁合同，甲交付租赁物后，乙通知出租人甲解除租赁合同并愿意承担甲的损失，要求返还租赁物。

甲可以反对。

◎ 承租人能否请求强制实际履行

定期租赁合同签订后，出租人拒绝交付租赁物，承租人可请求强制实际履行。不定期租赁因为当事人有随时解除权（任意解除权），承租人不可请求强制实际履行。

第二目　出租人的瑕疵担保义务

◎出租人的权利瑕疵担保义务

出租人的权利瑕疵担保义务，是指出租人应当担保不因第三人对租赁物主张权利，而影响承租人对租赁物的使用、收益。权利瑕疵担保义务是法定义务。《合同法》第228条规定："因第三人主张权利，致使承租人不能对租赁物使用、收益的，承租人可以要求减少租金或者不支付租金。"第三人主张的权利可以是所有权、担保物权和用益物权等。

例：甲将一座房屋出租给乙一年，不料，刚住到半年，抵押权人通过法院把房子给拍卖了。买受人丙以抵押登记在租赁之前为由，将不知情的乙"请"出了房屋。

《物权法》第190条规定："订立抵押合同前抵押财产已出租的，原租赁关系不受该抵押权的影响。抵押权设立后抵押财产出租的，该租赁关系不得对抗已登记的抵押权。"出租人甲的瑕疵担保义务已经转化为对承租人乙的违约责任。乙除了拒绝支付半年的租金以外，有其他损失的，还可以主张赔偿。

◎以抵押的财产出租对租赁合同效力的影响

以抵押的财产出租对租赁合同效力的影响，可以从"抵押不破租赁"与"租赁不破抵押"两个方面进行概括。我国《物权法》第190条做出了相应规定："订立抵押合同前抵押财产已出租的，原租赁关系不受该抵押权的影响。抵押权设立后抵押财产出租的，该租赁关系不得对抗已登记的抵押权。"通俗地说,"后边的不能击破前边的",这是解决法益冲突的一种规则。

"抵押不破租赁",是因为"先租后押"。"抵押不破租赁",是"买卖不破租赁"的延续,因为抵押权实行的结果,无非是将抵押物变价。由于实行抵押权,取得抵押物(租赁物)所有权的当事人,应当继续原有的租赁合同。对于"先租后押"的,抵押人有义务将租赁的事实告知抵押权人。在实行抵押权时,抵押人有义务将权利负担(先租的事实)告诉买受人。

"租赁不破抵押",是因为"先押后租",后成立的租赁不能影响抵押权的行使和"含金量"。由于实行抵押权,取得抵押物(租赁物)所有权的人有权终止租赁合同,要求承租人返还租赁物的占有。这里需要明确抵押登记的效力以及租赁设立与抵押设立的时间点。

我国《物权法》对不动产抵押采登记生效主义,未登记,抵押权根本不生效。对动产采取登记对抗主义,未登记的,不能对抗善意第三人。[1]如果成立了不动产抵押合同,但未办理抵押物登记,尽管抵押合同生效,但没有抵押权,不存在抵押权与租赁的冲突问题。

如果动产抵押合同成立,但未办理抵押物登记,此时抵押权不能对抗善意第三人。该第三人,是指交易中的第三人,包括承租人。即承租人在订立租赁合同的时候,不知道也不应当

---

[1] 我国《物权法》第187条规定:"以本法第一百八十条第一款第一项至第三项规定的财产或者第五项规定的正在建造的建筑物抵押的,应当办理抵押登记。抵押权自登记时设立。"《物权法》第188条规定:"以本法第一百八十条第一款第四项、第六项规定的财产或者第5项规定的正在建造的船舶、航空器抵押的,抵押权自抵押合同生效时设立;未经登记,不得对抗善意第三人。"综上,对《物权法》第180条第1款第1、2、3项的不动产和第5项中的不动产(正在建造的建筑物)采登记生效主义。对《物权法》第180条第1款第4项、第6项的动产和第5项中的动产(正在建造的船舶、航空器)实行登记对抗主义。结论是:不动产抵押采登记生效主义,动产抵押采登记对抗主义。

知道租赁物抵押的事实,其不应承担抵押权的实行对其产生的后果。租赁物新的所有权人应当继续履行租赁合同。

对经登记的抵押权,登记之后抵押人又将抵押物出租的,抵押权实现后,租赁合同对受让人不具有约束力。以抵押的财产出租,则租赁物有权利负担,可以构成权利瑕疵。出租人如果未将抵押的事实告知承租人,使承租人处于一个不利的地位,则由此带来的损失应当由出租人承担。如果出租人已尽告知义务,抵押权实现造成承租人的损失,由其自己承担,因为其自愿承担了风险。在订立租赁合同的时候,承租人可能针对风险提出自己的条件(减少租金等),如果其知道风险而不提出相应的条件,那是他自己的事情。

◎**出租人的适用性担保义务**

适用性担保义务,是出租人在担保无权利瑕疵、质量瑕疵以外,担保承租人正常使用的义务。

适用性担保义务可根据合同目的进行判断,也可由当事人特约。适用性担保义务不同于权利瑕疵担保义务,不发生第三人主张权利的问题。适用性担保义务不同于质量瑕疵担保义务,对于适用性担保义务,不要求租赁物本身有质量问题。违反适用性担保义务,可以用损害赔偿等方式来解决,构成重大违约时,买受人也可以解除合同。

例:甲欲租乙的房屋,表明是病人居住,需要安静,甲去看房时,旁边的巨型冷却器正停电维修,乙未将情况告知甲,甲入住后才发现不适宜居住。

这种情况,应当认为乙违反适用性担保义务,甲有权单方解除合同并有权请求赔偿损失。

◎未支付租金，应当先催告，后解除

例：甲将一台车床出租给乙一年，约定按月支付租金。乙连续6个月未支付租金。甲欲通知乙解除合同，应否先催告？

金钱之债，应当先催告（前置性程序），催告无效果时，再通知承租人解除。

第三目 转 租

◎转租产生的新的法律关系

转租，是指承租人以自己的名义将租赁物出租给第三人（次承租人）使用、收益。出租是对标的物的处分行为，转租也是一种出租行为，是对他人标的物的处分行为。[1]

对于转租，一般性的描述是：一个标的物，两个法律关系，三方当事人。

例：某甲将房屋出租给某乙，某乙转租给某丙。两个法律关系是指有两个租赁合同。转租人具有双重身份，是第一个合同的承租人（用益债权人），又是第二个合同的出租人（用益债务人）。转租人对租赁物是间接占有、间接用益，次承租人是直接占有、直接用益。

承租人对出租人欠付租金，经催告无效果的，出租人有权

---

[1] 出租是处分的一种形式。出租人允许承租人转租，是授予特种处分权的行为。但仍保留了法律上的与之不相冲突的处分权。例如出租人有权将租赁物出卖、赠与、抵押等。有冲突者如质押，因为用益物被用益债权人占有。这种情况下，不能使第三人以间接占有成立质权。

通知承租人解除合同。转租合同以租赁合同为基础，租赁合同解除，转租合同随之解除。此时，次承租人为保护自己的利益，有权代为清偿，即代承租人之位向出租人清偿。[1]这种代为清偿，本质上是一种形成权，出租人不得拒绝。

◎**转租与承租权转让的区别**

承租权是债权之一种，承租权的转让为债权转让之一种。承租权转让，承租人退出了法律关系。例如，某甲将房屋出租给某乙，某乙将承租权转给某丙，则某丙直接对某乙享有承租权。转租与承租权转让都须出租人同意。转租是用益权的二次让渡，承租权转让是用益债权的转让。

◎**分租是转租吗**

分租是承租人把承租物的一部分转租出去。认定出租人有无解除权，应具体问题具体分析（因为分租可能尚未构成根本性违约）。对分租的，出租人一般应当先行催告（请求消除违约后果，恢复正常履行），无效果时，再通知解除租赁合同。

◎**转租的期限**

转租的期限不得超过承租人剩余租赁期限，承租人与次承

---

[1] 《城镇房屋租赁合同解释》第17条规定："因承租人拖欠租金，出租人请求解除合同时，次承租人请求代承租人支付欠付的租金和违约金以抗辩出租人合同解除权的，人民法院应予支持。但转租合同无效的除外。次承租人代为支付的租金和违约金超出其应付的租金数额，可以折抵租金或者向承租人追偿。"出租人的解除权是简单形成权，因此不发生次承租人的抗辩问题，应是在出租人行使解除权之前，次承租人代为清偿，为保障次承租人的利益，将来的我国《民法典》应规定："出租人在解除租赁合同之前，应当通知次承租人。"

租人在转租合同中约定的期限超过剩余租赁期限的部分无效。[1]因为出租人同意转租只是概括授权，如果出租人同意转租期限超过租赁剩余期限，当然有效，而且租赁合同的期限也随之顺延。如果承租人与次承租人约定的转租期限超过了租赁合同的剩余期限，出租人予以追认的，当然也是有效的，租赁期限同样顺延。

◎对转租的明示同意和默示同意

出租人同意承租人转租，可以是明示同意，也可以是默示同意。可以是事前的同意，也可以是事后的追认。

事先未经同意的转租合同，因转租人欠缺权利，应为效力待定，通过追认使其自始成为有效合同。出租人的事先同意，不是行使形成权的行为，只是授权行为，在承租人与第三人签订转租合同后，出租人予以追认，是行使形成权的行为。追认权是简单形成权、发生形成权、法定形成权。明示的追认自无问题，默示的追认也不影响追认权的形成权性质。

默示的追认，表现为出租人知道或者应当知道承租人转租，在合理的时间内对转租没有表示反对。[2]

例：甲将一座仓库房出租给乙，租金为三年30万元。乙将租赁物交给下级单位丙（法人）有偿使用达3年之久。丙分两

---

[1]《城镇房屋租赁合同解释》第15条规定："承租人经出租人同意将租赁房屋转租给第三人时，转租期限超过承租人剩余租赁期限的，人民法院应当认定超过部分的约定无效。但出租人与承租人另有约定的除外。"

[2]《城镇房屋租赁合同解释》第16条第1款规定："出租人知道或者应当知道承租人转租，但在六个月内未提出异议，其以承租人未经同意为由请求解除合同或者认定转租合同无效的，人民法院不予支持。"此条文的"六个月"不能对任何租赁合同适用。

次将20万元直接交给甲,甲照单全收,而且与丙签订了"防火协议"。后甲向丙催要其余租金,丙又以自己名义写了"欠条"。

1. 乙与丙是转租关系,甲方已经默示同意,转租合同有效。本案不是承租权的转让,因为甲没有使乙从债的关系中解脱的意思,乙也没有脱离债的关系的意思。转租是承租人以自己的名义向次承租人出租,转让是承租人退出租赁关系,由出租人与第三人之间发生租赁关系。

2. 丙直接把租金交给甲,属于《合同法》第65条规定的"由第三人履行"(代为履行)。如果丙不交,则应当由乙向甲承担责任。丙以自己的名义给甲写了欠条,属于并存的债务承担。丙与乙就未交租金向甲承担连带责任。

3. 甲与丙之间的"防火协议",是关于附随义务的约定,因此不影响本案转租的事实,不能以此认定是承租权的转让。

◎擅自转租的法律后果

承租人未经同意擅自转租的,出租人有两个权利可以选择行使:

第一,出租人可以通知承租人解除双方之间的租赁合同。出租人通知承租人解除租赁合同以后,承租人与次承租人之间的合同因失去了前提而不能有效成立。有人认为,出租人解除合同后,承租人与次承租人的合同可以继续有效。这种观点并无法律上的根据。

第二,出租人也可以主张承租人与次承租人的转租合同不生效。转租不生效的事由是承租人无转租权,擅自"处分"(债权性处分)了他人的财产。事先未取得出租人同意的转租合同属于效力待定的合同(可追认的合同)。效力待定,并非永续的状态：通过追认，转化有效；拒绝追认，则永远定格在不生效的状态，这种状态称为无效，也是可以的。

◎**转租造成损害的承担**

次承租人对租赁物造成损失的，应当对转租人（承租人）承担责任，承租人应当对出租人承担责任。不论转租是否经过出租人同意，都是如此。

如次承租人的行为导致租赁物的损害，出租人追究违约责任，只能追究承租人的违约责任，而不能追究次承租人的违约责任，也不能追究承租人和次承租人的连带责任。如以侵权为由，则有追究承租人和次承租人连带责任的可能性。

◎**先催告，后解除**

例：张某把房子出租给李某，李某擅自把阳台转租给王某，张某是否有权通知承租人李某解除合同？

张某应当先催告承租人李某消除违约行为（同时也是侵权行为），经过合理期限后，次承租人王某未搬出的，张某有权通知承租人李某解除租赁合同。与整体转租不同，如李某将承租的房屋转租给次承租人王某，张某无须催告，可直接通知承租人李某解除租赁合同。

第四目 租赁物所有权变动不破租赁的规则

◎**租赁物所有权变动不破租赁概述**

为保护承租人的用益利益，我国《合同法》第229条规定："租赁物在租赁期间发生所有权变动的，不影响租赁合同的效力。"对此规则,理论上多称为"买卖不破租赁"。实际上,租赁物的所有权变动不限于买卖,互易、赠与、出资、继承、遗赠、法人分立、合并等也能引起租赁物所有权的变动。上述民法上原因致使租赁物在租赁期间发生所有权变动的,同样不影响租赁合同的效力,换言之,承租权继续存在。但征收、征用和拆迁协议则可导致终止租赁合同的效果。

租赁物在租赁期间所有权发生变动,归属第三人(买受人、受赠人、继承人等)时,承租人可以其租赁权对抗新的所有权人,即新的所有权人与承租人应继续原租赁合同,直至终期届至。换一个角度说,新的所有权人取代了原出租人的地位。租赁物是动产还是不动产,不影响该规则的适用。

在租赁期间,租赁物的新的所有权人概括承受了租赁合同的权利义务。从承租权的角度讲,是债权的物权化倾向。所有权变动不破租赁是任意性规定,得到承租人承诺时,可以排除适用。

◎租赁期间所有权变动的主要情况

在租赁期间,租赁物所有权发生变动主要有以下几种情况:

1. 第三人因继承取得租赁物的所有权。这属于法定概括承受,也是学者们论述法定概括承受最经典的事例。此时,继承人为出租人,承受租赁合同的权利和义务。对于登记物权,尽管还没有从被继承人名下变更登记到继承人的名下,对于占有物权,尽管继承人没有取得占有(对于租赁物,继承人都没有取得占有),但继承人对继承物(当然包括已出租的继承物)的所有权已经是既得权了。[1]

---

[1] 我国《物权法》第29条规定:"因继承或者受遗赠取得物权的,自继承或者受遗赠开始时发生效力。"

2. 第三人因受赠与取得租赁物的所有权。此时受赠人为出租人，承受租赁合同的权利和义务。此处"赠与"，当然包括死因赠与。赠与是双方法律行为，由单方法律行为的遗赠引起的物权变动，同样不影响承租人的租赁权。对于死因赠与，受赠人在赠与人死亡时，对赠与物的所有权是既得权。

3. 第三人因买受取得租赁物的所有权。此时买受人为出租人，承受租赁合同的权利和义务（买卖不破租赁）。

4. 因租赁物作为抵押物在实行抵押权时出卖，买受人（第三人）取得所有权后，是否应作为出租人继续履行租赁合同，应当具体问题具体分析。抵押不破租赁，源于买卖不破租赁，但需要租赁在前的要件。我国《物权法》第190条规定："订立抵押合同前抵押财产已出租的，原租赁关系不受该抵押权的影响。抵押权设立后抵押财产出租的，该租赁关系不得对抗已登记的抵押权。"抵押人将已抵押的财产出租的，抵押权实现后，租赁合同对买受人不具有约束力，其有权请求承租人向自己交还租赁物。如果抵押在前，租赁在后，则租赁不破抵押。而"抵押不破租赁"是租赁在前，抵押在后。"后边的不能击破前边的"。租赁不破抵押的延伸，是租赁不能对抗买受人。抵押人将已抵押的财产出租时，如果抵押人未书面告知承租人该财产已抵押的，抵押人对出租抵押物造成承租人的损失承担赔偿责任；如果抵押人已书面告知承租人该财产已抵押的，抵押权实现造成承租人的损失，由承租人自己承担。

5. 因法人分立、合并引起租赁物的所有权变动。某甲公司分立成某乙、某丙两个公司，租赁物归某丙所有，某丙为新的出租人，继续履行租赁合同。

6. 区分所有权发生变动，不影响承租权，即区分所有权变动亦为不破租赁的情形。例如，某楼楼顶被业主出租给广告公司做广告，该楼某区分所有权发生变动，则对共有部分的共有人发生变动，这种变动自不影响租赁合同的效力。

◎所有权变动不破租赁发生的要件

1. 承租人已经取得对租赁物的占有。所有权变动不能击破租赁，应是先有租赁，后发生所有权变动。先有租赁，应是指先成立了租赁合同，还是指承租人已经取得了租赁物的占有，即已经构成占有用益债权？所有权变动不破租赁，应当是在承租人已经占有租赁物的前提下适用的规则。

从对用益价值的保护来看，若租赁物已经交付，适用所有权变动不破租赁的规则，贯彻了物尽其用的原则。例如，承租人用租赁的房屋开饭店，经过经营已经聚集起人气，有比较固定的消费者群，广告投入在持续地发生作用，如果所有权变动能够否定租赁，当事人合理的预期就会丧失殆尽。对其他不动产和动产而言，已经占有即已经用益的话，也有预期的利益值得保护。

2. 第三人已经取得所有权。第三人取得所有权，才有不破租赁的问题。如果出租人只是与第三人签订买卖、赠与等合同，并没有发生物权变动的后果，尚不发生承租权对抗第三人所有权的情况。

第五目　房屋承租人的优先购买权

◎房屋承租人优先购买权的一般问题

1. 在租赁合同中，只有房屋承租人才享有优先购买权，其他不动产承租人、动产承租人没有优先购买权。租赁的房屋，并不受居住性用房或经营性用房的限制。

例：甲将砖窑（烧砖的窑）出租给乙1年。在出租到半年的时候，甲欲以10万元的价格将砖窑出卖给丙，乙得知消息后，主张同等条件下的优先购买权。对乙的主张，应否支持？

乙没有优先购买权，因为出租物是砖窑，不是房屋。

2. 对区分所有的房屋，承租人可享有优先购买权。实务中，有这种情形：出租人将出租的整栋楼的某楼层或者部分房屋进行出卖。在区分所有的状态下，出卖的楼层或房屋有独立的所有权，承租人对出卖的该楼层或部分房屋自有优先购买权。

若出租人就整栋楼是一个产权登记，但其出卖某楼层或部分房屋，有使该楼层或者部分房屋转变为区分所有的意思。因此，该楼层承租人或者部分房屋承租人对该楼层的优先购买权，也是完全能够成立的。

例：出租人甲有一座三层小楼，是一个房产登记。甲将一、二、三层分别租给乙、丙、丁。现甲欲转卖其中第三层（出卖之后，再作为两个建筑物区分所有权分别办理登记，即变成两个房产登记）。承租人乙、丙、丁是否享有优先购买权？

从承租人优先购买权的立法意图来看，应当认可承租人丁同等条件下的优先购买权。

从占有的角度看，虽然是一个登记，但却应视为乙、丙、丁三个占有。

3. 房屋承租人的承租权是用益债权，优先购买权是承租权的从权利。或者说，优先购买权是承租权的一项内容。由于房屋承租人的优先购买权能够对抗租赁合同以外的人，具有对世性，学者们把这种现象称为"债权的物权化"。

4. 在租赁期间，承租人与出租人签订购买承租的房屋的合同之后、办理"过户登记"手续之前，买受人仍然是他物用益，此点不受其是否再支付租金的影响。在承租的房屋"过户登记"之前，买受人享有的仍然是用益债权，而不是所有权，"过户登记"后，买受人才属于自物用益。

5. 维护承租人现存和将来的用益价值，是房屋承租人优先购买权的重要法理基础。房屋的用益费用远远高于一般的动产，房屋承租人取得租赁房屋的占有后，往往有装饰、装修等添附行为。赋予房屋承租人以优先购买权，使用益费用不至于过度浪费，以达到物尽其用的目的，这是符合民法效率原则的。对商业性用房，承租人还可以通过优先购买权保护其无形的商业价值。例如，一个饭店经过长期的经营，在周围形成了自己的特殊消费群，这就是无形的商业价值。除此之外，房屋承租人还可能给周围的产业带来反射利益，这也是立法政策不得不考虑的因素之一。

◎出租人对第三人赠与时，承租人没有优先购买权

在租赁房屋赠与第三人时，承租人没有优先购买权，亦即承租人不能剥夺出租人的处分方式。实务中，有人以赠与为名，行买卖之实。此种情况下，承租人可行使优先购买权，但不宜行使保全撤销权。因为同一主体的不同权利，具有排斥关系。例如，一份合同既有无效事由，又有效力未定事由，应当确认无效；既有效力未定事由，又有撤销事由，应当认定为效力未定；既有无效事由，又有撤销事由，应当确认为无效。在出租人对房屋以赠与为名，行买卖之实时，既有产生承租人优先购买权的事由，又有撤销事由，优先购买权排斥了保全撤销权。因为行使保全撤销权，承租人不必购买，这就违反了立法设立优先购买权的初衷。行使优先购买权，是承租人要实际购买。

民事权利之间设立排斥效力，是解决法益冲突的一种思路。

"名租实卖"，也不宜按恶意串通确认无效，"不符合此法律要件，但符合彼法律要件"的，可按彼法律要件生效。[1]即"名租实卖"的，可认定为买卖，在实际买受人取得登记之前，承租人可以主张优先购买权，以相同条件购得该租赁房屋。

◎不定期租赁的承租人没有优先购买权

因不定期租赁的出租人有随时解除权，故承租人没有优先购买权。有两点理由：

其一，若承租人可以主张优先购买权，则出租人即可通知其解除合同，取消其承租人的地位。

其二，若承租人可以主张优先购买权，租赁物的新的所有权人可随时通知其解除合同，其优先购买权并无实际意义。

综上，应直接规定或认定不定期租赁的承租人没有优先购买权，以免浪费法律资源。

◎房屋交付占有之前，承租人没有优先购买权

房屋优先购买权产生于租赁合同成立之后，还是房屋交付之后？交付是指交付占有，交付的结果是使承租人占有租赁的房屋。学者指出，只有以承租人实际占有租赁物作为其行使优先购买权的前提，才能达致立法设置优先购买权的目的。因为只有占有租赁物，承租人才能对租赁物进行使用、收益，才能

---

〔1〕 我国台湾地区"民法"第112条规定："无效之法律行为，若具备他法律行为之要件，并因其情形，可认当事人若知其无效，即欲为他法律行为者，其他法律行为，仍为有效。"此种法律现象被称为"无效行为之转换"。

形成对租赁物的依赖关系。[1]

房屋承租人的优先购买权，考虑到了承租人对租赁物用益而产生的各种利益。在租赁物尚未交付时，承租人因使用产生的利益尚未实际发生，此时认定承租人有优先购买权对出租人过苛，同时对第三人过苛。租赁物交付给承租人后，第三人在进行购买决策时，通常会考虑到租赁物的现实情况。[2]只有承租人占有租赁物，才能起到公示的作用，[3]用益以占有为前提，占有使承租人的用益债权（本权）具有了公示性。此时就应当给予不同于一般债权的保护。在租赁物未交付的情况下，第三人对租赁的事实就可能茫然不知，此时就应加强对其保护，确认承租人没有优先购买权。

◎共有人出卖份额，承租人没有优先购买权

《城镇房屋租赁合同解释》第24条第1项规定，房屋共有人行使优先购买权时，对承租人主张优先购买房屋的请求，人民法院不予支持。这里发生了共有份额的优先购买权与承租人对房屋优先购买权的冲突。

我国《物权法》第101条规定："按份共有人可以转让其享有的共有的不动产或者动产份额。其他共有人在同等条件下享有优先购买的权利。"

1. 出租人对出租物是共有人，其出卖房屋时，实际是出卖自己享有的那部分份额，如50%的份额。单独所有权人出卖房

---

[1] 参见陈小君主编：《合同法新制度研究与适用》，珠海出版社1999年版，第399页。

[2] 在购买前对房屋进行实地考察是生活经验告诉我们的一种常识。

[3] 参见易军、宁红丽：《合同法分则制度研究》，人民法院出版社2003年版，第201页。

屋，实际是出卖100%的份额。

2. 共有人是所有权人、物权人，其请求优先购买份额，是行使物权请求权；房屋承租人是债权人，其请求优先购买房屋，是行使债权请求权。

3. 在份额出卖时，认定承租人不具有优先购买权，对简化法律关系大有好处。共有人多了，在决策上的效率会受影响。

◎近亲属购买租赁房屋的，承租人没有优先购买权

《城镇房屋租赁合同解释》第24条第2项规定，出租人将房屋出卖给近亲属的，包括配偶、父母、子女、兄弟姐妹、祖父母、外祖父母、孙子女、外孙子女，承租人主张优先购买房屋的，人民法院不予支持。此规定符合中华"近亲先承买"的传统，[1]值得赞同。近亲属的范围与《继承法》规定的继承顺序有契合之处，[2]包括第一顺序继承人、第二顺序继承人以及孙子女和外孙子女，但孙子女和外孙子女不必处在代位继承人

---

[1] 参见奚晓明主编：《最高人民法院关于审理城镇房屋租赁合同纠纷案件具体应用法律若干问题的解释的理解与适用》，人民法院出版社2009年版，第322页。

[2] 学者指出，第24条第2项的规定，还结合了法律关于继承的相关规定。《继承法》确定的继承人的范围，依照法定顺位，与本条规定的近亲属也是一致的，出卖人基于将来财产继承的需要，向法定继承人出卖该财产的，享有优先购买权的人不得行使这个权利。被继承人和法定继承人之间总是具有特定的身份关系，这种身份关系是民法所保护的人身关系。特定的财产在具有特定的身份关系的亲属之间转移，一般要考虑到继承的问题。这就是说，优先购买权对于财产的继承如果有对抗性，则应当在这种财产转移关系中能够行使；如果不能对抗继承关系，那就不能对抗这种买卖关系。从优先购买权的基本性质上看，它不具有对抗继承的效力，而只有对抗买卖关系的效力。因此，具有一定继承因素的被继承人将财产出卖给法定继承人的买卖关系，优先购买权不发生效力，不能对抗这种买卖关系，这是对优先购买权的一个限制。参见奚晓明主编：《最高人民法院关于审理城镇房屋租赁合同纠纷案件具体应用法律若干问题的解释的理解与适用》，人民法院出版社2009年版，第322~323页。

的地位。

近亲属购买租赁的房屋，并不是其优先购买权与承租人的优先购买权发生冲突，而是近亲属购买时，承租人没有优先购买权。因为，优先购买权作为形成权，是符合条件时才成立的。不能认为承租人有优先购买权但不符合行使要件。

◎ **通过一物多约实现承租人的优先购买权**

出租人在出租期间，向承租人和第三人发出出卖租赁房屋的要约，在承诺期限内，承租人和第三人都对要约承诺且条件相同的，应当认定出租人与承租人间成立买卖法律关系。

例：某甲向某乙出租房屋，在租赁期间，某甲向第三人某丙发出出卖要约，某乙得知后，向某甲为承诺的意思表示，则甲、乙之间成立买卖合同。

承诺权是形成权（形成法律关系的权利），是意定形成权（要约人赋予受要约人的）、简单形成权（送达即可生效）、发生形成权（发生合同关系）。本来，承诺权是意定形成权，在要约送达受要约人后，受要约人享有承诺的权利，其他人不享有承诺权，其他人为"承诺"的意思表示应解释为要约。但由于房屋承租人有同等条件下的优先购买权，因此，其作为第三人就有了法定承诺权，这是其他人不得为承诺的例外。

某丙为击破承租人的优先购买权，也可以不为承诺而向出租人某甲发出以高价购买的要约，此时某甲应当把交易条件告知承租人某乙，某乙可以新的同等条件行使优先购买权。

第八节　民间借贷

第一目　民间借贷与借款合同

◎民间借贷与非民间借贷的区分

1. 民间借贷不是严格的法律术语，也不能成为严格的法律术语。因为"民间"对应"官方"。民间借贷是对"民间"借款的通俗说法，或者说是一种约定俗成的表述。所谓民间借贷，是指贷款人（出借人）为非金融机构的借贷。贷款人（出借人）为金融机构的，称为金融借款。

2. 《民间借贷规定》第1条规定："本规定所称的民间借贷，是指自然人、法人、其他组织之间及其相互之间进行资金融通的行为。经金融监管部门批准设立的从事贷款业务的金融机构及其分支机构，因发放贷款等相关金融业务引发的纠纷，不适用本规定。"也就是说，民间借贷与非民间借贷的区分，是从主体来区分的。

3. 民间借贷的主体，可以是以下情形：

（1）法人对法人（如甲、乙公司之间的借款）。

（2）法人对自然人（如甲公司与张三之间的借款）。

（3）自然人对自然人（如张三与李四之间的借款）。

（4）法人对非法人组织（甲公司与乙合伙企业之间的借款）。

（5）非法人组织对非法人组织（如合伙企业之间的借款）。

（6）非法人组织对自然人（如甲合伙企业与张三之间的借款）。

例1：甲公司（非金融企业）借给乙公司1000万元救急，根据已知条件，借款合同是否无效？

案例中并不存在无效事由。提供借款的是非金融企业。以资金融通为常业，才构成对国家金融管制强制性规定的违反。也就是说，非金融企业之间的借款合同（民间借贷），一般应按有效处理。

例2：甲公司的分公司乙急需资金，乙以分公司的名义与丙公司签订了300万元的借款合同。合同的效力如何？

分公司可以作为借款合同的主体。本案没有无效事由，应为有效合同。

◎民间借贷是借款合同的一种

1. 民间借贷，是民间借贷合同的简称，是借款合同的一种。借款是借贷的一种。借贷分为消费借贷与使用借贷。

$$借贷\begin{cases}消费借贷\begin{cases}有偿消费借贷\\无偿消费借贷\end{cases}\\使用借贷——都是无偿的\end{cases}$$

2. 消费借贷的标的物是消费物（货币和其他消费物），交付后所有权移转；使用借贷的标的物是非消费物，交付后所有权不移转。民间借贷是借钱，属于消费借贷。

例1：①张三借给李四1万元。②王二借给赵六一张桌子。

张三借给李四的1万元（货币）是消费物，交付后1万元的所有权转归李四所有，张三的1万元物权，转化为1万元债权，该1万元债权受诉讼时效限制。

王二借给赵六一张桌子，在交付后，所有权（本权）不发生移转，仍归王二，王二请求归还桌子的物权请求权，不受诉讼时效的限制。

消费借贷中的现金交付后，所有权移转给借款人。现金（货币）是"占有与所有同一"。民间借贷与其他借款合同一样，也可以采用划账等方式移转财产，此时，贷款人（出借人）给的不是货币，而是债权。

例2：甲借给乙1万元，交付的是现金（货币）。

甲、乙之间是消费借贷。现金属于消费物，只能使用一次。交付是指交付占有，乙占有该1万元现金后，为该1万元的所有权人。

例3：甲借给乙10万元，甲先将现金10万元存入建设银行的储蓄卡中，再转到乙的建设银行储蓄卡中。

甲先将现金10万元存入建行储蓄卡中，其对10万元现金的动产物权，转化为对建行的债权（财产权的转化）。

甲再转到乙的建行储蓄卡中，是将对建行的债权让与给乙，实现了对借款合同的履行。

◎民间借贷既有诺成合同，也有实践合同

出借人（贷款人）与借款人双方都是自然人的借款合同，是实践合同（要物合同），其他民间借贷，是诺成合同。

1.《合同法》第210条规定："自然人之间的借款合同，自贷款人提供借款时生效。"条文中的"提供借款"，可以是交付

货币（现金），也可以是转账、微信支付等。

《民间借贷规定》第9条规定了五种提供借款的情形："具有下列情形之一，可以视为具备合同法第二百一十条关于自然人之间借款合同的生效要件：（一）以现金支付的，自借款人收到借款时；（二）以银行转账、网上电子汇款或者通过网络贷款平台等形式支付的，自资金到达借款人账户时；（三）以票据交付的，自借款人依法取得票据权利时；（四）出借人将特定资金账户支配权授权给借款人的，自借款人取得对该账户实际支配权时；（五）出借人以与借款人约定的其他方式提供借款并实际履行完成时。"

例：1月1日，张三卖给李四一个翡翠项链，约定价款10万元。2月1日，张三将项链交付给李四，双方又约定将买卖的10万元价款改为借款（改为民间借贷）。

买卖合同1月1日生效，借款合同在2月1日生效。

2. 由于自然人之间的借款合同经常具有互助性质，多为无息借贷。也就是说，出借人（贷款人）与借款人就借贷达成合意后合同成立，自提供借款时生效。这里的提供借款，不是合同的成立要件，而是合同的生效要件。对于实践合同，负担义务的一方（债务人、出借人）实际上有反悔权（毁约权），出借人可以通过不提供借款，来行使反悔权。对实践合同，当事人不得请求强制实际履行，或者说，对实践合同的强制实际履行，属于法律不能。[1]

---

[1]《合同法》第110条规定："当事人一方不履行非金钱债务或者履行非金钱债务不符合约定的，对方可以要求履行，但有下列情形之一的除外：（一）法律上或者事实上不能履行；（二）债务的标的不适于强制履行或者履行费用过高；（三）债权人在合理期限内未要求履行。"

3. 作为诺成合同的借款合同，在双方意思表示一致时合同成立并生效。诺成、有偿借款合同的出借人不履行提供借款义务的，借款人可以请求实际履行。

双方都是自然人的借款合同是实践合同，其他借款合同都是诺成合同。

《民间借贷规定》第10条规定："除自然人之间的借款合同外，当事人主张民间借贷合同自合同成立时生效的，人民法院应予支持，但当事人另有约定或者法律、行政法规另有规定的除外。"民间借贷合同自合同成立时生效的，是诺成合同。对诺成合同的"另有约定"，就是把其约定为实践合同。

例：出借人张甲与借款人乙公司于5月1日签订了借款合同，6月1日张甲提供了借款。借款合同在什么时候生效？

借款合同在5月1日成立并生效。

4. 法律对实践合同、诺成合同的规定，不是强制性规定，都是可以通过合意排除适用的，即实践合同可以约定为诺成合同，诺成合同也可以约定为实践合同。

例1：出借人张某某与借款人李某某签订了书面借款合同，合同约定，张某某在2015年11月1日前向李某某提供借款20万元，年利率24%，保证不反悔。

出借人张某某放弃了反悔权，借款合同在成立时生效，即当事人双方把合同约定为诺成合同。到期张某某不提供借款，李某某可以请求强制实际履行。无偿（无息）的民间借贷，不应判决强制实际履行。

例2：出借人张某某与借款人李某某签订了书面借款合同，

合同约定，张某某保证在 2015 年 11 月 1 日前向李某某提供 30 万元借款。双方就该借款合同办理了公证。

实践合同是债务人有反悔权的合同。自然人之间的借款，无论是采用书面形式，还是采用口头形式，出借人都有反悔权。

实践合同可以约定为诺成合同。实践合同经公证，应认定当事人放弃了反悔权，即将原应为实践合同的借款合同约定为诺成合同，否则公证无意义。

例3：黄某某找到好友郑某某，说："雨季快到了，我要翻盖房屋（先拆后建），找了施工公司，约好先交付 10 万元再动工。你先借我 10 万元周转一下，过一个月就还你。"郑某某说："没有问题，你让施工公司先拆房，三天后我给你送钱过去。"黄某某听后，就让施工公司先拆房，并保证 3 天后 10 万元到位。郑某某到期未提供借款，理由是自己并无 10 万元资金。此时，房子已拆，施工公司停工等钱，黄某某赶紧到别处拆借并赔偿了施工公司一天的误工费。

黄某某请求郑某某赔偿，郑某某的抗辩是：①自然人之间的借款合同是实践合同，在借款合同成立之后，出借人可以通过不提供借款而行使反悔权。②合同只成立未生效，不能追究出借人的违约责任。

《合同法》第 201 条第 1 款规定："贷款人未按照约定的日期、数额提供借款，造成借款人损失的，应当赔偿损失。"实践合同的债务人行使反悔权，区分为有过错和无过错两种情况。第 201 条第 1 款的缺陷是，没有表现出贷款人（出借人）赔偿损失的责任应当是过错责任。让对方把旧房拆掉，却又不提供借款，郑某某有过错，应当承担责任。

郑某某的责任不是缔约责任，是违约责任。因为当事人之间已经有合同存在。

◎**债的保持效力**

例：张男借给李女 10 万元，借期一年。

自然人之间的借款合同是实践合同，在达成合意的时候成立，在交付时生效。张男交付 10 万元货币的行为，是履行债务的行为，也是使合同生效的行为。交付之后，李女能够使用一年，是债保持效力之体现，不能说交付之后出借人就没有债务了。

◎**民间借贷既有有偿合同，也有无偿合同；既有双务合同，也有不真正双务合同**

1. 无息借款合同是无偿合同，有息借款合同是有偿合同。无偿借款合同，不能收取借款利息，但可以收取逾期利息。

2. 无息借款合同是无偿合同，不是双务合同，但它是不真正双务合同，因为它有两个债务，一个是贷款人（贷款人）的债务，是将货币交由借用人无偿使用的债务，还有一个债务是借用人以替代物（货币）归还的债务。两个债务不是对待给付关系。

例：甲公司与乙公司约定，甲借给乙 100 万元一年，不要利息。甲的给付义务（提供借款的义务），与乙的给付义务（到期还钱），不是对价式的给付，因此该合同是不真正双务合同。

3. 有息借款合同是有偿合同，也是双务合同。出借人与借款人的义务，呈现为对价关系。

例：张甲借给李乙100万元，借期为一年，到期李乙返还了100万元，又支付了24万元的利息。

这24万元（法定孳息）是用益的对价。包括民间借贷的借款，本质上是对他人财产的用益。

4. 债权人与债务人身份是因法律事实转化的。

例：出借人甲与借款人乙于1月1日签订了借款合同（第一个法律事实），甲答应借给乙100万元（无息），并承诺2月1日提供借款。在借款合同成立后，甲是债务人的身份，乙是债权人的身份。至2月1日甲向乙提供了100万元借款（第二个法律事实），甲履行了义务，摇身一变，成了债权人，乙负担到期归还借款的义务，成为债务人。本案合同为不真正双务合同。

◎民间借贷既有不要式合同，也有要式合同

1. 要式合同的"要"，指要件，"式"，指方式、形式。要式合同是指以特定的方式、形式作为合同成立要件的合同。

2. 法律"应当采用书面形式"（书面形式是要式的主要表现）的规定，不是强制性规定，当事人可以通过合意排除适用。

3. 《合同法》第197条规定："借款合同采用书面形式，但自然人之间借款另有约定的除外。借款合同的内容包括借款种类、币种、用途、数额、利率、期限和还款方式等条款。"依此规定，自然人之间的借款合同是不要式合同，其他借款合同是要式合同。不过，该条缺了"应当"二字，其他要式合同都是

有"应当"二字的。[1]

例1：甲公司（非金融企业）的法定代表人与乙公司的法定代表人口头约定，甲公司借给乙公司100万元。后来，甲公司实际履行了借款合同。

《合同法》第36条规定："法律、行政法规规定或者当事人约定采用书面形式订立合同，当事人未采用书面形式但一方已经履行主要义务，对方接受的，该合同成立。"这被称为"履行治愈"，意思是应当采用书面形式而未采用书面形式，是一种"瑕疵"，这种瑕疵是可以通过履行治愈的。本案由于甲公司实际履行了合同，没有书面合同也就无关紧要了。

例2：甲公司（出借人）与乙公司（借款人）签订了1000万元的民间借贷合同，合同约定，该合同经公证后生效。合同签订后，未经公证甲即向乙提供800万元借款。后乙起诉甲，请求追究甲不提供200万元余额借款的违约责任。合同效力如何？

甲公司与乙公司签订的合同，是意定要式合同（约定的要式合同）。后甲向乙提供800万元借款，金钱之债是可分之债，800万元的借款合同生效。要式合同没有采用法定要式或意定要式，当事人实际履行或大部分履行的，在理论上被称为"履行治愈"。"履行治愈"的关键是双方当事人达成了新的合意。这

---

[1] 例如：《合同法》第215条规定："租赁期限六个月以上的，应当采用书面形式。当事人未采用书面形式的，视为不定期租赁。"第238条第2款规定："融资租赁合同应当采用书面形式。"第270条规定："建设工程合同应当采用书面形式。"第330条第3款规定："技术开发合同应当采用书面形式。"第342条第2款规定："技术转让合同应当采用书面形式。"

里要分析、认定当事人的真实意思。

合同按 800 万元生效,应当驳回乙的诉讼请求。

◎民间借贷有定期借贷,也有不定期借贷

1. 提供借款的"技术"。约定了还款期限的借贷,为定期借贷;没有约定还款期限的借贷,为不定期借贷。在技术上,小额借款可不约定还款期限,因为出借人不好意思催要,容易错过诉讼时效;大额借款最好规定还款期限,以便计算逾期利息。

2. 不定期借款的"三计算"。对不定期借款,贷款人(出借人)可以随时请求返还,但是要给借款人合理的准备期限。合理期限届满或债务人明确表示拒绝的:①开始计算逾期利息;②开始计算诉讼时效;③有保证人的,开始计算保证期间。

例:2013 年 12 月 1 日,张某某无偿(无息)借给李某某 10 万元人民币,由王某某作为保证人。出借人与借款人未约定还款期限。2016 年 1 月 1 日,张某某给李某某发信息,要求在 2016 年 2 月 1 日前还款,李某某不予理睬。逾期利息与诉讼时效从何年何月何日起算?

(1)无期借款出借后,时间尽管超过了两年,仍不起算诉讼时效(时间超过 20 年的另当别论)。

(2)《合同法》第 206 条规定:"借款人应当按照约定的期限返还借款。对借款期限没有约定或者约定不明确,依照本法第六十一条的规定仍不能确定的,借款人可以随时返还;贷款人可以催告借款人在合理期限内返还。"本案应认为张某某给李某某留下了合理期限。至 2016 年 2 月 1 日,李某某仍不

还款，从该日起算逾期利息（参见《民间借贷规定》第29条）。

（3）《诉讼时效规定》第6条规定："未约定履行期限的合同，依照合同法第六十一条、第六十二条的规定，可以确定履行期限的，诉讼时效期间从履行期限届满之日起计算；不能确定履行期限的，诉讼时效期间从债权人要求债务人履行义务的宽限期届满之日起计算，但债务人在债权人第一次向其主张权利之时明确表示不履行义务的，诉讼时效期间从债务人明确表示不履行义务之日起计算。"据此，张某某对李某某的诉讼时效，从2016年2月1日起计算。

（4）对保证人王某某的6个月保证期间，亦从2016年2月1日起计算。

◎借款合同的展期

例：甲借给乙100万元，借期一年，年利率是20%，逾期利率是24%，到期本息一并支付。丙以保证人的身份在甲、乙的借款合同上签了字，甲、丙未约定保证期间。一年到期后，乙要求展期一年，甲同意，但未征求丙的意见。两年到期后，甲要求分段计算利息，第一年按20%支付利息、第二年按年24%支付逾期利息，乙主张均按20%计算利息，甲要求丙承担连带责任，丙拒绝。

1.《合同法》第209条规定："借款人可以在还款期限届满之前向贷款人申请展期。贷款人同意的，可以展期。"

2. 达成展期合意的，在同意延长的期限内，就不能适用逾期利息了，因为双方合意变更了合同，除非在变更时做了特别说明。《买卖合同解释》第24条第1款规定："买卖合同对付款期限作出的变更,不影响当事人关于逾期付款违约金的约定,但该违约金的起算点应当随之变更。"第45条第2款规定:"权利转让或者其他有偿合同参照适用买卖合同的有关规定的,人民法院应当首先引用合同法第一百七十四条的规定,再引用买卖合同的有关规定。"《合同法》第174条规定:"法律对其他有偿合同有规定的,依照其规定;没有规定的,参照买卖合同的有关规定。"

3. 甲、丙之间并没有一般保证的表述,为连带保证。《担保法》第26条规定:"连带责任保证的保证人与债权人未约定保证期间的,债权人有权自主债务履行期届满之日起六个月内要求保证人承担保证责任。"[1]

◎主合同履行期限变动、展期及以贷还贷

《担保法解释》第30条第2款规定:"债权人与债务人对主合同履行期限作了变动,未经保证人书面同意的,保证期间为原合同约定的或者法律规定的期间。"

请律师们注意的是,对借贷,债权人允许债务人再过一段时间还钱(展期、延期还钱),表述不同,后果可能不同:

第一是更新。更新是建立新的法律关系。对更新没有明确规定,未取得担保人同意,担保人实现胜利大逃亡。当事人一般不会使用更新这个词,但在表述上,给人的印象可能是更新,从实务来看,表述为更新的可能性较小。

第二是变更。变更未取得保证人同意的,保证人可能免责(要看保证期间)。

第三是以贷还贷。以贷还贷未经保证人同意的,仍可能把

---

[1] 一般保证的保证期间也是6个月。

保证人"套"住。[1]其实，没有那么复杂。借款合同（主合同）有变化时，征询一下保证人的意见就可以了。他（保证人）同意，我就变；他不同意，我就维持原法律关系。别把村长不当干部。

◎ **当事人的诉讼地位**

例：甲公司借给乙公司100万元（民间借贷），甲公司按乙的要求，把钱打入了丙公司的账户。乙公司到期未还钱，甲公司欲起诉，问：能把丙公司列为被告吗？

《合同法》第64条规定："当事人约定由债务人向第三人履行债务的，债务人未向第三人履行债务或者履行债务不符合约定，应当向债权人承担违约责任。"本案甲公司已经向第三人丙公司履行债务，实际上是完成对乙公司的给付，丙公司并不是甲公司的债权人。甲公司不能把丙公司作为被告。

《合同法解释（二）》第16条规定："人民法院根据具体案情可以将合同法第六十四条、第六十五条规定的第三人列为无独立请求权的第三人，但不得依职权将其列为该合同诉讼案件的被告或者有独立请求权的第三人。"也就是说，甲公司起诉，应将乙公司列为被告，可将丙公司列为无独立请求权的第三人。

◎ **共同借贷**

共同借贷，是指有两个以上的出借人，或两个以上的借款人，或者出借人、借款人都在两个以上。

---

[1]《担保法解释》第39条规定："主合同当事人双方协议以新贷偿还旧贷，除保证人知道或者应当知道的外，保证人不承担民事责任。新贷与旧贷系同一保证人的，不适用前款的规定。"

例：甲是出借人，乙和丙是借款人，到期借款人不还钱，则甲是否可以只起诉乙或只起诉丙？

可以。并非必要共同诉讼。《民法通则》第87条规定："债权人或者债务人一方人数为二人以上的，依照法律的规定或者当事人的约定，享有连带权利的每个债权人，都有权要求债务人履行义务；负有连带义务的每个债务人，都负有清偿全部债务的义务，履行了义务的人，有权要求其他负有连带义务的人偿付他应当承担的份额。"

第二目　收条、借贷法律关系

◎收条

收条就是收到借款的文书。收条是当事人之间法律关系的凭证。收条可以同时证明两个法律事实：第一个是当事人之间有借款法律关系，第二个是借款人收到了借款或出借人收到了还款。

1. 借款收条由借款人书写；还款收条由出借人（贷款人）书写。

2. 实务中，很多借款人喜欢写"今借到某某某多少元"，"借到"是一个容易产生争议的词。应写收到多少钱。

3. "收条"是一个标题，借款收条不要写成"暂借""借条""欠条"等。

4. 收条中要写明收的是现金，还是以其他形式提供的款项。如"收到张三归还的借款现金壹万元（10 000元）"，"收到李四转到我建行储蓄卡上出借款两万元（20 000元）"，等等。

5. 收条一般要写明收到款项的性质，如收到借款现金10万元。如果不是借款，最好也写明款项的性质，如收到保证金5万元（现金）等。

6. 收条中，要有小写，也要有大写。

7. 借条的落款，最好写明收款人的身份。如借款的，写借款人某某某，再如出借人收到还借款的，写出借人某某某。

8. 单位的收条，最好加盖单位的公章，仅有法定代表人的签字也可以，但要表明借款是给单位借的。借条上只有经办人（代理人）的签字，一般不可以。如果有授权委托书，经办人（代理人）签字也可以。

9. 收条不要忘了写年、月、日。时间要"实签"，不要"倒签"。

10. 不要小看这些表达方法哦。

◎借贷法律关系的分析

《民间借贷规定》第2条第1款规定："出借人向人民法院起诉时，应当提供借据、收据、欠条等债权凭证以及其他能够证明借贷法律关系存在的证据。"第2款规定："当事人持有的借据、收据、欠条等债权凭证没有载明债权人，持有债权凭证的当事人提起民间借贷诉讼的，人民法院应予受理。被告对原告的债权人资格提出有事实依据的抗辩，人民法院经审理认为原告不具有债权人资格的，裁定驳回起诉。"

例1：出借人甲与乙5月1日签订了借款合同，6月1日甲向乙提供了借款。后甲提起诉讼，请求乙归还借款。

借款有两个法律事实，一个是达成借款的合意，另一个是提供了借款。甲要胜诉，不仅要证明借款法律关系的存在，还要证明自己提供了借款。

例2：张甲持一张李乙写的"收条",上面载明："已经收到王丙借给我的5万元。"李乙说,张甲不能作为原告。张甲解释说："王丙把债权转让给我了。"

张甲是适格的原告。债权转让应当通知债务人李乙,未通知的,可以在诉讼过程中采取补救措施。

债权转让通知,是由转让人通知债务人。转让人也可以委托受让人通知。张甲如果有债权转让人王丙写的委托通知书,可以当着法官的面通知李乙。

例3：甲拿着乙写的"借款收条"起诉乙方,要求归还借款11 000元。"借款收条"上写道："收到借款11 000元",数额是小写。乙说："在收条上我写的是1000元。前面的'1'是甲加上去的。"司法鉴定也无法鉴定"1"是不是加上去的。

应当判决乙归还甲11 000元。实务中,确实有人在小写数额前加阿拉伯数字,也有人在小写数额后加"0"。司法鉴定有时鉴定不出来,一是笔迹特征无法鉴定,二是笔迹形成时间无法鉴定。写借条、收条、借款合同的时候,在小写的后面,应再加上大写。大写优于小写,因为大写的错误率,远远低于小写的错误率。

◎换一个角度

例：甲向好朋友乙借款2万元,让乙把款打到自己"小三"丙的储蓄卡上。甲、乙之间没有书面合同。后来,乙让甲还钱,甲否认借过钱,丙也佐证没借钱这回事。乙咋办?

乙让甲还钱,乙承担证明借款法律关系存在的举证责任。

若乙不能举证，则乙可以起诉丙，以不当得利为由请求返还，他证明把钱打到丙的储蓄卡上就可以了，丙承担非为不当得利的举证责任（证明得利有法律上的原因）。

◎冒名借款，成立借贷法律关系吗

例：甲冒用乙之名在网上借款若干。

1. 这与表见代理无关，因为表见代理，是以被代理人的名义借款，代理后果归于被代理人。如果认定为表见代理，等于让乙来还款。

2. 甲冒名借款，后果归于甲，不归于乙。

3. 不能以表见代理不成立为由，否认借款合同的成立。应认定在甲与出借人（贷款人）之间，借款合同成立（借款法律关系成立）。

第三目　民间借贷的无效

◎关于民间借贷无效的有关规定

1. 一般性规定。《民间借贷规定》第11条规定："法人之间、其他组织之间以及它们相互之间为生产、经营需要订立的民间借贷合同，除存在合同法第五十二条、本规定第十四条规定的情形外，当事人主张民间借贷合同有效的，人民法院应予支持。"

非金融机构之间的借款合同（民间借贷合同），一般是有效的。

2. 与非法集资有关的规定。《民间借贷规定》第12条规定："法人或者其他组织在本单位内部通过借款形式向职工筹集资金，用于本单位生产、经营，且不存在合同法第五十二条、本规定第十四条规定的情形，当事人主张民间借贷合同有效的，人民法院应予支持。"

3. 借贷行为涉嫌犯罪，或者已经生效的判决认定构成犯罪，民间借贷合同并不当然无效。《民间借贷规定》第13条规定："借款人或者出借人的借贷行为涉嫌犯罪，或者已经生效的判决认定构成犯罪，当事人提起民事诉讼的，民间借贷合同并不当然无效。人民法院应当根据合同法第五十二条、本规定第十四条之规定，认定民间借贷合同的效力。担保人以借款人或者出借人的借贷行为涉嫌犯罪或者已经生效的判决认定构成犯罪为由，主张不承担民事责任的，人民法院应当依据民间借贷合同与担保合同的效力、当事人的过错程度，依法确定担保人的民事责任。"

例：张甲以借款方式非法集资，与多人分别签订借款合同，其中与不知情的李乙（出借人）签订的借款合同，是由王丙担任保证人的。张甲被立案侦查，逃跑在外。李乙起诉王丙，请求代为偿还借款。王丙抗辩的理由是：第一，应当先刑后民；第二，张甲非法集资，借款合同为无效合同，主合同无效的，从合同也无效，从合同无效则自己没有担保责任。

（1）刑、民可以分案审理，即法院可以审理当事人的民事争议。

（2）根据已知条件，本案借款合同和保证合同应按有效合同处理，应当判决丙承担保证责任。

4. 从事金融活动的民间借贷及有关犯罪行为。《民间借贷规定》第14条规定："具有下列情形之一，人民法院应当认定民间借贷合同无效：（一）套取金融机构信贷资金又高利转贷给借款人,且借款人事先知道或者应当知道的;(二)以向其他企业借贷或者向本单位职工集资取得的资金又转贷给借款人牟利,且借款人事先知道或者应当知道的;(三)出借人事先知道或者应当知道借款人借款用于违法犯罪活动仍然提供借款的;(四)违背社会公序良俗的;(五)其他违反法律、行政法规效力性强制性规定的。"

◎ "借贷"的基础法律关系

《民间借贷规定》第15条第1款规定:"原告以借据、收据、欠条等债权凭证为依据提起民间借贷诉讼,被告依据基础法律关系提出抗辩或者反诉,并提供证据证明债权纠纷非民间借贷行为引起的,人民法院应当依据查明的案件事实,按照基础法律关系审理。"第2款规定:"当事人通过调解、和解或者清算达成的债权债务协议,不适用前款规定。"

例1:甲公司(钢材销售企业)卖给乙公司(施工企业)100万元的钢材。钢材交付后,双方将该100万元约定为乙公司的借款,双方还约定了借款的年利率为30%。到期乙公司没有付款,甲公司以借贷纠纷为由提起诉讼,请求归还借款。

如果对基础法律关系(钢材买卖合同)没有争议,应以民间借贷进行审理。

如果乙公司以钢材质量不合格,自己拒付是行使履行抗辩权,应对基础法律关系进行审理。

例2:张甲开了一个小超市,熟人李乙见超市的软中华烟便宜,每条只要500元(一般是600元一条),就花5000元买了10条。李乙未带钱,张甲就说:"算我借给你的。"于是,李乙给张甲写了一张借条，言明借款5000元。回家后，李乙打开包装一抽，发现是假烟，就拒绝付钱。张甲以借贷为由起诉到法院。

　　法律关系都是有效的，没有无效的法律关系。因是销售假烟，张甲与李乙的买卖法律关系是不能成立的（即香烟买卖合同无效）。

　　这个案子不能按单纯的民间借贷审理，而应按买卖合同审理（尽管它无效）。

　　李乙享有权利不成立的抗辩，即有权拒绝付款。

　　例3：张甲与李乙合伙经营一个饭店，约定每人出资15万元。李乙没有钱，按约定，张甲代其出资15万元，到期李乙没有归还，张甲以合伙纠纷为由提起诉讼。

　　此案应当按民间借贷纠纷审理。

　　例4：委托人按行纪人预期销售商品数量的比例提供借款，后因销售不足预定的数量，委托人起诉请求归还多出的借款，行纪人则以委托人未提供合格商品、售后服务存在问题等理由进行抗辩。

　　此案应当审理行纪合同（基础法律关系）纠纷。

　　例5：张先生（已婚）与李女士（未婚）是婚外情人关系。后来，二人闹矛盾。为顺利分手，张先生与李女士写了一份借款合同，借款合同表明张先生向李女士借款90万元，并约定张先生每年向李女士还款30万元，实际上，该90万元是张先生给李女士的"分手费"。在支付给李女士30万元后，张先生妻子王女士发现此事，起诉了张先生和李女士，要求返还她和张先生的共有财产。

此类案件自应按"分手费"处理，不应按借贷处理（并不存在借贷法律关系）。

此90万元，在审判实践中往往被认定为是赠与。其实不是赠与，它是解除同居关系、婚外关系的一种"补偿"，是作为（不法）对价出现的，因而不是赠与。

对所谓的"分手费"，审判实践中多判决返还。我个人认为，属于"不法给付"，已经给付的30万元，不宜判决返还。

例6：甲卖给乙一批丝绸，货款100万元。甲、乙特约定该100万元算作乙对甲的借款。后因丝绸质量问题双方发生争议，双方达成协议，乙给甲80万元了事。之后，乙觉得吃亏，起诉到法院，请求解除买卖合同。请问：法院应审理什么法律关系？

达成和解协议，按和解协议审理，不再按基础法律关系审理。

例7：张三与李四是邻居，二人达成口头无息借款协议，出借人张三向借款人李四交付了现金，两年后借款人李四归还1万元，出借人张三说："我记得借给你的是2万元，是两沓。"李四急扯白脸地说："绝对是1万，是一沓。"后经王二调解，二人约定："李四一周内再还5000元"。

张三与李四达成了和解协议。但是这个和解协议不能证明李四借款是1.5万元。《民事诉讼法解释》第107条规定："在诉讼中，当事人为达成调解协议或者和解协议做出妥协而认可的事实，不得在后续的诉讼中作为对其不利的根据，但法律另有规定或者当事人均同意的除外。"

◎合意的事实

例：张三与李四是邻居，二人达成口头无息借款协议，出借人张三向借款人李四交付了现金，两年后借款人李四归还1万元，出借人张三说："我记得借给你的是2万元，是两沓。"李四急扯白脸地说："绝对是1万，是一沓。"张三提起诉讼。

对1万元，双方是没有分歧的，是合意的事实。分歧所在，是"第二个1万元"，张三对"第二个1万元"不能举证或不能和解，则应按1万元判决。

◎是否存在借款的争议

一要考察双方是否存在真实的债权债务关系。
二要注意防范虚假诉讼。
三要看是不是以借款形式表现的包养费。

第四目 打主场：借款合同的履行地及诉讼管辖

◎民间借贷的履行地在哪儿，打官司在哪儿起诉

《民事诉讼法》第23条规定："因合同纠纷提起的诉讼，由被告住所地或者合同履行地人民法院管辖。"《民间借贷规定》第3条规定："借贷双方就合同履行地未约定或者约定不明确，事后未达成补充协议，按照合同有关条款或者交易习惯仍不能确定的，以接受货币一方所在地为合同履行地。"

民间借贷合同，不论是有息，还是无息，都有两个履行地：一个是出借人的履行地，另一个是借款人的履行地。有两个接受货币的人，一个是借款人，另一个是出借人。依据《民间借

贷规定》第 3 条，出借人和借款人都可以打主场了。

例 1：家在北京西城区的张三借给李四 1 万元（无息），1 月 1 日在北京怀柔区李四的家中交付。约定 12 月 1 日前归还，但没有约定在什么地方交还。

本案借款合同是不真正双务合同，包括两个单一法律关系（单一法律关系是法律关系的最小单位，一个单一法律关系一个给付）。张三 1 月 1 日为给付的单一法律关系，给付地（履行地）在北京市怀柔区，李四在 12 月前为给付的单一法律关系，给付地（履行地）在北京市西城区。目前的审判实践认为，张三可在北京市西城区人民法院起诉。

例 2：北京西城区的甲公司（非金融机构）与北京怀柔区的乙公司签订借款合同，约定甲借给乙 2000 万元，并约定年利率为 24%，到期甲不提供借款，乙能否起诉请求履行，能否在主场提起诉讼？

本案借款合同属于民间借贷合同。
本案借款合同是诺成合同，乙可以起诉请求履行。
乙是接受货币的一方，可以在主场（北京怀柔区）的法院提起诉讼。

第五目　民间借贷的担保

◎连带保证人与一般保证人的"追加"

《民间借贷规定》第 4 条第 1 款规定："保证人为借款人提供连带责任保证，出借人仅起诉借款人的，人民法院可以不追加保证人为共同被告；出借人仅起诉保证人的，人民法院可以追加借款人为共同被告。"第2款规定："保证人为借款人提供一般保证，出借人仅起诉保证人的，人民法院应当追加借款人为共同被告；出借人仅起诉借款人的，人民法院可以不追加保证人为共同被告。"《民事诉讼法解释》第66条规定："因保证合同纠纷提起的诉讼，债权人向保证人和被保证人一并主张权利的，人民法院应当将保证人和被保证人列为共同被告。保证合同约定为一般保证，债权人仅起诉保证人的，人民法院应当通知被保证人作为共同被告参加诉讼；债权人仅起诉被保证人的，可以只列被保证人为被告。"

1. 连带保证，保证人与借款人（主债务人）承担连带责任，故出借人可仅起诉借款人（主债务人），也可以仅起诉保证人。仅起诉保证人的，法院可以追加借款人（主债务人）为共同被告。

2. 一般保证，保证人承担的是补充责任，因此出借人仅起诉保证人的，法院应当追加借款人为共同被告，在判决后要先执行借款人（主债务人）的财产。仅起诉保证人，程序无法走下去。[1]

出借人仅起诉借款人的，因为借款人财产执行在前，可以不追加一般保证人。

◎一方出具担保书、保函的情形

《担保法解释》第22条规定："第三人单方以书面形式向债权人出具担保书，债权人接受且未提出异议的，保证合同

---

[1] 《担保法》第17条第2款规定："一般保证的保证人在主合同纠纷未经审判或者仲裁，并就债务人财产依法强制执行仍不能履行债务前，对债权人可以拒绝承担保证责任。"

成立。"

例1：保证人将担保书交给主债权人，主债权人接受的，双方就保证以书面形式达成了合意。

保证合同是主债权人与保证人（第三人）之间的法律关系。既然一方出具担保书（保函）的，可以使保证合同成立，那么，主债权人与保证人的双方行为，再加上"出具"，依然可以使保证合同成立。

例2：甲借给乙100万元，本来应是主债权人甲与第三人（保证人）签订保证合同，但主债务人乙与保证人丙签订了保证合同。签完之后，乙或者丙将保证书交给了甲。

甲与丙的保证合同成立。

◎第三人签字、盖章能否构成保证人

例1：张甲向李乙借款10万元，王丙在借条上签了名字。事后，张甲不还钱，李乙找王丙要，说王丙是借款的居间人，也是张甲的代理人和担保人。王丙抗辩说："我是居间人，也是张甲的代理人，但没有证据表明我是担保人。"

第三人可以兼有居间人、代理人、担保人（本案所说的担保人是指保证人）的身份。但李乙若不能证明王丙是保证人的话，王丙不承担保证人的责任。

《民间借贷规定》第21条规定："他人在借据、收据、欠条等债权凭证或者借款合同上签字或者盖章，但未表明其保证人身份或者承担保证责任，或者通过其他事实不能推定其为保证人，出借人请求其承担保证责任的，人民法院不予支持。"

例2：所谓"第三人"，可能是共同借款人，如甲、乙共同经营餐饮，需要资金，甲出面向丙借款，在写借条或欠条、收条时，甲让乙也签了字。

乙是共同借款人，他的身份在借条、欠条、收条上有所表明，一般不会产生争议。如果乙的签字前面没有"限定词"（如借款人），则乙可能主张自己只是见证人、证明人、居间人、代理人等。

◎居间人可兼为担保人

《民间借贷规定》第22条第1款规定："借贷双方通过网络贷款平台形成借贷关系，网络贷款平台的提供者仅提供媒介服务，当事人请求其承担担保责任的，人民法院不予支持。"第2款规定："网络贷款平台的提供者通过网页、广告或者其他媒介明示或者有其他证据证明其为借贷提供担保，出借人请求网络贷款平台的提供者承担担保责任的，人民法院应予支持。"

网络贷款平台的提供者（居间人）通过网页、广告或者其他媒介表示要提供担保（保证），属于要约邀请，按容纳规则，最终可构成保证合同。

◎未经内部程序的担保是否有效

例：张甲向李乙借款1000万元，由丙公司提供保证担保，张甲到期不还钱，李乙向丙公司索要，丙公司的抗辩是，担保的允诺，没有经过法定程序，无效。李乙则说，不了解丙公司内部的事情，只认公章。

《公司法》第16条第1款规定："公司向其他企业投资或者

为他人提供担保，依照公司章程的规定，由董事会或者股东会、股东大会决议；公司章程对投资或者担保的总额及单项投资或者担保的数额有限额规定的，不得超过规定的限额。"第2款规定："公司为公司股东或者实际控制人提供担保的，必须经股东会或者股东大会决议。"第3款规定："前款规定的股东或者受前款规定的实际控制人支配的股东，不得参加前款规定事项的表决。该项表决由出席会议的其他股东所持表决权的过半数通过。"

上述程序，是法定程序，也是内部程序，不能对抗债权人李乙。也就是说，丙公司应当承担保证责任。

◎以买卖合同作为民间借贷的担保——法理与技巧

《民间借贷规定》第24条规定："当事人以签订买卖合同作为民间借贷合同的担保，借款到期后借款人不能还款，出借人请求履行买卖合同的，人民法院应当按照民间借贷法律关系审理，并向当事人释明变更诉讼请求。当事人拒绝变更的，人民法院裁定驳回起诉。按照民间借贷法律关系审理作出的判决生效后，借款人不履行生效判决确定的金钱债务，出借人可以申请拍卖买卖合同标的物，以偿还债务。就拍卖所得的价款与应偿还借款本息之间的差额，借款人或者出借人有权主张返还或补偿。"

例1：甲借给乙1000万元，约定以乙的一套房屋作为担保。二人约定：乙先将房屋过户登记给甲，甲再拨款给乙，乙到期归还借款后，房屋再过户登记给乙；乙到期未归还借款的，该1000万元的借款及利息作为房屋买卖的价款，房屋归甲所有。到期30天后，乙表示要还款并请求返还房屋，甲拒绝，乙将借款本息提存到公证处，办理了提存公证。之后，乙起诉甲要求返还房屋。甲主张是买卖合同纠纷，借款已经抵作房款，买卖合同已经履行完毕。

法院应当按照民间借贷法律关系审理本案。甲、乙借款协议是主合同，甲、乙买卖合同（担保合同）是从合同。

甲、乙买卖合同（担保合同）是否有效，是存在争议的。因为本案的担保，是让与担保。我国《物权法》第5条确立了物权法定原则："物权的种类和内容，由法律规定。"这是效力性强制性规范，违反之，必无效。

请注意，所谓无效，是物权变动无效，例1中，甲就乙的房屋，不能取得物权、所有权、担保权。物权是对世的效力，若乙还欠第三人丙的钱，甲对这所房子并没有优先受偿权。

倒掉洗澡水，往往把孩子也倒掉了。目前的理论和实务，往往不能明晰地区分债权合同和物权变动的关系。如同例1，在否定物权变动的同时，一般也把买卖合同（债权合同）的效力给否定掉了。——这是一种法律上的风险。

例2：甲借给乙1000万元，约定以乙的一套房屋作为担保。二人约定，乙到期未归还借款的，房屋出卖给甲，该1000万元的借款及利息作为房屋买卖的价款，乙应当协助甲办理过户登记手续。

本案的两个合同（民间借贷和买卖合同）都是有效的，技巧在于，买卖合同是附生效条件的。

会有人不以为然，因为甲没有获得物权性担保。是的，例1和例2，债权人甲都没有获得物权性担保，但例2可以保持买卖合同的效力。

例2也有两个法律上的风险：①会被认为是流押条款（其实不是）；②会被认为是代物清偿，是实践合同（本案不应认定为代物清偿）。

最好的方法还是办理抵押登记，有物权效力，还节约费用。

◎能否要求抵押登记

例：甲借给乙500万元，乙同意拿自己的房产作抵押，一般情况是，先作抵押登记再拨款。因等着用款，乙请求甲先拨款，随后就办理抵押登记。拨款后，乙拒绝办理抵押登记。甲的救济渠道或措施有哪些？

甲可主张加速到期，或解除合同，或提起诉讼，请求办理抵押登记。

1. 抵押合同是诺成合同（见《物权法》第15、187、188条）。

2. 抵押合同是债权合同，不动产抵押及约定办理登记的动产抵押，抵押人拒绝抵押登记的，抵押权人可以请求实际履行（见《合同法》第110条）。

3. 买卖房屋的出卖人不给买受人办理过户登记手续，买受人可以请求强制执行。按照举重以明轻的解释方法，抵押权人也可以这样做。

第六目　民间借贷举证责任、虚假诉讼

◎原、被告举证责任的分配

《民间借贷规定》第16条第1款规定："原告仅依据借据、收据、欠条等债权凭证提起民间借贷诉讼，被告抗辩已经偿还

借款,被告应当对其主张提供证据证明。被告提供相应证据证明其主张后,原告仍应就借贷关系的成立承担举证证明责任。"

例1:甲起诉乙,请求乙归还6万元借款。甲向法庭提交乙写的欠条一张。欠条写道:"收到甲借给我的6万元。"乙说:"这6万元我已经还了。"

甲提交借款是一个法律事实,乙归还借款是另外一个法律事实。甲方提交欠条,已经举证,现在乙应就归还借款举证。

例2:甲起诉乙,请求乙归还10万元借款。甲向法庭提交乙写的欠条一张。欠条写道:"收到甲借给我的10万元。"乙说:"10万元我已经还了。"乙拿出一张汇款凭条,证明汇给了甲10万元。

这时,举证责任又转到甲,甲要证明收到的10万元不是归还这笔借款,即要证明收到这笔款的法律原因。这与什么类似呢?举例来说:A误打款1万元给B,A起诉B,以不当得利为由请求返还,A要证明打款的事实,B则要证明取得款项的法律原因,B不能证明的,就要归还这1万元。

◎被告抗辩借贷行为尚未实际发生

《民间借贷规定》第16条第2款规定:"被告抗辩借贷行为尚未实际发生并能作出合理说明,人民法院应当结合借贷金额、款项交付、当事人的经济能力、当地或者当事人之间的交易方式、交易习惯、当事人财产变动情况以及证人证言等事实和因素,综合判断查证借贷事实是否发生。"

原告(出借人)要求归还借款,需举证已经提供借款(借贷行为已经实际发生）；被告（借款人）抗辩借贷行为尚未实际发生并能给出合理说明的，并不是举证而是反驳。

例：1月1日，张甲答应借给李乙100万元。张甲对李乙说："你给我留一个工商银行的卡号，明天把钱给你打过去。"又说："你先写个条吧。"李乙就写了一个收据："今借到张甲100万元（壹百万元）整。"

后来，张甲起诉李乙，请求归还100万元本金及利息，李乙声称卡上未收到钱，张甲声称是1月1日上午在自己所住居民楼一层大厅里交付的现金。1月1日上午物业的录像清晰显示了李乙书写收据的画面，但是没有张甲交付现金的画面。另外，张甲也不能合理解释家里为什么存放100万元现金。

张甲是本证，李乙是反证。李乙之证据，构成明显的优势证据，应当驳回张甲的诉讼请求。

◎原告仅依据金融机构的转账凭证提起民间借贷诉讼，有无胜诉的可能

《民间借贷规定》第17条规定："原告仅依据金融机构的转账凭证提起民间借贷诉讼，被告抗辩转账系偿还双方之前借款或其他债务，被告应当对其主张提供证据证明。被告提供相应证据证明其主张后，原告仍应就借贷关系的成立承担举证证明责任。"

例1：甲（原告）起诉乙（被告），说乙欠他1万元，其向法院提交了通过银行转给乙1万元的凭证。乙抗辩说："这1万元是甲还我的货款。"乙拿出双方签订的买卖合同和向甲交货的凭证。请谈谈举证责任的分配。

甲提供转账凭证，证明提交了货款。乙抗辩并提出了证据，乙提出的证据是明显的优势证据，应当驳回甲的诉讼请求。

例2：原告仅依据金融机构的转账凭证提起民间借贷诉讼，请求被告偿还借款，有无胜诉的可能？

依《民间借贷规定》第17条，原告有胜诉的可能，原告提供的证据符合高度盖然性标准。

例3：张三起诉李四，说："我借给李四10万元，李四至今未归还，请求法院判决归还。"张三仅有通过银行汇款的凭证。李四反驳称："这10万元是张三赠送给我的。"李四只有反驳，没有证据（没有反证）。

张三出借10万元的事实具有高度盖然性，李四主张赠与没有证据。应当判决李四归还借款。

◎**由谁举证**

例：民间借贷和其他借款合同，有三个法律事实：第一个是借款的合意（借款合同的存在）；第二个是出借人（贷款人）提供了借款；第三个是借款人归还了借款。这三个法律事实由谁举证？

第一个由主张借款合同存在（借款法律关系存在）的人举证；第二个由出借人举证；第三个由借款人举证。

◎**不出庭的后果**

《民间借贷规定》第18条规定："根据《关于适用〈中华人

民共和国民事诉讼法〉的解释》第一百七十四条第二款之规定，负有举证证明责任的原告无正当理由拒不到庭，经审查现有证据无法确认借贷行为、借贷金额、支付方式等案件主要事实，人民法院对其主张的事实不予认定。"

《民事诉讼法解释》第174条第1款规定："民事诉讼法第一百零九条规定的必须到庭的被告，是指负有赡养、抚育、扶养义务和不到庭就无法查清案情的被告。"第2款规定："人民法院对必须到庭才能查清案件基本事实的原告，经两次传票传唤，无正当理由拒不到庭的，可以拘传。"

一般来说，原告的律师出庭就可以了，有时非得原告出庭不可，律师应给当事人讲清楚。

◎民间借贷与虚假诉讼

《民间借贷规定》第19条规定："人民法院审理民间借贷纠纷案件时发现有下列情形，应当严格审查借贷发生的原因、时间、地点、款项来源、交付方式、款项流向以及借贷双方的关系、经济状况等事实，综合判断是否属于虚假民事诉讼：（一）出借人明显不具备出借能力；（二）出借人起诉所依据的事实和理由明显不符合常理；（三）出借人不能提交债权凭证或者提交的债权凭证存在伪造的可能；（四）当事人双方在一定期间内多次参加民间借贷诉讼；（五）当事人一方或者双方无正当理由拒不到庭参加诉讼，委托代理人对借贷事实陈述不清或者陈述前后矛盾；（六）当事人双方对借贷事实的发生没有任何争议或者诉辩明显不符合常理；（七）借款人的配偶或合伙人、案外人的其他债权人提出有事实依据的异议；（八）当事人在其他纠纷中存在低价转让财产的情形；（九）当事人不正当放弃权利；（十）其他可能存在虚假民间借贷诉讼的情形。"本条规定了虚假民事诉讼的一些外在表现。

《民间借贷规定》第20条规定:"经查明属于虚假民间借贷诉讼,原告申请撤诉的,人民法院不予准许,并应当根据民事诉讼法第一百一十二条之规定,判决驳回其请求。诉讼参与人或者其他人恶意制造、参与虚假诉讼,人民法院应当依照民事诉讼法第一百一十一条、第一百一十二条和第一百一十三条之规定,依法予以罚款、拘留;构成犯罪的,应当移送有管辖权的司法机关追究刑事责任。单位恶意制造、参与虚假诉讼的,人民法院应当对该单位进行罚款,并可以对其主要负责人或者直接责任人员予以罚款、拘留;构成犯罪的,应当移送有管辖权的司法机关追究刑事责任。"

例:甲公司起诉乙公司,说借给乙800万元,乙承认借款,但表示无力清偿。第三人丙是对乙项目的巨额投资人,向法院反映,甲、乙是关联企业,有共同的实际控制人,乙并没有从甲处借钱,或者借钱不多,甲起诉乙是虚假诉讼。

丙主张是虚假诉讼,思路是对的。丙不能主张《合同法》第74条规定的债权人撤销之诉,因为债权人撤销之诉,需债务人与第三人有真正的法律关系。民间借贷之虚假诉讼,出借人与借款人并无真实的借款法律关系。

◎ **合理怀疑**

例:甲起诉乙,乙认栽服输,没有诉讼对立或者欠缺诉讼对立,引起的合理怀疑是什么?

答案:虚假诉讼。虚假诉讼不仅可能把律师拉下水,也可能把法官拉下水。"不听老人言,吃亏在眼前"。

隋彭生：律师民法业务思维（二）

第七目　公借私用与私借公用

◎ "头"以企业名义借款，自己使用（公借私用）

《民间借贷规定》第 23 条第 1 款规定："企业法定代表人或负责人以企业名义与出借人签订民间借贷合同，出借人、企业或者其股东能够证明所借款项用于企业法定代表人或负责人个人使用，出借人请求将企业法定代表人或负责人列为共同被告或者第三人的，人民法院应予准许。"

例：张甲是 A 公司的董事长（法定代表人）。以 A 公司的名义向李乙借款 100 万元。张甲要求把款打到个人账户上，李乙照办。张甲个人使用了这笔资金。到期 A 公司未归还欠款，李乙起诉 A 公司。A 公司的新董事长王丙在法庭上说："你李乙明知是张甲的个人账户，还打款，我司免责。"并向法庭提交了张甲个人使用的证据。请问：李乙能否请求追加张甲为共同被告？

应当把张甲列为被告，并令张甲与 A 公司承担连带偿还借款本息的责任。

◎ "头"以个人名义借款，企业使用（私借公用）

为加强对债权人的保护，《民间借贷规定》第 23 条第 2 款规定："企业法定代表人或负责人以个人名义与出借人签订民间借贷合同，所借款项用于企业生产经营，出借人请求企业与个人共同承担责任的，人民法院应予支持。"

搂草打兔子——捎带活。对债权人加强保护的同时，对法定代表人、负责人也捎带着加强了保护。

例1：张甲是A公司的总经理（法定代表人）。A公司"现金流"断裂，张甲以个人名义向李乙借款100万元，用于A公司。到期张甲未还钱，让李乙起诉A公司。请问：李乙能否将A公司和张甲列为共同被告，请求他们承担连带偿还责任？

A公司和张甲可以列为共同被告，A公司和张甲应当承担连带责任。

例2：企业法定代表人或负责人以个人名义与出借人签订民间借贷合同，所借款项用于企业生产经营，在个人向出借人偿还借款后，能否向企业追偿，有无请求权基础？

可以向企业追偿。个人借款，可能是企业的委托，也可能是无因管理。

第八目　民间借贷的利率、利息

◎不得预先扣除利息

1.《合同法》第200条规定："借款的利息不得预先在本金中扣除。利息预先在本金中扣除的，应当按照实际借款数额返还借款并计算利息。"

2. 利息是以本金数额为基数，乘以借款利率来计算并收取的。如果允许贷款人预先在本金中扣除利息，则等于允许其多收借款人的利息。对于借款人来说，则等于少收了借款，多付了利息。

3. 为体现公平原则，贷款人将利息在本金中预先扣除的，借款人应按照实际借款数额返还借款，以实际借款为基数计算利息。

4. 应当注意：贷款人预先扣除利息，等于没有按约定的数额提供借款，因此，在诺成合同的条件下，借款人可追究贷款人的违约责任。

例1：张三与李四签订了借款1万元的合同，出借人张三实际交付9000元，预先扣留了利息1000元。

应按借款9000元计算，但由于张三与李四的借款合同（自然人之间的借款合同）是实践合同，借款人李四不能追究张三未足额提供借款的违约责任。

例2：甲公司（非金融机构）借给乙公司200万元，出借人甲公司实际给付乙180万元，扣除利息20万元，乙公司能够追究甲公司的违约责任吗？

本案合同不是实践合同，乙可追究甲不完全履行的违约责任。

◎ **支付利息的期限**

《合同法》第205条规定："借款人应当按照约定的期限支付利息。对支付利息的期限没有约定或者约定不明确，依照本法第六十一条的规定仍不能确定，借款期间不满一年的，应当在返还借款时一并支付；借款期间一年以上的，应当在每届满一年时支付，剩余期间不满一年的，应当在返还借款时一并支付。"

关于利息的支付期限，有几个递进的层次：

第一，按照约定的期限支付利息。

第二，当事人对支付利息的期限没有约定或者约定不明确，依照《合同法》第61条予以确定，这种确定可以是当事人协商一致补充。如果当事人未能协商一致，或者不愿进行协商，由法院或者仲裁机关确定。

第三，按照《合同法》第61条不能确定的，以一年作为计算支付利息的时间段。比如，借款期限是6个月，则在借款到期时返还本金并同时支付利息；借款时间是一年零6个月，则在届满一年时支付一次利息，在一年零6个月返还本金的同时再支付一次利息。

◎提前偿还借款的利息

《合同法》第208条规定："借款人提前偿还借款的，除当事人另有约定的以外，应当按照实际借款的期间计算利息。"《民间借贷规定》第32条规定："借款人可以提前偿还借款，但当事人另有约定的除外。借款人提前偿还借款并主张按照实际借款期间计算利息的，人民法院应予支持。"

例：有的民间借贷，当事人约定了提前还款的违约金，该约定能否产生效力？

可以产生效力，但约定的违约金不能违反司法解释对利率的限制性规定。

◎借款利息的起算

例：周某某答应借给吴某某10万元，约定年利率为20%，双方还约定在2015年12月1日交付现金，由吴某某到周某某家中去取。到12月1日，周某某数次打电话让吴某某取钱，吴某某以在外地出差为由要求延期一周,过了两周(2015年12月15日),吴某某才到周某某家中取钱。现金交付后,周某某说,利息应从2015年12月1日起算。吴某某说,自然人之间的借款合同是实践合同,在交付后生效,利息应从交付日2015年12月15日起算。

《合同法》第201条第2款规定:"借款人未按照约定的日期、数额收取借款的,应当按照约定的日期、数额支付利息。"

两个自然人之间的借款合同是实践合同,在交付时生效。交付是双方行为,双方本可在2015年12月1日交付,但由于借款人吴某某未到场受领(债权人受领迟延,是广义的违约),出借人周某某产生了利息损失,此损失应以借款人支付利息的方式弥补。

◎ **逾期利息的起算**

例:张某某为办养牛场向李某某借款10万元,约定借款期限为两年,没有约定利息,也没有约定到期不还钱怎么办。3年后,张某某归还借款时,李某某要求其支付一年的逾期利息,为此双方发生争议。有人认为应当按照银行同期借款利率支付逾期利息。本案争议应当如何解决?

1. 《合同法》第211条规定:"自然人之间的借款合同对支付利息没有约定或者约定不明确的,视为不支付利息。自然人之间的借款合同约定支付利息的,借款的利率不得违反国家有关限制借款利率的规定。"从已知条件来看,张某某与李某某之间的借款合同是无息合同(无偿合同)。

2. 无息借款合同的出借人仍可主张逾期利息。《民通意见》第123条规定:"公民之间的无息借款,有约定偿还期限而借款人不按期偿还,或者未约定偿还期限但经出借人催告后,借款人仍不偿还的,出借人要求借款人偿付逾期利息,应当予以准许。"

3. 借款分为定期借款和不定期借款,本例是定期借款。定期无息借款的利息,从到期不偿还时开始计算。

4. 无息借款的逾期年利率为6%(见《民间借贷规定》第29条)。出借人自愿减少的,当然可以。

◎**是否有息的确定**

《民间借贷规定》第25条第1款规定:"借贷双方没有约定利息,出借人主张支付借期内利息的,人民法院不予支持。"第2款规定:"自然人之间借贷对利息约定不明,出借人主张支付利息的,人民法院不予支持。除自然人之间借贷的外,借贷双方对借贷利息约定不明,出借人主张利息的,人民法院应当结合民间借贷合同的内容,并根据当地或者当事人的交易方式、交易习惯、市场利率等因素确定利息。"

1. 没有约定利息的,不支持利息。意思自由。

2. 自然人之间的借贷合同,是民间互助合同,如对利息约定不明,按无息处理。

3. 自然人之间以外的民间借贷合同,借贷双方对借贷利息约定不明的,要结合其他情况确定利息。

例:甲、乙公司签订民间借贷合同,约定了要支付利息,但是没有约定利率,是否应当支付利息?

如果不能查证交易习惯的话,可按银行的利率确定应当支付的利息。

◎ 借款利息的"两线三区"

《民间借贷规定》第26条规定:"借贷双方约定的利率未超过年利率24%,出借人请求借款人按照约定的利率支付利息的,人民法院应予支持。借贷双方约定的利率超过年利率36%,超过部分的利息约定无效。借款人请求出借人返还已支付的超过年利率36%部分的利息的,人民法院应予支持。""两线"是指24%和36%两条线。"三区"是指24%以下、24%至36%及36%以上。

1. 借贷双方约定的利率未超过年利率24%,受法律保护。

2. 借贷双方约定的利率超过年利率36%,违反公序良俗,超过部分的利息约定无效。这属于借款合同的部分无效。借款人已经履行的可以请求返还。

3. 24%至36%之间,法律不予保护,属于自然之债。借款人(债务人)可以自愿决定是否履行,已经履行的不得请求返还。

4. 法律不予保护与确认无效不同。法律不予保护(不干涉),是不赋予自然之债的强制执行力,但并不反对自然之债的产生和自愿履行。确认无效,是不允许当事人产生意定之债(包括自然之债)。

◎ 适用"两线三区",在判决书中如何表达

例:设2015年10月1日,甲公司(种植香蕉的公司)借给乙公司100万元,借期一年,年利率40%。到期后,乙未还款,甲起诉到法院,请求偿付本息。法官适用《民间借贷规定》第26条"两线三区"的规定,请问,在判决书上应如何表述?

当事人约定的年利率40%，已经超标。判决书在"本院认为"部分应表达超过36%的部分无效，24%至36%的部分由被告决定是否履行。在"判决"部分，应判决：超过年利率36%的部分无效；判决被告偿还本金，并按年利率24%支付利息。

◎射幸利息

例：甲承包了一个工程，缺少资金，就向乙借款。双方在借款合同中写道："甲借到乙人民币50万元，甲用承包工程的25%的纯利润作为利息。"

甲、乙之间的合同很像合作经营合同，但不是。因为双方没有这方面的合意。应认定为民间借贷。

25%的纯利润作为利息，是具有射幸性的，是射幸利息。如果没有纯利润，就不用给付利息了。如果有纯利润，也不能超过36%，在24%至36%之间的部分则由甲自愿给付。

◎本金与利息的认定

《民间借贷规定》第27条规定："借据、收据、欠条等债权凭证载明的借款金额，一般认定为本金。预先在本金中扣除利息的，人民法院应当将实际出借的金额认定为本金。"《合同法》第200条规定："借款的利息不得预先在本金中扣除。利息预先在本金中扣除的，应当按照实际借款数额返还借款并计算利息。"

例：甲借给乙200万元，借期一年，年利率40%。在收据中，乙写"借到200万元"，实际甲扣了80万元利息，只给乙120万元。

此案自当认定借款的本金为120万元，并按120万元计算利息，法院支持24%的利息。24%至36%的利息（自然之债），由乙自愿决定是否给付。36%以上的部分，无效。

◎民间借贷的复利

复利，就是"驴打滚"，是将利息计入本金计算，有受保护和不受保护两种情况。

《民间借贷规定》第28条第1款规定："借贷双方对前期借款本息结算后将利息计入后期借款本金并重新出具债权凭证，如果前期利率没有超过年利率24%，重新出具的债权凭证载明的金额可认定为后期借款本金；超过部分的利息不能计入后期借款本金。约定的利率超过年利率24%，当事人主张超过部分的利息不能计入后期借款本金的，人民法院应予支持。"第2款规定："按前款计算，借款人在借款期间届满后应当支付的本息之和，不能超过最初借款本金与以最初借款本金为基数，以年利率24%计算的整个借款期间的利息之和。出借人请求借款人支付超过部分的，人民法院不予支持。"

例：甲向乙出借10万元，约定借期一年，年利率20%。一年后借款到期，乙本应向甲偿还本息共计人民币12万元。但结算当天乙未立即清偿本息，而是重新书写了一张借条给甲，主要内容为向甲借人民币12万元，月息按2分计，借期为6个月。6个月期到，甲请求乙偿还本金12万元及利息，即12万元×0.02×6=1.44万元。乙认为甲的请求不符合事实，主张其实际上欠甲的本金数额为10万元，借条中记载的12万元中有2万元是利息，对此2万元不应再计收利息。[1]

---

［1］ 杜万华主编：《最高人民法院民间借贷司法解释理解与适用》，人民法院出版社2015年版。

应当支持甲的请求：①到期甲、乙重新书写了借条，成立了新的借款法律关系；②重新借款的合意，未违反《民间借贷规定》第28条。

◎ **关于逾期利率**

《民间借贷规定》第29条第1款规定："借贷双方对逾期利率有约定的，从其约定，但以不超过年利率24%为限。"第2款规定："未约定逾期利率或者约定不明的，人民法院可以区分不同情况处理：（一）既未约定借期内的利率，也未约定逾期利率，出借人主张借款人自逾期还款之日起按照年利率6%支付资金占用期间利息的，人民法院应予支持；（二）约定了借期内的利率但未约定逾期利率，出借人主张借款人自逾期还款之日起按照借期内的利率支付资金占用期间利息的，人民法院应予支持。"

无偿借款合同（无息借款合同），借款人归还迟延的，即便当事人没有约定，也应支付迟延利息（逾期利息、罚息）。[1] 有两点：第一，是按6%支付逾期利息（相当于银行的利率，4倍约是24%）。第二，有借期利率但无逾期利率的，按借期利率。比如，借期利率是年24%，借款人迟延了一年，对这一年也按24%支付利息（不能超过的一条红线）。

---

[1]《合同法》第207条规定："借款人未按照约定的期限返还借款的，应当按照约定或者国家有关规定支付逾期利息。"《民通意见》第123条规定："公民之间的无息借款，有约定偿还期限而借款人不按期偿还，或者未约定偿还期限但经出借人催告后，借款人仍不偿还的，出借人要求借款人偿付逾期利息，应当予以准许。"

◎关于利息与违约金的合并计算问题

《民间借贷规定》第30条规定:"出借人与借款人既约定了逾期利率,又约定了违约金或者其他费用,出借人可以选择主张逾期利息、违约金或者其他费用,也可以一并主张,但总计超过年利率24%的部分,人民法院不予支持。"

1. 出借人请求逾期利息、违约金、其他费用,总计超过年利率24%的部分,人民法院不予支持。

2. 违约人(借款人)已经支付又请求返还的,超过年利率36%的部分可以请求返还(参见《民间借贷规定》第31条)。

◎利息与违约金的自愿支付

《民间借贷规定》第31条规定:"没有约定利息但借款人自愿支付,或者超过约定的利率自愿支付利息或违约金,且没有损害国家、集体和第三人利益,借款人又以不当得利为由要求出借人返还的,人民法院不予支持,但借款人要求返还超过年利率36%部分的利息除外。"

1. 民间借贷没有约定利息与违约金,违约人(借款人)自愿支付,或者超额支付,出借人不构成不当得利。因为借款人支付,出借人受领,达成了合意(有法律上的原因)。

因为有违约的事实存在,也不构成赠与。因为借款人的给付是对出借人损失的弥补,相当于损失的对价。

2. 违约人(借款人)自愿支付,或者超额支付,利息或违约金超过年利率36%,或者利息与违约金之和超过年利率36%的,就超过的部分可以请求返还。

◎ 本金与利息的抵充

1. 不足以清偿数笔债务时的抵充。《合同法解释（二）》第20条规定："债务人的给付不足以清偿其对同一债权人所负的数笔相同种类的全部债务，应当优先抵充已到期的债务；几项债务均到期的，优先抵充对债权人缺乏担保或者担保数额最少的债务；担保数额相同的，优先抵充债务负担较重的债务；负担相同的，按照债务到期的先后顺序抵充；到期时间相同的，按比例抵充。但是，债权人与债务人对清偿的债务或者清偿抵充顺序有约定的除外。"

例：甲对乙欠借款8万元、承揽费10万元，均已到期，均设有担保。甲向乙的账户打款8万元。

应认为偿还了8万元借款。

2. 不足以清偿同一笔债务时的抵充。《合同法解释（二）》第21条规定："债务人除主债务之外还应当支付利息和费用，当其给付不足以清偿全部债务时，并且当事人没有约定的，人民法院应当按照下列顺序抵充：（一）实现债权的有关费用；（二）利息；（三）主债务。"

例1：民间借贷，借款人向出借人归还了部分款项，不足以清偿全部债务，这部分款项，是先用于抵充本金，还是先用于抵充利息？

先抵充利息。

例2：甲向乙借款1万元，将自己的白骆驼质押给乙，到期甲未向乙清偿，乙委托拍卖公司将白骆驼拍卖了1万元。该1

万元借款有1000元的利息，300元的拍卖费。

1万元拍卖款先抵充实现债权的费用300元，次抵充利息1000元，最后冲抵本金8700元。甲尚欠款1300元。

例3：在利息与本金之间，为什么要先抵充利息？为什么实现债权的费用要排在利息、本金之前？

先充抵本金就会降低产生利息的基数，造成不公平的结果。如果把实现债权的费用排在后边，会不合理地减轻债务人对迟延支付利息、本金的违约责任。

第九节　承揽合同、建设工程合同、居间合同

◎举证责任在谁

例：定作人通知承揽人解除合同，承揽人请求赔偿损失，就损失，举证责任在谁？

定作人有任意解除权（随时解除权），[1]但这种解除权是以损害赔偿作为代价的。损失的有无及多少，由承揽人承担举证责任。

◎特别要注重《合同法》第286条的运用

《合同法》第286条规定："发包人未按照约定支付价款的，

---

[1]《合同法》第268条规定："定作人可以随时解除承揽合同，造成承揽人损失的，应当赔偿损失。"

承包人可以催告发包人在合理期限内支付价款。发包人逾期不支付的,除按照建设工程的性质不宜折价、拍卖的以外,承包人可以与发包人协议将该工程折价,也可以申请人民法院将该工程依法拍卖。建设工程的价款就该工程折价或者拍卖的价款优先受偿。"(对此条有专门的司法解释)对该条规定的名称,有的称为"先取特权",有的称为"法定抵押权"。不管叫什么名称,它的基本性质是不动产法定担保物权优先于抵押权。我看审判实践中,很多当事人不会运用这个条文,特别提出来,律师要帮助当事人用好这个权利。

◎ 关于跳单

媒介居间可包含两个居间合同法律关系。居间合同是一种特殊的委托合同,适用委托合同任意解除权的规定。

"跳单"分为可归责与不可归责两种。利用居间人的独家信息而"跳单",属于可归责的"跳单"。可归责的"跳单",应当以损害赔偿作为代价。对独家委托也可以"跳单"。违反独家委托条款,不能认为支付报酬的"条件成就"。[1]

◎ 报告居间是卖信息

例:报告居间,不是卖关子,而是卖信息。甲卖给乙信息(第三人出租、招聘等信息),乙与第三人未成立合同,甲收取的费用(200元)是否应退给乙?

不应退还。一般而言,报告居间人提供的信息,足以构成

---

〔1〕 参阅附录二:(指导案例1号)上海中原物业顾问有限公司诉陶德华居间合同纠纷案。

合理、合法的对价。除当事人有相应的约定外,《合同法》第426、427条不适用于报告居间。[1]

第十节 和解协议(和解合同)

第一目 和解协议概述

◎和解协议涉及双层法律关系

和解协议也称为和解合同。和解协议最重要的一点,是涉及双层法律关系。所谓"双层",是指原法律关系(基础法律关系)与和解协议法律关系。

例1:张甲把李乙打伤,应当赔偿1万元(原法律关系、基础法律关系),双方达成协议赔偿8000元(和解法律关系)。张甲违约,如何处理?

根据已知条件,李乙应按和解法律关系起诉,要求履行和解协议。

如果和解协议符合解除条件,李乙可解除和解协议,按原法律关系起诉。

例2:甲公司与乙公司签订锅炉买卖合同(第一个法律关

---

[1]《合同法》第426条规定:"居间人促成合同成立的,委托人应当按照约定支付报酬。对居间人的报酬没有约定或者约定不明确,依照本法第六十一条的规定仍不能确定的,根据居间人的劳务合理确定。因居间人提供订立合同的媒介服务而促成合同成立的,由该合同的当事人平均负担居间人的报酬。居间人促成合同成立的,居间活动的费用,由居间人负担。"第427条规定:"居间人未促成合同成立的,不得要求支付报酬,但可以要求委托人支付从事居间活动支出的必要费用。"

系)。到期出卖人甲公司没有发货，应当支付给乙1000万元违约金（第二个法律关系、违约救济法律关系，也是其后和解协议的基础法律关系）。甲、乙达成协议，约定甲公司"送"给乙公司另一型号的一台锅炉（第三个法律关系、和解协议法律关系）。

本案的双层法律关系，是指第二个和第三个法律关系。

例3：张甲与李乙签订买卖一辆"古董"自行车的合同（第一层法律关系、原法律关系）。尚未到交货期，出卖人张甲有点心疼，不想卖了，就找李乙商量，解除合同给1万元赔偿，李乙同意（第二层法律关系、和解协议法律关系）。

如果双方约定，以其他物代替"古董"自行车的买卖，也是成立和解协议。

◎ 本案的三个法律关系

例：甲与乙约定，甲出卖给乙某套房屋，但甲一女多嫁，把该房屋过户给丙，甲应当赔偿给乙6万元。之后，甲、乙达成和解协议，约定甲给乙5万元赔偿。甲不履行和解合同，经催告后仍不履行。乙通知甲解除和解协议，要求履行原房屋买卖合同。

本案有三个法律关系：
第一，甲、乙之间的房屋买卖法律关系。
第二，甲、乙之间由于房屋买卖履行不能（法律不能）后产生的违约救济法律关系。
第三，甲、乙之间的和解法律关系。

甲不履行和解合同，乙予以解除，只能回到其基础法律关系（赔偿6万元的违约救济法律关系）的履行，而不能回复到房屋买卖法律关系的履行。

◎一般和解协议与特种和解协议

符合一般要件即可生效或没有特殊效力的和解协议，为一般和解协议，反之，则为特种和解协议。比如，经法院、仲裁机关、行政机关等调解产生的调解协议，具有民事权利义务内容的，为特种和解协议。

特种和解协议，或在成立要件上，或在程序上，或在效力上，与一般和解协议不同。

◎特种和解协议概述

"特种和解协议"，是指"特殊种类的和解协议"。特种和解协议，或在成立要件上，或在程序上，或在效力上，与一般和解协议不同。但当事人仍能够自由成立合意并处分自己的权利，符合和解协议的基本特征，性质上仍属于民事和解协议。或者说，特种和解协议仍具有"民法上和解之意义"。

调解协议是第三人居中斡旋、劝说，促使双方当事人达成协议。由于第三人调解而互相让步成立的具有民事权利义务内容的协议，不影响其民事和解协议的性质。笔者认为，由人民调解委员会、商事调解组织、行业调解组织或者其他具有调解职能的组织调解后达成的调解协议、由行政机关调解达成的调解协议、与诉讼有关的调解协议，具有民事权利义务内容的，属于特种和解协议。

最高人民法院《关于建立健全诉讼与非诉讼相衔接的矛盾纠纷解决机制的若干意见》第20条规定："经行政机关、人民调解组织、商事调解组织、行业调解组织或者其他具有调解职能的组织调解达成的具有民事合同性质的协议，经调解组织和调解员签字盖章后，当事人可以申请有管辖权的人民法院确认其效力。当事人请求履行调解协议、请求变更、撤销调解协议或者请求确认调解协议无效的，可以向人民法院提起诉讼。"也就是说，调解协议的当事人主张权利，可以在原法律关系与和解协议法律关系之间做出选择。当然这种选择是有条件的，不是任意选择，不是选择之债。

例：甲公司对乙公司有300万元货款债权，后经工商行政机关调解达成调解协议，约定乙公司以某街某号的一间商铺抵债，3个月之内办理过户登记手续（所有权登记）。调解协议还约定，到期乙公司不履行合同，甲公司可以直接通知（无需经过履行催告程序）乙公司解除合同。3个月届满，乙公司无故拒绝办理过户登记。甲公司可否在原法律关系与调解协议法律关系之间进行选择？

乙公司已经构成根本性违约，甲公司可以通知其解除合同，主张原法律关系的300万元的货款债权，也可以不解除和解协议，主张继续履行和解协议（可以向法院请求强制实际履行和解协议）。

我国《民事诉讼法》第十五章第六节规定了"确认调解协议案件"。其第194条规定："申请司法确认调解协议，由双方当事人依照人民调解法等法律，自调解协议生效之日起三十日内，共同向调解组织所在地基层人民法院提出。"第195条规定："人民法院受理申请后，经审查，符合法律规定的，裁定调解协议有效，一方当事人拒绝履行或者未全部履行的，对方当事人可以向人民法院申请执行；不符合法律规定的，裁定驳回申请,当事人可以通过调解方式变更原调解协议或者达成新的调解协议,也可以向人民法院提起诉讼。"经过法院确认的调解协议,可以向法院申请强制执行。

◎特种和解协议,以谁为被告

《民事诉讼法解释》第61条规定:"当事人之间的纠纷经人民调解委员会调解达成协议后,一方当事人不履行调解协议,另一方当事人向人民法院提起诉讼的,应以对方当事人为被告。"

1. 经人民调解委员会调解达成的协议,是特种和解协议,是平等主体之间的民事法律关系,自应以对方当事人为被告。

2. 其他特种和解协议(如经工商、交警等调解的和解协议),也应以对方当事人为被告。

◎和解协议适用《合同法》

例:张三打伤李四,双方达成了赔偿协议,李四要求履行赔偿协议。本案适用《侵权法》还是《合同法》?

赔偿协议是和解协议,和解协议是最常见的无名合同,本案应当适用《合同法》。

◎可以通过和解协议处理无效合同的财产后果吗

可以。例如:甲、乙订立了一份合同,后甲提起确认之诉,请求法院判决合同无效。法院判决合同无效,但对财产后果没有处理,甲、乙自可就无效合同财产后果的处理成立和解协议。

如果甲起诉到法院,请求确认合同无效并请求处理财产后果,法院判决合同无效并判决乙给付甲财产(侵权之债或不当得利之债），则甲、乙就财产后果的处理仍然可以成立和解协议。

如果甲、乙以和解协议的方式使无效合同复活，那就是二次违法了。

◎不起诉协议

当事人有争执时，达成不起诉的协议，性质上是和解协议。现实生活中，就已有纠纷进行和解时，常有一方当事人以不起诉换取对方财产上让步的做法。签订不起诉协议，不等于放弃诉权。不起诉协议是可以有效的。

例：张甲将李乙打成轻伤，李乙扬言不赔偿5万元就起诉张甲。最终，张甲与李乙达成协议，张甲给李乙5万元，李乙不起诉张甲，也不请求公安机关立案。请问：二人之间协议的效力如何？

1. 对刑事自诉案件，当事人也可以成立和解协议。本案和解协议就是一种不起诉协议。
2. 李乙的威胁，是合法的威胁，不构成《合同法》第54条规定的胁迫。
3. 二人之间的和解协议有效。
4. 李乙的承诺，不等于放弃诉权。李乙仍可起诉，或请求公安机关立案，但张甲承诺的5万元（意定之债）随之失去效力。为了保证李乙的诉权，本案不起诉协议应解释为附随时解除权的协议。

◎可否按原法律关系起诉

例：张甲把李乙打伤，应当赔偿1万元（基础法律关系，和解的对象），双方达成协议，在3天内赔偿8000元（和解协议法律关系）。张甲违约，到期不支付8000元，李乙应当如何主张权利？

李乙应当依《合同法》第94条第3项的规定进行履行催告，张甲在李乙确定的合理期限内仍不履行，李乙可通知张甲解除和解协议，按原法律关系提起侵权损害赔偿之诉。

李乙提起侵权之诉，要承担相应的举证责任。

◎和解协议对重大误解和显失公平的排斥

其一，和解协议是对争议事项的解决，而争议事项的"真相"往往不明确，故一般不能以重大误解为由变更或撤销和解协议。其二，和解协议是双方让步的结果，故一般不能用显失公平的规则对其进行调整。

例： 甲将工程发包给乙，非"包死价"（固定价），约定按工程量给付施工款。承包人乙经过测算，向发包人提出尚欠200万元，发包人自己估算，尚欠100万元。请第三方搞工程造价鉴定费用较高，双方经过协商，甲给付乙150万元，约定不得再请求额外支付。后乙请第三人进行造价鉴定，认为甲应支付给乙200万元。

本案和解协议有效，乙不能以重大误解或显失公平为由请求变更或撤销和解协议，只能请求和解协议的150万元。

◎和解协议是当事人互相让步而产生的合同

让步，是指权利、利益的抛弃或义务的承担。让步应为双方的让步。单方的让步，虽然也解决了纠纷，但不能成立严格意义上的和解协议。

例：甲对乙侵权，甲有过错，乙亦有过错。乙提出了赔偿额，甲为了尽快摆脱纠纷，放弃了过错相抵等抗辩机会，乙放弃了原请求赔偿额，双方签订了赔偿协议。

双方都有让步，成立的赔偿协议是和解合同。

正因为和解协议是当事人互相让步成立的合同，《民事诉讼法解释》第107条规定："在诉讼中，当事人为达成调解协议或者和解协议作出妥协而认可的事实，不得在后续的诉讼中作为对其不利的根据，但法律另有规定或者当事人均同意的除外。"

◎和解协议可以约定违约金

和解协议中可以约定违约金，即一方违约时，适用违约金。没有约定违约金的，可以适用赔偿金。当事人为确保和解协议的履行，也可以约定定金、保证、抵押、质押等担保方式。

例：张甲打伤了李乙，二人约定张甲赔偿李乙1万元（赔偿金），到期不支付，加违约金若干。王丙在张甲、李乙的合同书上，以担保人（保证人）的名义签了字。

1. 约定有效。王丙对赔偿金额和迟延履行的违约金承担保证责任。

2. 顺便说明一下，对同一违约行为，赔偿金与违约金是不能同时适用的。但和解协议对约定赔偿金给付的迟延，当事人可以要求赔偿金和迟延履行的违约金。

◎附随意条件的和解协议

例：张甲因过失致使李乙受伤，治疗、康复等各项费用预计10万元以上。李乙因等钱用，就与张甲协商，3天拿来10万元，再发生的费用就不要了。张甲同意，但张甲在第三天只交给李乙2万元。后李乙花去13万元，又向张甲索要11万元。应否支持李乙的请求？请分析当事人之间的法律关系。

张甲与李乙的协议是附生效条件的和解协议。具体来说，是附随意条件。因条件不成就，和解协议不生效，应按原法律关系（侵权赔偿法律关系）解决争议。李乙收的2万元，因和解协议未生效，构成不当得利，但不用实际返还，因为张甲依原法律关系，应付其13万元。李乙有权依《合同法》第99条的规定予以抵销。张甲还应再支付给李乙11万元。

第二目 和解协议的确定效、创设效和认定效

◎和解协议的确定效

和解协议的确定效，也称为和解协议确定的效力或确定力，是指当事人之间的法律关系依和解协议而确定，当事人不得再依基础法律关系（原法律关系）行使请求权。

例：张甲因无因管理之债，应当向李乙支付5万元，后张甲与李乙签订和解协议，张甲给李乙一匹黄骠马抵债。之后，张甲以自己在给付5万元和给付黄骠马的两项债务之间有选择权为由，要支付给李乙5万元以消灭债权债务。

和解协议与原法律关系并非选择之债，依确定效，张甲应

当交付黄骠马。

◎ **按和解协议起诉，还是按原法律关系起诉**

通说认为，和解协议的确定效是指和解协议一旦有效成立，双方当事人即应受到合同的约束，即使一方因此受到不利益，也属于让步的当然结果，不得反悔，更不能就和解前的法律关系再行主张权利。[1]"确定效的优势在于，依确定效理论，双方当事人订立和解协议后，当事人只需证明和解协议真实有效，无须再就订立和解协议之前的法律关系举证。"[2]

如果和解协议没有无效事由，也没有被撤销、被解除，当事人起诉请求履行的，应当是和解协议。对和解协议未约定又未被终止部分，当事人仍可主张请求权，仍可按原法律关系起诉。

例1：张甲不慎将李乙的一套房屋烧毁，受害人李乙估算了损失，约为20万元。双方约定，张甲在15天内赔偿李乙19万元，李乙不再追究张甲的责任。张甲到期不支付约定的赔偿款，李乙起诉，他应主张侵权之债（原法律关系），还是主张合同之债（和解协议法律关系）？

按确定效（确定力）的观点，张甲与李乙确定了新的法律关系，他们之间成立了意定之债，其标的是给付19万元，李乙对这19万元无须举证，可以请求强制实际履行。

本案当事人之间的原法律关系是侵权责任之债，李乙若依原法律关系主张损害赔偿，须就自己的损失举证，即受害人李

---

[1] 参见郑玉波：《民法债编各论》（下册），三民书局1981年版，第812页。
[2] 任超："论民事和解协议"，中国政法大学2014年硕士学位论文。

乙需就加害人张甲的给付额举证。

本案李乙实际有选择的机会,为避免举证的麻烦,他可以依和解协议起诉。如果李乙想要实际损失的20万元,其应通知张甲解除和解协议。和解协议解除后,原法律关系"复活"。

例2:甲侵害乙的商业秘密,乙向甲索赔3000万元。甲考虑,侵害商业秘密是一种不正当竞争行为,依《反不正当竞争法》的规定,如打官司,乙的索赔额可能会更大,[1]遂与乙达成和解协议,约定赔偿1500万元了事。甲后又认为,1500万元的赔偿,数额还是太大。甲向法院提起确认之诉,要求法院确认自己侵害商业秘密应当赔偿的数额。

按确定效,法院只能按和解协议审理,不应确认原法律关系的赔偿数额。

例3:甲对乙有侵权行为,应当赔偿10万元左右。甲、乙达成和解协议,约定赔偿6万元。协议履行完毕,甲反悔,要求追加赔偿4万元,应否支持?

依确定效,不能支持。

◎和解协议的创设效

和解协议的创设效,也称为创设效力、创设力,是指和解

---

[1] 我国《反不正当竞争法》第20条规定:"经营者违反本法规定,给被侵害的经营者造成损害的,应当承担损害赔偿责任,被侵害的经营者的损失难以计算的,赔偿额为侵权人在侵权期间因侵权所获得的利润;并应当承担被侵害的经营者因调查该经营者侵害其合法权益的不正当竞争行为所支付的合理费用。被侵害的经营者的合法权益受到不正当竞争行为损害的,可以向人民法院提起诉讼。"

协议创设新的法律关系的效力。我认为，创设效与确定效，是对和解协议效力不同角度的观察，并不是独立的两种效力。

创设效的理论认为，创设的效果，不但成立了新的法律关系，还终止了当事人之前存有争议的法律关系。

◎ 和解协议的认定效

和解协议的认定效，也称为认定效力、认定力，是指和解协议认定既存法律关系的效力。

依认定效观点，保持了既存（以前）的法律关系，可使既存法律关系的担保依然存在。创设效认为，和解协议以新的法律关系取代了原法律关系，这样，原法律关系的担保人可免责。

理论上的争议，主要发生在确定效与认定效之间。我认为，确定效和创设效是"一体两面"，和解协议是针对原法律关系而成立的新的法律关系，具有确定效和创设效。在对和解协议发生争议时，应依据生效的和解协议主张权利，提起诉讼。

认定效与确定效、创设效是冲突的。我基本赞同确定效、创设效的理论，但笔者还认为，在一定情况下，依照诚实信用原则并参考认定效的理论，可认定原法律关系的担保人继续承担担保责任。

例：甲借给乙10万元，由丙作为保证人。后乙到期不能偿还债务，甲、乙双方达成和解协议，由乙将对丁的11万元债权转让给甲抵债。后乙不履行和解协议，甲起诉乙要求履行原合同并要求丙承担原合同保证责任。丙方主张，甲、乙已经成立了新的法律关系，原法律关系已经消灭，自己不应承担保证责任。

依诚实信用原则，应当判决丙承担保证责任。这个结论，参考了认定效的理论。具体来说，应参照适用《担保法解释》

第30条第3款:"债权人与债务人协议变动主合同内容,但并未实际履行的,保证人仍应当承担保证责任。"[1]

第三目 和解协议的无效、解除

◎**和解协议的无效**

和解协议,是债权合同,自应适用《合同法》的规定。和解协议具有《合同法》规定的无效事由,则自始无效,当事人应当按原法律关系解决争议。

例:张甲将李乙打成重伤,二人约定:李乙不举报、不追究张甲的刑事责任、民事责任,张甲给付李乙10万元赔偿费。达成和解协议后,张甲将10万元交付给李乙。

重伤,非自诉案件,二人之间的和解协议无效。李乙除可举报外,还可追究张甲的民事侵权责任。李乙收到的10万元为不当得利(和解协议无效,无法律根据),本应归还,但其可通知张甲抵销自己的医疗等费用。

◎**和解协议解除的原因**

和解协议解除的原因,与其他合同相比并无特殊性。和解协议的解除主要有四种情形:第一种是合意解除;第二种是因

---

[1] 该条第1款规定:"保证期间,债权人与债务人对主合同数量、价款、币种、利率等内容作了变动,未经保证人同意的,如果减轻债务人的债务的,保证人仍应当对变更后的合同承担保证责任;如果加重债务人的债务的,保证人对加重的部分不承担保证责任。"第2款规定:"债权人与债务人对主合同履行期限作了变动,未经保证人书面同意的,保证期间为原合同约定的或者法律规定的期间。"

"解除条件"的成就而导致的解除；第三种是因"附解除权"条件的成就，解除权人行使解除权而导致的解除；第四种是"一方重大违约而另一方解除合同"。

和解协议解除后，自始失去效力，当事人可依原法律关系主张权利，提起诉讼。

◎和解协议合意解除

和解协议是当事人之间的合同，自可由当事人协商一致解除。合意解除，是以第二个合同解除第一个合同，适用要约与承诺的规则。合意解除和解协议，和解协议自始失去效力。"自始失去效力"，即意味着原法律关系重新约束当事人。

例：张甲对李乙有侵权行为，双方达成和解协议，约定张甲赔偿李乙10万元。后来，张甲认为赔多了，李乙认为赔少了。张甲提出解除和解协议的要约，李乙同意（承诺）。再后来，李乙向法院提起诉讼，请求法院判决履行和解协议。

和解协议已经解除，自始失去效力，法院不应当支持李乙的请求。

◎因解除条件的成就而导致和解协议解除

条件分为偶成条件、随意条件和混合条件，三种条件均可运用于和解协议。不过，对和解协议，重要的是附随意条件。

当事人可以一方的不履行作为和解协议解除条件的成就，即把一方不履行作为解除和解协议的法律事实（附随意条件）。问题在于，履行是合同义务，不履行是违约行为。违约行为能否约定为解除条件？这也是允许的，把违约行为约定为条件，在法理上并无什么障碍，它只是把合同存废的权利交到一方手中而已。其中利益的衡量和取舍，不能孤立地看。

例：债务人甲公司欠债权人乙公司货款500万元，长期不还。后甲、乙达成和解协议，约定乙分期（5期）履行债务，利息免除。协议约定：如果乙未按协议完全履行任何一期的债务，甲可就全部债权（含利息）请求支付，申请执行。这种约定算是附条件的吗？

本案是附解除条件的和解协议。该条件属于随意条件。

◎因一方重大违约解除和解协议

若债务人重大违约，债权人有权通知其解除合同。债权人通知债务人解除和解协议分为须事先催告与无须催告两种情形。[1]

1. 当事人迟延履行主要债务，经催告后在合理的时间内仍未履行。迟延履行是指债务人在履行期届满后未履行债务。如果债务人在迟延后履行仍能实现合同目的或债权人的履行利益仍然能够实现，则债权人不能径直通知债务人解除合同，而应催告债务人履行合同义务。经催告后，债务人在合理的时间内仍未履行，此时债权人产生单方解除权，可以通知债务人解除合同。催告是债权人向债务人发出的请求履行的通知，合理的

---

[1] 我国《合同法》第94条规定："有下列情形之一的，当事人可以解除合同：（一）因不可抗力致使不能实现合同目的；（二）在履行期限届满以前，当事人一方明确表示或者以自己的行为表明将不履行主要债务；（三）当事人迟延履行主要债务，经催告后在合理的期间内仍未履行；（四）当事人一方迟延履行债务或者有其他违约行为致使不能实现合同目的；（五）法律规定的其他情形。"上述第3项规定了催告的前置性程序，第4项规定了无须催告的情形。

期限，是指给予债务人的必要的履行准备时间。合理期限的长短，应当根据合同的具体情况确定。

2. 当事人迟延履行债务或者有其他违约行为致使不能实现合同目的。当事人迟延履行债务或者有其他违约行为致使不能实现合同目的，就已经构成了根本违约，此时无须经催告程序，债权人可直接通知对方解除和解协议。

3. 和解协议的债务人不履行合同，但和解协议的担保人有履行能力的，不应解除和解协议，而应请求担保人履行或就担保人的财产变价而受偿。

例：甲对乙过失侵权，给乙造成损失10万余元。甲、乙双方签订了和解协议，约定甲支付给乙10万元赔偿金。丙在和解协议上签字，约定甲到期不支付10万元，由丙支付。后甲到期未支付。

甲到期不支付10万元，乙不能解除合同，可要求保证人丙承担连带责任。可撤销的合同是"有效但可撤销的合同"。

◎和解协议解除后，原法律关系的诉讼时效

和解协议本身的给付，受诉讼时效的限制。如果和解协议确定的债权诉讼时效已经完成（超过了诉讼时效），债权人丧失了胜诉权，也不能再解除和解协议而主张原法律关系的债权。

和解协议解除后，当事人请求原法律关系的给付，这就涉及原法律关系的诉讼时效问题。

当事人达成和解协议，包含着权利人主张权利的意思表示。在权利人主张解除和解协议，要求相对人履行原法律关系的债务时，仍为主张权利的意思表示。

例：由于张甲的过失，造成对李乙的人身伤害，李乙的医疗费、康复费等合计在 15 万元以上。人身伤害请求赔偿，适用一年的短期诉讼时效。在诉讼时效进行到 6 个月时，二人达成和解协议，约定张甲在一年内赔偿李乙医疗费等各项费用 10 万元。到期张甲不履行和解协议，李乙通知张甲解除和解协议，并起诉到法院，要求张甲按原法律关系进行赔偿。张甲提出抗辩，指出诉讼时效已经完成。

李乙通知张甲解除和解协议后，其有权请求张甲按原法律关系予以赔偿。和解协议解除后，视为自始失去效力，原法律关系"恢复"。签订和解协议也是主张权利，解除和解协议也是主张权利。应认为，原法律关系的诉讼时效在和解协议解除之日起中断（还有一年）。李乙对张甲原法律关系的诉讼时效没有完成（没有超过）。

第三部分 物权法

第一节 物权概述

◎ 用益物权与用益债权

例：甲将房屋给乙无偿居住，甲、乙约定，乙的居住权为用益物权。甲、乙约定的效力如何？

甲、乙对用益物权的约定，因违反物权法定原则（《物权法》第5条）而无效。但是，乙的居住权符合债权的要件，作为债权生效。这种债权，是一种用益债权，是用益赠与产生的债权。

认为居住权不能为物权就无效的观点，是不正确的。

◎ 合同登记与产权登记

合同登记与产权（物权）登记，登记的对象不同，前者指向合同，后者指向物权。我国《物权法》规定的登记，不是合同登记。

比如，有些法规规定租赁合同要登记，它只是合同登记，与物权变动无关。

例：甲卖给乙一套房屋，2月1日签订合同，4月1日办理过户登记。

4月1日的房屋买卖的过户登记，是物权变动的登记，不是合同登记。

《物权法》第15条规定："当事人之间订立有关设立、变更、转让和消灭不动产物权的合同，除法律另有规定或者合同另有约定外，自合同成立时生效；未办理物权登记的，不影响合同效力。"合同效力（债的效力）与物权效力相区分，称为"区分原则"，也有人称之为"效力分离原则"。

区分原则是法学本科考试及考研常见的题目。

◎宣示登记无物权变动

例：1月1日清晨，听到鞭炮声，原来张三的新房落成，2月1日办理了登记。

该登记由单方申请，为初始登记、入户登记（《不动产登记暂行条例》称之为首次登记），性质上属于宣示登记，并无物权的变动。物权的变动在1月1日。

◎自己建造的房屋，取得登记之前，可否送给他人

例：张甲自盖了一间房屋，在取得登记（首次登记）之前，与李乙签订了赠与合同，将房屋交付给李乙。

《物权法》第31条规定："依照本法第二十八条至第三十条规定享有不动产物权的，处分该物权时，依照法律规定需要办理登记的，未经登记，不发生物权效力。"第30条规定："因合法建造、拆除房屋等事实行为设立或者消灭物权的，自事实行

为成就时发生效力。"

张甲自盖的这一间房屋,依《物权法》第30条的规定,尽管未进行登记,但因事实行为取得房屋所有权。

张甲赠送给李乙,双方签订的赠与合同是有效的,但是张甲的交付,不能使李乙取得所有权。因为依赠与合同变动物权,是以法律行为变动物权,应适用物权变动的公示原则和公示方法。[1]依《物权法》第31条,本案张甲应先将房屋登记在自己名下(初始登记、宣示登记),然后再过户登记到李乙名下(所有权变更登记、设立登记)。登记到李乙名下后,李乙取得所有权。

◎A、B二房屋所有权在何时发生变动

例:张男与李女登记离婚后,又达成了财产协议,载明:"①双方共有但登记在张男名下的A房,转归李女个人所有。②李女单独所有的B房,转归张男所有。"请问:A、B二房屋所有权在何时发生变动?

1. 张男与李女达成的财产协议,是双方民事法律行为,其作为物权变动的原因,适用《物权法》第6条、第9条的规定。

2. 本案房产因办理过户登记(所有权变更登记、设权登记)发生移转。

---

[1]《物权法》第6条就公示原则规定:"不动产物权的设立、变更、转让和消灭,应当依照法律规定登记。动产物权的设立和转让,应当依照法律规定交付。"第9条就物权变动公示方法规定:"不动产物权的设立、变更、转让和消灭,经依法登记,发生效力;未经登记,不发生效力,但法律另有规定的除外。"

◎从物不单独计价

1. 从物是独立之物，与主物是不同的所有权客体。
2. 从物可以是动产，也可以是不动产。
3. 从物是不单独计价的，例外是城市小区里的车位。

◎第三人受让抵押物，无善意取得之问题

1. 第三人受让抵押物，无善意取得之问题。例如：乙把白骆驼抵押给甲，又卖给丙，丙取得了白骆驼的所有权，但无论抵押是否登记，丙都不是善意取得。因为，善意取得所对应的无权处分，是以自己之名，处分他人之物。
2. 动产善意取得，规范"占有与所有脱离"的交易；不动产善意取得，规范"登记与所有脱离"的交易。
3. "单纯的"抵押物不存在占有与所有、登记与所有脱离的问题。

例：甲把一台老式录音机抵押给乙，未办理抵押登记，甲仍然占有这台录音机，签订抵押合同之后，甲以500元的价格卖给丙，已经交付。

丙取得所有权，是一般取得（正常取得），而非善意取得。

◎正常取得的三种情况

以下三种情况，丙不能善意取得，但可以正常取得（一般取得）：

1. 甲将抵押给乙的物卖给丙。

2. 甲、乙约定，甲之物不能卖给丙，但甲卖给了丙。
3. 甲卖给乙物，约定乙不得转卖给丙，但乙转卖给丙。

◎**受欺诈实施的单方行为无效**

例：张男因受李女欺诈而抛弃一枚戒指，李女"先占"以后，扬长而去。该抛弃行为效力如何？

抛弃行为是单方行为（单独行为）、处分行为。本案抛弃行为无效，张男有权请求李女返还戒指。

《民法通则》第58条第1款第3项规定，一方以欺诈、胁迫的手段或者乘人之危，使对方在违背真实意思的情况下所为的民事行为无效。而《合同法》在第54条中规定，因欺诈、胁迫或者乘人之危签订的合同为可撤销的合同（可撤销的合同是有效但可撤销的合同）。合同是双方行为，本案的动产抛弃是单方行为，不能适用《合同法》的规定，只能适用《民法通则》的规定。

第二节 《物权法解释（一）》的若干问题

◎**本案程序如何选择**

《物权法解释（一）》第1条规定："因不动产物权的归属，以及作为不动产物权登记基础的买卖、赠与、抵押等产生争议，当事人提起民事诉讼的，应当依法受理。当事人已经在行政诉讼中申请一并解决上述民事争议，且人民法院一并审理的除外。"[1]《物权法》第21条规定:"当事人提供虚假材料申请登记,给他人造成损害的,应当承担赔偿责任。因登记错误,给他人造成损害的,登记机构应当承担赔偿责任。登记机构赔偿后,可以向造成登记错误的人追偿。"

例:张甲与房地产公司签订房屋买卖合同及办理登记,全权委托李乙办理,李乙将房屋登记到自己名下,登记机关亦有过错。张甲欲起诉解决登记问题并请求赔偿,咨询律师,依行政诉讼程序还是依民事诉讼程序,可否选择?

依例前所列规定,可以选择行政诉讼,也可以选择民事诉讼。行政诉讼中,被告一方负担举证责任,但从统计数字来看,行政诉讼的胜诉率低。从案情来看,基础法律关系清晰,选择民事诉讼较好。

◎ **是登记绝对主义,还是登记推定主义**

我国不动产物权登记,不采绝对主义(登记在谁的名下就一定属于谁,称为绝对主义),而采取登记推定主义(登记预定规则)。也就是说,不动产登记在谁名下,就推定其所有。不动

---

[1]《行政诉讼法》第61条规定:"在涉及行政许可、登记、征收、征用和行政机关对民事争议所作的裁决的行政诉讼中,当事人申请一并解决相关民事争议的,人民法院可以一并审理。在行政诉讼中,人民法院认为行政案件的审理需以民事诉讼的裁判为依据的,可以裁定中止行政诉讼。"《行政诉讼法解释》第17条第1款及第2款规定:"公民、法人或者其他组织请求一并审理行政诉讼法第六十一条规定的相关民事争议,应当在第一审开庭审理前提出;有正当理由的,也可以在法庭调查中提出。有下列情形之一的,人民法院应当作出不予准许一并审理民事争议的决定,并告知当事人可以依法通过其他渠道主张权利:(一)法律规定应当由行政机关先行处理的;(二)违反民事诉讼法专属管辖规定或者协议管辖约定的;(三)已经申请仲裁或者提起民事诉讼的(四)其他不宜一并审理的民事争议。"

产的登记和所有是可能分离的。推定是可以通过举证（反证）推翻的。《物权法解释（一）》第2条规定："当事人有证据证明不动产登记簿的记载与真实权利状态不符、其为该不动产物权的真实权利人，请求确认其享有物权的，应予支持。"

与此相关的，是占有推定主义（占有推定规则），也就是说，动产由谁占有，就推定其所有，动产的登记和所有是可能分离的。推定是可以通过举证（反证）推翻的。

例：一套房屋登记在张甲名下，其与妻子李乙没有约定财产分别所有制。

这是中国最常见的登记与所有脱离的现象。

◎异议登记的基本问题及确认之诉

《物权法》第19条第1款规定："权利人、利害关系人认为不动产登记簿记载的事项错误的，可以申请更正登记。不动产登记簿记载的权利人书面同意更正或者有证据证明登记确有错误的，登记机构应当予以更正。"第2款规定："不动产登记簿记载的权利人不同意更正的，利害关系人可以申请异议登记。登记机关予以异议登记的，申请人在异议登记之日起十五日内不起诉，异议登记失效。异议登记不当，造成权利人损害的，权利人可以向申请人请求损害赔偿。"

1. 《物权法》第19条第1款规定了"更正登记"，第2款规定了"异议登记"。

2. 申请"更正登记"的有两类人，一类是权利人（不动产登记簿记载的人），另一类是利害关系人。申请"异议登记"的人是利害关系人。

3. 更正登记，一是权利人书面同意，二是有证据证明登记确有错误。二者有其一即可。

4. 异议登记是一种临时登记。

5. 变更登记、异议登记不仅包括房屋，还包括其他不动产。

6. 异议登记可构成平等主体之间的侵权。比如，甲无理申请异议登记，使权利人乙丧失了某项现实的利益，乙有权请求赔偿。

7. 对同一人，异议登记只能有一次。不能反复进行异议登记。《不动产登记暂行条例实施细则》第83条规定："不动产登记机构受理异议登记申请的，应当将异议事项记载于不动产登记簿，并向申请人出具异议登记证明。异议登记申请人应当在异议登记之日起15日内，提交人民法院受理通知书、仲裁委员会受理通知书等提起诉讼、申请仲裁的材料；逾期不提交的，异议登记失效。异议登记失效后，申请人就同一事项以同一理由再次申请异议登记的，不动产登记机构不予受理。"

8. 异议登记失效（登记后15天内没有起诉）后，当事人仍可提起确认之诉。

例：甲与外甥乙合买一套房屋，甲让乙办理登记手续，乙却使手段，将房屋登记在自己的名下。甲先是申请更正登记，未果，又申请了异议登记，异议登记后的15天内起诉乙，在诉讼期间，异议登记一直有效。

如果甲在异议登记后15天内没有起诉乙，异议登记失效，但甲仍可以起诉乙。《物权法解释（一）》第3条规定："异议登记因物权法第十九条第二款规定的事由失效后，当事人提起民事诉讼，请求确认物权归属的，应当依法受理。异议登记失效不影响人民法院对案件的实体审理。"

问：不经申请异议登记就不能起诉吗？

异议登记不是起诉的必经程序，当事人可以直接起诉。

◎异议登记后，还能否过户

《不动产登记暂行条例实施细则》第84条规定："异议登记期间，不动产登记簿上记载的权利人以及第三人因处分权利申请登记的，不动产登记机构应当书面告知申请人该权利已经存在异议登记的有关事项。申请人申请继续办理的，应当予以办理，但申请人应当提供知悉异议登记存在并自担风险的书面承诺。"

例：登记在甲名下的一套房屋，乙（利害关系人）认为自己是共有人，所有权登记不正确，申请了异议登记。在异议登记期间，甲把房子卖给了丙（第三人）。甲和丙申请把房屋变更登记到丙的名下，并提供了知悉异议登记存在并自担风险的承诺书，则登记机关应予以办理。

本案办理过户登记（所有权变更登记）以后，可能发生下列情况：经过15天，异议登记失效，乙依《物权法解释（一）》第3条提起确认之诉。

1. 法院认定房屋为甲、乙共有，丙虽然取得了登记，但不能善意取得，因为丙知道异议登记，是"非善意"。[1]
2. 如果法院认定房屋为甲方单独所有，丙在办完过户登记手续时取得房屋所有权，但他不是善意取得，而是一般取得

---

[1]《物权法解释（一）》在第16条第1款中规定："具有下列情形之一的，应当认定不动产受让人知道转让人无处分权：（一）登记簿上存在有效的异议登记；……"

（正常取得）。

◎预告登记

《物权法》第 20 条第 1 款规定："当事人签订买卖房屋或者其他不动产物权的协议，为保障将来实现物权，按照约定可以向登记机构申请预告登记。预告登记后，未经预告登记的权利人同意，处分该不动产的，不发生物权效力。"第 2 款规定："预告登记后，债权消灭或者自能够进行不动产登记之日起三个月内未申请登记的，预告登记失效。"

1. 预告登记不是现实物权登记，而是为了将来取得不动产物权的请求权的登记，使请求权具有了物权的效力（"预告"二字，从此而来）。未经登记的请求权只有债权的效力。其他不动产登记都是现实物权的登记。

2. 预告登记不仅包括房屋，还包括其他不动产。

3. 预告登记是为了限制出卖人或者出让人的处分权。

例 1：开发公司卖给张某一套期房，在取得房屋所有权之前，就办理了登记，这个登记就是预告登记。张某的请求权因预告登记取得了物权的排他效力，具有了对世性。开发公司将房屋卖给第三人、抵押给第三人等违反预告登记的行为，不能发生物权变动的效果。

《物权法解释（一）》第 4 条规定："未经预告登记的权利人同意，转移不动产所有权，或者设定建设用地使用权、地役权、抵押权等其他物权的，应当依照物权法第二十条第一款的规定，认定其不发生物权效力。"

例 2：甲卖给乙一套房屋，双方申请办理了预告登记，后因乙到期不支付房款，经催告无效，甲通知乙解除了房屋买卖合同。预告登记效力如何？

预告登记因债权消灭而自动失去效力。《物权法解释（一）》第5条规定："买卖不动产物权的协议被认定无效、被撤销、被解除，或者预告登记的权利人放弃债权的，应当认定为物权法第二十条第二款所称的'债权消灭'。"

◎ 机动交通运输工具的物权变动与善意第三人的定位

物权的变动包括物权的设立、变更、转让和消灭。《物权法》第24条规定："船舶、航空器和机动车等物权的设立、变更、转让和消灭，未经登记，不得对抗善意第三人。"《物权法解释（一）》第6条规定："转让人转移船舶、航空器和机动车等所有权，受让人已经支付对价并取得占有，虽未经登记，但转让人的债权人主张其为物权法第二十四条所称的'善意第三人'的，不予支持，法律另有规定的除外。"

例：甲卖给乙一条机动运输船，已经交付给乙占有，但尚未办理登记。甲的债权人丙（甲在与乙签订合同之前，与丙签订买卖合同，约定把该运输船出卖给丙）主张自己是善意第三人，应当由自己取得运输船的所有权。

丙的主张不应予以支持。

◎ 变动共有关系之法律文书的具体类型

《物权法》第28条规定："因人民法院、仲裁委员会的法律文书或者人民政府的征收决定等，导致物权设立、变更、转让或者消灭的，自法律文书或者人民政府的征收决定等生效时发生效力。"《物权法解释（一）》第 7 条规定："人民法院、仲裁委员会在分割共有不动产或者动产等案件中作出并依法生效的改变原有物权关系的判决书、裁决书、调解书，以及人民法院在执行程序中作出的拍卖成交裁定书、以物抵债裁定书，应当认定为物权法第二十八条所称导致物权设立、变更、转让或者消灭的人民法院、仲裁委员会的法律文书。"

例：张男与李女是夫妻关系，共有的一套房屋登记在张男名下，在离婚诉讼中，法院调解后制作了调解书，其内容有一项："房屋归李女所有，李女补偿张男 100 万元。"调解书于 4 月 1 日生效。4 月 2 日，李女持调解书到登记机关办理了"所有权变更登记"。请问：物权在 4 月 1 日发生变动，还是在 4 月 2 日发生变动？

在 4 月 1 日发生变动。

◎已经取得，当然可以请求物权保护

《物权法解释（一）》第 8 条规定："依照物权法第二十八条至第三十条规定享有物权，但尚未完成动产交付或者不动产登记的物权人，根据物权法第三十四条至第三十七条的规定，请求保护其物权的，应予支持。"

《物权法》第 28 条规定："因人民法院、仲裁委员会的法律文书或者人民政府的征收决定等，导致物权设立、变更、转让或者消灭的，自法律文书生效或者人民政府的征收决定等行为生效时发生效力。"第 29 条规定："因继承或者受遗赠取得物权的，自继承或者受遗赠开始时发生效力。"第 30 条规定："因合法建造、拆除房屋等事实行为设立或者消灭物权的，自事实行为成就时发生效力。"第 34 条规定："无权占有不动产或者动产

的,权利人可以请求返还原物。"第35条规定:"妨害物权或者可能妨害物权的,权利人可以请求排除妨害或者消除危险。"第36条规定:"造成不动产或者动产毁损的,权利人可以请求修理、重作、更换或者恢复原状。"第37条规定:"侵害物权,造成权利人损害的,权利人可以请求损害赔偿,也可以请求承担其他民事责任。"

例1:张男与李女是夫妻关系,共有的一套房屋登记在张男名下,在离婚诉讼中,法院判决"房屋归李女所有"。判决书于4月1日生效,李女尚未办理房屋登记。邻居王某装修房子,堵住判决书所指房屋的通道。

尽管没有办理登记,李女已经取得所有权,可以依《物权法》第35条请求物权保护(请求排除妨害)。

例2:张某5月1日盖好一间房屋,尚未办理登记,被李某侵夺占有。

张某在5月1日因事实行为取得所有权。可依《物权法》第34条请求保护,即请求返还原物(请求回复占有)。

◎按份共有的几个问题

《物权法》第101条规定:"按份共有人可以转让其享有的共有的不动产或者动产份额。其他共有人在同等条件下享有优先购买的权利。"

1.《物权法解释(一)》第9条规定:"共有份额的权利主体因继承、遗赠等原因发生变化时,其他按份共有人主张优先购买的,不予支持,但按份共有人之间另有约定的除外。"

例：张男与李女是夫妻，一日，张男驾鹤西归，发现其留有一份自书遗嘱，言明与李女共有的一套房屋，自己50%的份额全由母亲继承（如果是法定继承，其母亲只能继承25%的份额）。李女以享有优先购买权为由，要买回来（不让张母继承），张母有权拒绝。

张母继承以后，将50%的份额以300万元的价格转让给王某，此时李女作为共有人，享有优先购买权。

2.《物权法解释（一）》第10条规定："物权法第一百零一条所称的'同等条件'，应当综合共有份额的转让价格、价款履行方式及期限等因素确定。"也就是说，同等条件不等于价格同等。

3.《物权法解释（一）》第11条规定："优先购买权的行使期间，按份共有人之间有约定的，按照约定处理；没有约定或者约定不明的，按照下列情形确定：（一）转让人向其他按份共有人发出的包含同等条件内容的通知中载明行使期间的，以该期间为准；（二）通知中未载明行使期间，或者载明的期间短于通知送达之日起十五日的，为十五日；（三）转让人未通知的，为其他按份共有人知道或者应当知道最终确定的同等条件之日起十五日；（四）转让人未通知，且无法确定其他按份共有人知道或者应当知道最终确定的同等条件的，为共有份额权属转移之日起六个月。"

例：甲、乙共有一架民用飞机，甲通知乙："丙要以1800万元的价格购买我的份额，10天内向我付款，请在一周内回复，你是否行使优先购买权？"

乙行使优先购买权的期间应为通知送达之日起15天。

4.《物权法解释（一）》第 12 条规定："按份共有人向共有人之外的人转让其份额，其他按份共有人根据法律、司法解释规定，请求按照同等条件购买该共有份额的，应予支持。其他按份共有人的请求具有下列情形之一的，不予支持：（一）未在本解释第十一条规定的期间内主张优先购买，或者虽主张优先购买，但提出减少转让价款、增加转让人负担等实质性变更要求；（二）以其优先购买权受到侵害为由，仅请求撤销共有份额转让合同或者认定该合同无效。"

例：甲、乙共有一台吊车，甲将其享有的 50% 的份额以 30 万元的价格转让给第三人丙，约定一个月内付款，共有人乙主张优先购买权但要一年后才能付款。

乙有实质性变更，不应支持其请求。

5.《物权法解释（一）》第 13 条规定："按份共有人之间转让共有份额，其他按份共有人主张根据物权法第一百零一条规定优先购买的，不予支持，但按份共有人之间另有约定的除外。"

例：甲、乙、丙共有一台拖拉机，甲将其享有的 30% 的份额以 5 万元的价格转让给共有人乙，共有人丙主张优先购买权。

对共有人丙的主张不应支持。

6.《物权法解释（一）》第 14 条规定："两个以上按份共有人主张优先购买且协商不成时，请求按照转让时各自份额比例行使优先购买权的，应予支持。"

例：甲、乙、丙共有一条机动运输船，甲有 40% 的份额，乙、丙各享有 30% 的份额。甲要以 10 万元的价格转让给丁，共有人乙、丙各自主张20%份额的优先购买权。

对乙、丙的主张,应予支持。

◎善意取得之善意的法律构成

《物权法解释(一)》第15条第1款规定:"受让人受让不动产或者动产时,不知道转让人无处分权,且无重大过失的,应当认定受让人为善意。"亦即善意要具备两个要件:第一个是不知情,第二个是无重大过失。这里,侧重保护了"动的安全"。

◎就善意取得之善意,是真实权利人承担举证责任,还是善意取得人承担举证责任

例:甲的动产交付乙保管,乙谎称为自己的物出卖给丙并交付,甲提起诉讼,请求丙返还原物(本权之诉),丙抗辩自己是善意取得,甲主张丙不是善意,依《物权法解释(一)》,对此谁应当承担举证责任?

《物权法解释(一)》第15条第2款规定:"真实权利人主张受让人不构成善意的,应当承担举证证明责任。"本案由原告甲就被告丙的非善意承担举证责任,被告"提出"自己是善意就可以了。但就法律关系的成立,被告应当承担举证责任。

◎让与人无权时,不动产受让人的"知道"与"应当知道"

《物权法解释(一)》第16条第1款规定:"具有下列情形之一的,应当认定不动产受让人知道转让人无处分权:(一)登记簿上存在有效的异议登记;(二)预告登记有效期内,未经预告登记的权利人同意;(三)登记簿上已经记载司法机关或者行

政机关依法裁定、决定查封或者以其他形式限制不动产权利的有关事项；（四）受让人知道登记簿上记载的权利主体错误；（五）受让人知道他人已经依法享有不动产物权。"第 2 款规定："真实权利人有证据证明不动产受让人应当知道转让人无处分权的，应当认定受让人具有重大过失。"

异议登记和预告登记，排除了不动产受让人的善意。登记簿对裁定、决定等的记载，排除了不动产受让人的善意。受让人是不得以"未查阅"登记簿主张自己的善意的。相反，不动产受让人可以相信登记簿为由，主张自己的善意。

受让人的"应当知道"或者"知道"，须真实权利人举证。

例：甲、乙共有的房屋，登记在乙的名下，乙冒充单独所有权人出售给丙，并给丙办理了过户登记手续。后甲发现此事，认为丙不构成善意取得，丙则主张构成善意取得。丙的意思是：我相信登记，因此我是善意相对人。请问：由丙对自己的"善意"承担举证责任，或者由甲就丙的"非善意"承担举证责任？

从操作的角度来说：第一，由丙举证房屋登记在乙的名下，即对自己的"善意"举证；第二，由甲对丙的"非善意"进行举证。举证不能，要承担败诉的后果。

◎ **动产受让人重大过失的认定**

《物权法解释（一）》第 17 条规定："受让人受让动产时，交易的对象、场所或者时机等不符合交易习惯的，应当认定受让人具有重大过失。"

条文中提到"对象""场所""时机"，如在黑市购买的物品，购买人往往是非善意的。

◎善意取得之交付

《物权法解释（一）》第 18 条第 1 款规定："物权法第一百零六条第一款第一项所称的'受让人受让该不动产或者动产时'，是指依法完成不动产物权转移登记或者动产交付之时。"第 2 款规定："当事人以物权法第二十五条规定的方式交付动产的，转让动产法律行为生效时为动产交付之时；当事人以物权法第二十六条规定的方式交付动产的，转让人与受让人之间有关转让返还原物请求权的协议生效时为动产交付之时。法律对不动产、动产物权的设立另有规定的，应当按照法律规定的时间认定权利人是否为善意。"

1. 一个时间点：不动产物权转移登记、动产交付时，受让人仍应为善意。

2. 观念交付的善意取得：

（1）"当事人以物权法第二十五条规定的方式交付动产的"，即简易交付的，转让动产法律行为生效时为动产交付之时，受让人为善意的，可以善意取得。

例：张甲将一个清扫房屋的机器人借给李乙，李乙对王丙说："机器人是我刚买的"，借给了王丙。在王丙占有期间，李乙以合理的价格把机器人卖给了善意的王丙。

通过简易交付，王丙善意取得了机器人的所有权。

（2）"当事人以物权法第二十六条规定的方式交付动产的"，即指示交付的，转让人与受让人之间有关转让返还原物请求权的协议生效时为动产交付之时，受让人为善意的，可以善意取得。

第三部分　物权法

◎ 合理的价格

《物权法解释（一）》第19条规定："物权法第一百零六条第一款第二项所称'合理的价格'，应当根据转让标的物的性质、数量以及付款方式等具体情况，参考转让时交易地市场价格以及交易习惯等因素综合认定。"

以合理的价格转让，不要求已经交付了价金，有合理价格的约定即可。

◎ 机动交通运输工具善意取得的一个条件

《物权法解释（一）》第20条规定："转让人将物权法第二十四条规定的船舶、航空器和机动车等交付给受让人的，应当认定符合物权法第一百零六条第一款第三项规定的善意取得的条件。"[1]

机动交通运输工具是动产。《物权法》第106条第1款第3项规定，动产善意取得，须交付。

---

[1]《物权法》第24条规定："船舶、航空器和机动车等物权的设立、变更、转让和消灭，未经登记，不得对抗善意第三人。"《买卖合同解释》第10条规定："出卖人就同一船舶、航空器、机动车等特殊动产订立多重买卖合同，在买卖合同均有效的情况下，买受人均要求实际履行合同的，应当按照以下情形分别处理：（一）先行受领交付的买受人请求出卖人履行办理所有权转移登记手续等合同义务的，人民法院应予支持；（二）均未受领交付，先行办理所有权转移登记手续的买受人请求出卖人履行交付标的物等合同义务的，人民法院应予支持；（三）均未受领交付，也未办理所有权转移登记手续，依法成立在先合同的买受人请求出卖人履行交付标的物和办理所有权转移登记手续等合同义务的，人民法院应予支持；（四）出卖人将标的物交付给买受人之一，又为其他买受人办理所有权转移登记，已受领交付的买受人请求将标的物所有权登记在自己名下的，人民法院应予支持。"据该条，尽管未登记，交付仍然使交通运输工具所有权转移。

例：甲把民事航空器以合理价格出卖给善意的乙，交付后尽管没有办理登记，乙仍然善意取得。

◎基于无效合同不能善意取得，合同被撤销不能善意取得

《物权法解释（一）》第21条规定："具有下列情形之一，受让人主张根据物权法第一百零六条规定取得所有权的，不予支持：（一）转让合同因违反合同法第五十二条规定被认定无效；（二）转让合同因受让人存在欺诈、胁迫或者乘人之危等法定事由被撤销。"

1. 有一个关联条文。《买卖合同解释》第3条第1款规定："当事人一方以出卖人在缔约时对标的物没有所有权或者处分权为由主张合同无效的，人民法院不予支持。"也就是说，在善意取得的情况下，无权处分的转让合同是有效的。无权处分的转让合同如果违反了《合同法》第52条的规定，则转让合同无效。

例：甲未经同意将乙的猎枪冒充为自己的，出卖给善意的丙（非猎人）。

甲既是无权处分，合同又有无效事由。猎枪只能在特定的主体之间流通，买卖因违反了效力性强制性规定而无效，丙不能善意取得，或者说不存在善意取得的问题。

2. 受让人虽然是善意（不知道出让人是无权处分，对此无重大过失），但他有其他过错（欺诈、胁迫、乘人之危），合同又被出让人请求撤销了（合同自始失去效力），则受让人不能善意取得。

例：张甲手指上常年带着一块玉戒指，对外宣称是自己的，李乙垂涎多年。一日，张甲对李乙开玩笑说，要不卖给你？李

乙当真了，非要买不可。张甲拒绝，李乙以胁迫手段与张甲达成买卖协议，约定价格以某古玩店老板王丙估价为准，王丙的估价是3万元。张甲将玉戒指交付给李乙后起诉到法院，以胁迫为由请求撤销买卖合同，并举证证明这枚玉戒指其实是其祖母的。

如该合同被判决撤销，则李乙不能善意取得。

善意取得中无权处分的让与人，一般又是欺诈人，是将别人的东西冒充自己的东西转让。也有的让与人，误以为转让的物是自己的物，是过失。依据上述司法解释的规定，在受让人有过错（欺诈、胁迫、乘人之危）时，让与人才能请求撤销。

第三节 他物权

◎ 抵押是担保之王

因为：

1. 抵押人不丧失对抵押物的占有，可以继续用益。质押式微，因为质物要移转占有。

2. 登记的抵押权具有对世性，可以追及至天涯海角（抵押权的追及性）；未登记的动产抵押，亦可对抗非善意第三人。

◎ 主债权转让，须重新办理抵押登记吗

例：甲对乙有500万元金钱债权，由丙以房屋作抵押担保，办理了抵押登记，后甲将债权转让给丁，须重新办理抵押登记吗？

1. 登记具有对世性。

2. 主债权转让后，从权利随同移转（不重新办理抵押登记也移转），原登记不丧失公信力。丁享有抵押权。

◎债权人占有债务人的动产，可以自行变卖吗

债权人占有债务人的动产，债务人到期不履行债务，是否可以自行变卖，有以下几种情况：

1. 是动产质押，质押权人（同时为债权人）可以自助出卖。

2. 是民事动产留置，留置权人（同时为债权人）可以自助出卖。

3. 是商事留置，留置权人（同是为债权人）可以自助出卖与债权没有牵连关系的动产。比如，甲公司欠乙修理A设备的款项，乙公司恰好占有甲的B设备，乙公司可以留置B设备，对B设备自助出卖。

4. 债权人甲与债务人乙约定，甲可以变卖占有的乙的动产。

例：甲将房屋出租给乙，乙承诺：到期不支付租金，自己抽身而去，甲可以变卖房屋里面乙的东西而受偿。

约定有效，只是甲没有担保物权的优先受偿的效力。

◎抵押合同是债权合同

> 题记：到今天为止，还有很多法律人把抵押合同当成物权合同。这种糊涂认识，严重影响了法律的适用。

抵押合同是负担行为、债权行为。负担行为是法律行为之一种，是以意思表示负担债务的行为。负担行为与债权行为是对同一事物不同角度的表述，因此负担行为也称为债权行为。这里先撇开抵押合同，以买卖合同为例来看：从出卖人负担交

付并转移标的物所有权债务的角度讲，买卖合同是负担行为；从出卖人享有获得价金债权的角度讲，买卖合同是债权行为。当然，也可以从买受人的角度分析买卖合同的负担行为和债权行为的性质。债权和债务是一体两面。既然肯定了买卖合同的负担行为和债权行为的性质，顺理成章的是：买卖合同是债权合同，买受人是依债权获得了物权。

与买卖合同一样，我国《物权法》规定的抵押合同是负担行为、债权行为。债权合同（双方法律行为）是债权行为之一种。也就是说，抵押合同是债权合同。抵押合同是设立债权、债务关系的合同。抵押合同作为债权合同，本身并没有引起物权的变动。而物权合同（物权契约）则是直接引起物权变动的合同。债权合同虽不直接引起物权变动，但经常是物权变动的原因行为。我国《物权法》将债权合同与使物权直接变动的行为分成相互独立的两种行为，其意义之一在于明确被担保人的债权请求权。

◎**抵押合同是诺成合同**

抵押合同是诺成合同，因为它在达成债的合意时就生效。尽管有动产所有权交付时转移的例外（所有权保留等），我国《物权法》并未采纳"物权变动的意思主义"，而采取了"物权变动的形式主义"。抵押合同成立之时即为生效之时，生效后仅发生债的效力，并无物权的产生。抵押合同是相对财产法律关系，客体（标的）是（财产）给付。抵押合同成立后，抵押权人（必为债权人）的权利是请求给付的权利，即只是债权请求权，相对人是抵押人，抵押权是相对权。

◎ 登记生效主义与登记对抗主义

1. 不动产抵押采登记生效主义。我国《物权法》规定的抵押分为不动产抵押和动产抵押，两类抵押合同的债的效力，并不完全相同。

我国《物权法》对不动产抵押采登记生效主义。不动产抵押不登记不生效，是指不动产抵押权（物权）不生效，而不是不动产抵押合同（债权合同）不生效。《物权法》第15条规定："当事人之间订立有关设立、变更、转让和消灭不动产物权的合同，除法律另有规定或者合同另有约定外，自合同成立时生效；未办理物权登记的，不影响合同效力。"上述条文中的合同包括不动产买卖合同，显然也包括不动产抵押合同。第15条中使用了"有关"二字，其内在含义是：欲变动物权的合同，并不能直接产生物权变动的后果。不动产抵押合同作为债权合同，其本身无法使抵押权人获得不动产抵押权，而只是使其获得债权请求权，即请求抵押人"给我一个抵押担保物权"。如何给呢？——去办理抵押登记。抵押合同与抵押登记（物权变动）在两个时间点上，比较容易区分。抵押登记后，在债权法律关系的基础上，又产生了物权。不动产抵押权因登记设立后，抵押权人因抵押合同产生的债权并不消灭。不动产抵押权的持续存在，恰恰是抵押合同债权保持力的体现。若解除不动产抵押合同，当事人应当去办理抵押的注销登记，就像解除地役权合同，应当办理注销登记一样。

2. 动产抵押采登记对抗主义。《物权法》对动产抵押采登记对抗主义。即动产抵押，不登记也生效，但不能对抗善意第三人。在动产的流转过程中，善意第三人可因此免受不测之损害。假如未经登记即取得动产抵押物权，就与我国目前整个物权变动体系发生了冲突。更重要的是，未经登记的动产抵押权，在缺少公示性（欠缺对世性）的前提下，若认定为具有绝对性的物权，则毫无疑问地损害了交易安全。

登记的动产抵押权与未登记的动产抵押权，是两个不一样的担保权，前者为物权性质的担保权，后者为债权性质的担保权。物权是绝对权，绝对权是对抗任何人的权利；债权是相对权，相对权是对抗特定相对人的权利。未经登记的动产抵押权，对抗的范围在债权之上，物权之下，但其基础是债权，因此是债权的物权化，而不是物权的债权化。

在动产抵押合同中约定抵押登记的，抵押权人的债权是"请求给我一个动产担保物权"。这一点与不动产抵押在原理上是一样的。经登记动产抵押权的效力持续存在，是动产抵押合同债权保持力的体现。抵押合同成立与抵押登记也在两个时间点上。不同之处在于，在登记之前，抵押权人依据债权合同已经有了一个不能对抗善意第三人的债权性质的抵押权。

经登记的抵押权，抵押人为物上有限责任，即以一部财产担保清偿。未登记的动产抵押权，抵押人亦为物上有限责任。债务人为抵押人时，是在对主债务承担无限责任的基础上，再在抵押物上负担有限责任。当第三人为抵押人时，无论登记与否，都是物上有限责任。抵押登记的，抵押权可以对抗一切人；动产抵押未登记的，只能对抗恶意的第三人。

《物权法》第179条规定抵押权是优先受偿权。这等于囊括了不动产抵押权（都是经过登记的）、经过登记的动产抵押权和未经登记的动产抵押权。其实，未登记的动产抵押权并非是绝对的优先受偿。也就是说两种优先受偿权的对抗范围有所不同。例如，《物权法》第190条规定："订立抵押合同前抵押财产已出租的，原租赁关系不受该抵押权的影响。抵押权设立后抵押财产出租的，该租赁关系不得对抗已登记的抵押权。"上述条文，第一句话是以"订立抵押合同"为界点的，第二句话是以"抵押权设立"为界点的。"抵押权设立"，有债权性抵押权的设立（仅限于动产），还有物权性抵押权的设立（经登记的动产和不动产）。"订立抵押合同"之前的租赁，可以对抗经登记的（不动产和动产）抵押权和未经登记的动产抵押权。"抵押权设立"之后的租赁，仅不能对抗物权性的抵押权。另外，经登记的抵押权是从物权，这是从合同（从债权合同）的"结晶"，未经登记的抵押权是从债权，也是从合同（从债权合同）的法效果，当它们担保的主债权让与时，都随同让与。这就是所谓的"从随主"。

明确抵押合同是债权合同，其意义不仅在于理论上的辨析，还在于明确法律的适用。抵押合同作为债权合同适用债法的规定，适用我国《合同法》的规定。如当事人可以在抵押合同中约定违约责任，可以行使《合同法》规定的履行抗辩权，可以对抵押合同予以变更和解除，等等。明确抵押合同是债权合同，还有一个更深层的意义：揭示物权法与私法自治的关系。学者多认为，债法主要是任意法，贯彻私法自治的原则，而物权法是强行法，并非是私法自治原则的体现。我认为，这是一种"切面观察""孤立的观察"。物权的变动多以债权的设立作为原因行为，也就是说，物权的变动往往是以意思自治为前提的。抵押权合同如此，质押合同、设定用益物权的合同、买卖合同莫不如此！

◎质押合同是债权合同

题记：认定质押合同的性质，并不是理论游戏，它关系到对当事人的保护及法律的适用。[1]

1. 担保物权包括抵押权和质权，它们的设立，首先要订立担保合同。依当事人的意思设立的担保物权，称为意定担保物权。

2. 质权是由出质人的给付产生，是动态财产权，这符合债权的基本特征。

3. 质权是优先受偿权，这是它的物权、绝对权、对世权的特征。但质权相对于出质人而言，它是相对权。它首先是相对权，其次是绝对权；首先是对人权，其次是对世权；首先是请求权，其次是支配权；首先是债权，其次是物权。质权存在于相对法律关系之中，对外又同时发生绝对法律关系。

4. 质权分为动产质权和权利质权。质押合同是实践合同还是诺成合同，理论上存在着争议。我认为，为保护交易安全，宜将质押合同确认为诺成合同。

5. 动产质押合同成立后并不产生质权。《物权法》第212条规定："质权自出质人交付质押财产时设立。"质权人占有的本权是债权。

例：甲（买受人）、乙（出卖人）于3月1日签订买卖合同、质押合同，约定甲于4月1日交付质物。该质押合同于3月1日生效，质权在4月1日交付后成立。成立的质权是"双面人"，既具有相对性，又具有绝对性。

---

[1] 关于质押合同的论述，可参考拙著：《民法新角度》，北京大学出版社2012年版。

6. 权利质押合同成立后并不产生质权。《物权法》第224条规定："以汇票、支票、本票、债券、存款单、仓单、提单出质的，当事人应当订立书面合同。质权自权利凭证交付质权人时设立；没有权利凭证的，质权自有关部门办理出质登记时设立。"第226条第1款规定："以基金份额、股权出质的，当事人应当订立书面合同。以基金份额、证券登记结算机构登记的股权出质的，质权自证券登记结算机构办理出质登记时设立；以其他股权出质的，质权自工商行政管理部门办理出质登记时设立。"第227条第1款规定："以注册商标专用权、专利权、著作权等知识产权中的财产权出质的，当事人应当订立书面合同。质权自有关主管部门办理出质登记时设立。"第228条第1款规定："以应收账款出质的，当事人应当订立书面合同。质权自信贷征信机构办理出质登记时设立。"从以上规定可以看出，只有权利质押合同是不行的。

◎ **货币能否质押**

货币是种类物、替代物、消费物，货币具有占有与所有同一的特性，因而货币不能质押。如果把货币作成"主观特定物"，也是可以质押的。

例：张甲向李乙借款1万元，并将10张连号的100元钞票质押给李乙，在质押合同上注明了10张钞票的号码。

1. 质押有效。在质押合同上注明了10张钞票的号码，说明当事人已经把这10张钞票做成了"主观特定物"。连号的钞票有收藏价值，这样做，很容易理解。

2. 如果是出借人借给借款人10张连号的100元钞票，在合同或借条上注明了号码，还款时不必是连号的。因为借款与质押不同，质权人无权使用质物，而借钱人就是为了使用。

◎能否留置贝贝

例：张甲因出国，将宠物狗贝贝交给李乙（个体工商户，开设出售宠物、宠物用品的商店）有偿照看10天。贝贝将王丙咬伤，李乙赔偿各项费用1460元。张甲回国后，李乙留置贝贝，并请求张甲赔偿因王丙被贝贝咬伤而花去的费用。经查，张甲无过错。请问：此案应当如何处理？

1. 张甲与李乙之间成立的是保管合同。
2. 本案保管人李乙是动物管理人（《侵权责任法》第78条的"动物饲养人""管理人"并不等于"所有人"[1]）。本案不能适用动物致害的无过错归责原则让张甲承担责任，即张甲不构成无过错侵权，李乙不能成立占有抗辩权。
3. 张甲没有违约行为，李乙不能成立留置权。

占有的身份改变后，法律的适用就发生了变化，注意义务的主体就发生了变化。贝贝由李乙占有，李乙负担相应的注意义务。

第四节　占有及占有媒介关系

◎意定占有媒介关系与法定占有媒介关系

意定占有媒介关系是依交付成立的占有媒介关系；法定占有媒介关系是交付以外的法律事实成立的占有媒介关系。

---

[1]《侵权责任法》第78条规定："饲养的动物造成他人损害的，动物饲养人或者管理人应当承担侵权责任，但能够证明损害是因被侵权人故意或者重大过失造成的，可以不承担或者减轻责任。"

例：张某将房屋出租给李某，交付后经过一年到期，李某拒不返还。

在租期持续时，张某与李某之间是意定占有媒介关系，租期届满，李某拒不返还（法律事实），则成立法定占有媒介关系。

占有媒介关系中，权利人（间接占有人）的权利，是请求回复占有（返还原物）。

◎物的用益互易之两个占有媒介关系

占有媒介关系是返还占有（回复占有）为给付的单一法律关系。

在租赁合同中，只有一个占有媒介关系，而物的用益互易则有两个占有媒介法律关系，有两个占有物需要返还（占有回复）。用益互易也不同于使用借贷（物的借用合同），因为使用借贷是无偿合同，它也只包含一个占有媒介关系。

例：甲把房屋出租给乙，交付后，甲、乙形成占有媒介关系（相对法律关系），甲是间接占有人，乙是直接占有人，给付（相对法律关系的客体）是乙向甲交付占有（回复占有）。当然，在租期届满之前，乙享有占有抗辩权。

◎能否直接向次承租人请求回复占有

例：甲将房屋出租给乙，乙擅自转租给丙，乙向丙交付了房屋（交付占有）。甲得知此事，通知乙解除租赁合同。甲能否直接向丙请求回复占有？

甲可以直接向次承租人丙行使占有回复请求权。

◎对本权之诉和占有之诉的基本要求是什么

本权之诉并非确权之诉,本权之诉与占有之诉都是请求给付之诉(请求回复占有,回复占有也是交付)。本权之诉的基本要求,是原告须证明自己有本权;占有之诉的基本要求,是原告须证明自己的占有被侵占(自己曾是占有人)。

◎占有之诉

例:甲对一个鹦鹉的占有被乙侵夺,甲提起占有之诉(请求回复占有),甲不必证明对鹦鹉享有本权,只要证明鹦鹉是乙从自己手里夺走的即可。[1]

本权之诉,则要证明自己有本权。[2]

◎民事诉讼中,可以适用占有权利推定规则

民事诉讼中,可以适用占有权利推定规则,但占有的事实只具有推定的效力,他人可以通过反证将其推翻。

例:张甲牵着一条小毛驴在路上行走,李乙看到毛驴的左耳上有一个缺口,就说:"这毛驴是我丢的毛驴。"张甲说:"我的毛驴左耳一直有一个缺口,这个毛驴就是我的。"

---

[1]《物权法》第245条规定:"占有的不动产或者动产被侵占的,占有人有权请求返还原物;对妨害占有的行为,占有人有权请求排除妨害或者消除危险;因侵占或者妨害造成损害的,占有人有权请求损害赔偿。占有人返还原物的请求权,自侵占发生之日起一年内未行使的,该请求权消灭。"

[2]《物权法》第34条规定:"无权占有不动产或者动产的,权利人可以请求返还原物。"

根据已知条件，应当认定毛驴是张甲的。这个结论是占有权利推定规则的运用。李乙主张其是毛驴的所有权人，应对此负责举证，即李乙负担推翻占有权利推定的举证责任。

◎**陶罐中的银圆归谁**

例：张甲翻盖老宅，推倒厚厚的土墙，发现土墙里有一陶罐，内有银圆300块。老宅为张甲祖父所盖，由张甲之父继承，再由张甲继承。张甲祖父有3个儿子，在张甲祖父之后，都已作古，3个儿子各有一个儿子。根据已知条件，银圆归谁？

1. 张甲祖父将藏有银圆的房屋只传一子，不能认为将银圆也只传一子。房屋与银圆是不同的物。
2. 张甲祖父所盖房屋，土墙里藏有一罐银圆（隐藏物），银圆原为张甲祖父占有，现为张甲占有，按占有权利推定规则，应推定张甲祖父（生前）所有，不应推定张甲所有。
3. 张甲祖父对钱财没有遗嘱，应按法定继承，3个孙子每人继承100银圆。

◎**是占有抗辩权，还是留置权**

例：张甲在胡同里踢足球，足球射穿窗户玻璃落入李乙客厅，张甲请求归还足球。李乙则要求赔偿玻璃损毁的损失。请分析双方的法律关系。

李乙是有权占有，张甲请求回复占有时，李乙可以行使占有抗辩权（拒绝回复占有的权利）。但是，李乙并没有留置权。留置权人是可以自助出卖的。

◎占有和所有的取得

例：加工合同的定作人提供木料，由承揽人加工成家具，谁原始取得占有，谁原始取得所有？

承揽人原始取得家具的占有，定作人原始取得家具的所有权。

第四部分 侵权责任法

第一节 概　述

◎法律关系的聚合

法律关系的聚合（非竞合），是一种很重要的现象。比如，张三的白骆驼被李四偷用一天（用益侵权），李四在广场招徕客人，与白骆驼合影的收5块钱，共收了200块钱。傍晚，白骆驼左前腿陷入地鼠洞，造成骨折，价值减损1500元。李四把白骆驼送回。张三与李四之间，不当得利与损害赔偿两个法律关系发生聚合。

民法准格言：聚合是加法，竞合是选择。意思是，两个以上法律关系的聚合，可以分别主张请求权，也可以一并主张请求权；法律关系的竞合，只能择一行使请求权，否则就会发生重复请求。

例：张三把李四的屋顶砸了一个窟窿，李四请求赔偿修理费500元。张三与李四之间是物权关系，还是债权关系？

张三与李四之间不是物权关系，也不是物权请求权关系，而是债权关系。就像侵害人身权要求赔偿一样，侵权人与受害人不是人身关系，而是债权关系。不能认为侵害了什么就形成什么法律关系。请求赔偿的标的是行为（给付赔偿金的特定行为），正好符合债权的特征。

◎被侵权人可以是直接受害人，也可以是间接受害人

例：①张某被李某打伤，其是直接受害人；②李某被王某打死，其近亲属、被扶养人是间接受害人；③李某尸体被医疗机构侵害，李某近亲属是直接受害人。

当然，直接受害人和间接受害人都可以作为原告起诉，都可以请求物质和精神损害赔偿。

◎受害人是谁

例：银行卡上的钱被盗，是谁的钱被盗窃？

持卡人若无过错，应当由银行承担损失，也就是说，银行是受害人，持卡人不是受害人。意思是说，他盗窃的是你银行的钱，不是我的钱。我的现金已经交付给银行，由银行占有，银行有管理之责。如果不是现金交付，是转账给银行，道理基本一样。

◎侵权行为与违约行为的区别与竞合

1. 区别。
（1）违反的义务不同。侵权行为违反法定义务；违约行为违反约定义务。
（2）后果不同。侵权责任包括精神损害赔偿；违约责任没有精神损害赔偿（旅游合同除外）。
（3）在归责原则方面，也有不同。

2. 竞合。违约责任与侵权责任可以发生竞合。为避免重复请求，在竞合的情况下，受害人只能择一而请求。[1]

例：张三租给李四一台照相机，租期届满，李四拒不返还。

李四构成违约责任与侵权责任的竞合。第一，他违反了租赁合同。第二，他侵害了张三的物权，张三请求其返还原物（张三并未丧失所有权，是请求返还占有，不是请求返还所有），可以主张其承担违约责任，也可以主张其承担侵权责任。二者只能选择其一，因为只能有一个返还原物（回复占有）。

主张违约责任的请求权基础：

《合同法》第107条："当事人一方不履行合同义务或者履行合同义务不符合约定的，应当承担继续履行、采取补救措施或者赔偿损失等违约责任。"第235条："租赁期间届满，承租人应当返还租赁物。返还的租赁物应当符合按照约定或者租赁物的性质使用后的状态。"

主张侵权责任的请求权基础：

《侵权责任法》第15条第1款："承担侵权责任的方式主要有：（一）停止侵害；（二）排除妨碍；（三）消除危险；（四）返还财产；（五）恢复原状；（六）赔偿损失；（七）赔礼道歉；（八）消除影响、恢复名誉。"

《物权法》第34条："无权占有不动产或者动产的，权利人可以请求返还原物。"

---

[1]《合同法》第122条规定："因当事人一方的违约行为，侵害对方人身、财产权益的，受损害方有权选择依照本法要求其承担违约责任或者依照其他法律要求其承担侵权责任。"

◎ 责任成立的因果关系和责任范围的因果关系

侵权责任的构成须加害行为与损害之间具有因果关系。无论何种侵权责任，均是如此。因果关系分为责任成立的因果关系和责任范围的因果关系。[1]前者如张某刀砍李某，在责任成立上有因果关系；后者如李某因伤损失收入3000元，在责任范围上有因果关系。

◎ 相当因果关系

一般以相当因果关系的理论判断是否存在因果关系。"所谓相当因果关系，乃指加害行为在一般情形下，皆能发生该等损害结果之连锁关系。"[2]认定公式是："无此行为，虽不必生此损害，有此行为，通常即足生损害者，是为有因果关系。无此行为，必不生此种损害，有此行为通常亦不生此损害者，即无因果关系。"[3]

例：张某住一楼，在窗户上违规安置了突出的铁网。一日夜里，小偷踩着该铁网进入二楼李某家盗窃，李某呵斥小偷，小偷即拔刀将李某杀死。李某之死与张某违规安装铁网的行为有无因果关系？无相当因果关系，因为有此行为，通常不生此损害。

---

〔1〕 参见王泽鉴：《侵权行为法》（1），中国政法大学出版社2001年版，第189页。

〔2〕 邱聪智：《新订民法：债编同则》，中国人民大学出版社2003年版，第105页。

〔3〕 王泽鉴：《侵权行为法》（1），中国政法大学出版社2001年版，第204页。

简而言之：A 通常产生 B，则有相当因果关系；A 通常不产生 B，则无相当因果关系。

◎共同加害行为

共同加害行为，是两个以上行为人共同实施的加害行为。《侵权责任法》第 8 条规定："二人以上共同实施侵权行为，造成他人损害的，应当承担连带责任。"侵权行为人为两人以上，此处的"人"，不限于自然人。例如，张某与某公司一起诽谤李某，就属于一个自然人与一个法人共同侵权的情况。受害人可以为一人，也可以为多人。共同加害行为造成的损害结果是同一的。共同加害行为是造成损害结果的共同原因。

例：张某把李某的腿打断，李某到医院做手术，由于医院的过失，李某抱恨而亡。这不是共同加害行为。损害结果不是同一的。是两个独立的侵权行为，两个损害结果，两个因果关系。

◎共同危险行为

共同危险行为，是两个以上行为人由于过失，共同实施了危险行为，但不能准确地确定是何人的行为造成了危害后果的情况。《侵权责任法》第 10 条规定："二人以上实施危及他人人身、财产安全的行为，其中一人或者数人的行为造成他人损害，能够确定具体侵权人的，由侵权人承担责任；不能确定具体侵权人的，行为人承担连带责任。"行为人为两人以上，不限于自然人。两个以上的行为都有危险性。两个以上的行为人一般有共同的过失。两个以上行为人的行为，都使他人处于危险的处境。两个以上行为人的行为，最终造成了致使他人受损害的结果。可以是人身损害，也可以是财产损失。两个以上人的行为，最终造成了损害结果，但是不能准确地判断是何人造成的损害结果。两个以上人的行为与危害后果属于择一的因果关系，也称为"可能的因果关系"。能够确定具体侵权人的，由侵权人承担责任，举证具体行为人的责任归危险行为人。

例：雾中，张某、李某见前方有狼，各开一枪。所谓"狼"是王某。王某被击中一枪，不知二人中何人所打。张某、李某实施共同危险行为，应当承担连带责任。

此为择一的因果关系，即只有一人的射击行为与死者有因果关系。但为了减轻受害人（包括继承人）就因果关系的举证责任，法律命张、李二人承担连带责任。如能确定是谁所打，应当确定为单独责任。

如果王某身中两枪，则侵权人是共同加害行为（共同过失），而不是共同危险行为。

◎共同加害行为与共同危险行为的区别

例：张某与李某在一座小楼上喝酒。酒至半酣，张某提议："咱们往外扔酒瓶，看谁扔得远。"李某说："不会砸死人吧？"张某说："中午没人。"张某、李某同时扔酒瓶。不料有一只酒瓶扔在路过的王某的头上。王某奔赴黄泉。请结合此例，分析共同加害行为与共同危险行为的区别。

1. 共同加害行为和共同危险行为都是共同侵权行为。共同加害行为，是两个或者两个以上的侵权行为人，基于共同的故意或过失，共同实施加害行为，致使他人人身或者财产受损失的行为。共同危险行为，是两个或者两个以上的侵权行为人，共同实施可能导致他人人身或财产受损失的行为。本案中，张某和李某的行为是共同危险行为。两个人对王某要承担连带责任。如果两个酒瓶都扔在王某的头上，则是基于共同过失的共同加害行为。

2. 共同加害行为可以是共同的故意，也可以是共同的过失，而共同危险行为对损害后果不存在故意。共同危险行为一般是过失行为。

3. 共同加害行为与共同危险行为都造成了危害后果。共同危害行为是造成损害后果的共同原因。共同危险行为不能准确地确定谁是实际的加害人，损害结果肯定是共同行为人中的某人所致，是谁则无法最终确定。

◎无意思联络分别侵权的连带责任

《侵权责任法》第11条规定："二人以上分别实施侵权行为造成同一损害，每个人的侵权行为都足以造成全部损害的，行为人承担连带责任。"

本条规定了侵权人为二人以上，分别实施侵权行为，无意思联络侵权的情形。若欠缺了某侵权人的行为，照样造成同样的损害结果。

无意思联络分别侵权的连带责任，有两个以上的因果关系，是聚合因果关系，也称为累积因果关系。虽然各原因行为同时起作用，但各个原因单独均足以导致全部损害的发生。

侵权人为连带责任，侵权人相互之间也可能发生追偿的问题。

例：甲、乙互不相识，他们分别在丙的同一茶杯里放了一粒（足以致死）毒药，致丙死亡。

他们没有共同的故意或共同的过失，也构成连带责任。

◎侵权"进行时"，受害人的请求权不受诉讼时效的限制

请求停止侵害、排除妨碍和消除危险，不受诉讼时效的限制。原因在于这三项侵权状态都处在"进行时"。

但对"进行时"状态的侵权，请求损害赔偿，则受诉讼时效的限制。[1]

◎过错相抵规则

《侵权责任法》第26条规定："被侵权人对损害的发生也有过错的，可以减轻侵权人的责任。"这是关于过错相抵规则的规定，也有学者称之为"过失相抵"或"与有过失"。

在"相抵"的场合，实际上是既包括过失，又包括故意的。过错相抵规则适用于对同一损害双方都有过错的情形。如果纯由受害人的故意造成损害，则应由受害人承担责任，不存在相

---

[1] 最高人民法院《关于审理著作权民事纠纷案件适用法律若干问题的解释》第28条规定："侵犯著作权的诉讼时效为两年，自著作权人知道或者应当知道侵权行为之日起计算。权利人超过两年起诉的，如果侵权行为在起诉时仍在持续，在该著作权保护期内，人民法院应当判决被告停止侵权行为；侵权损害赔偿数额应当自权利人向人民法院起诉之日起向前推算两年计算。"《关于审理专利纠纷案件适用法律问题的若干规定》第23条规定："侵犯专利权的诉讼时效为二年，自专利权人或者利害关系人知道或者应当知道侵权行为之日起计算。权利人超过二年起诉的，如果侵权行为在起诉时仍在继续，在该项专利权有效期内，人民法院应当判决被告停止侵权行为，侵权损害赔偿数额应当自权利人向人民法院起诉之日向前推算二年计算。"《关于审理商标民事纠纷案件适用法律若干问题的解释》第18条规定："侵犯注册商标专用权的诉讼时效为二年，自商标注册人或者利害权利人知道或者应当知道侵权行为之日起计算。商标注册人或者利害关系人超过二年起诉的，如果侵权行为在起诉时仍在持续，在该注册商标专用权有效期限内，人民法院应当判决被告停止侵权行为，侵权损害赔偿数额应当自权利人向人民法院起诉之日起向前推算二年计算。"

抵的问题。如果受害人有故意，侵权人亦有过错，则可适用过错相抵规则。

双方都有过错又称为混合过错。混合过错与共同过错有所区别：共同过错，是指两个以上违法行为人都有过错，发生于共同侵权的情形。混合过错，是指侵权人与受害人对同一损害结果都有过错。过错相抵规则，实际对混合过错做出了规定。在混合过错的情况下，过错的大小起到了确定赔偿额的作用。过错相抵的规则，与《合同法》中的双方违约也不相同。双方违约，是两个没有因果关系的违约行为，产生两个损害后果。过错相抵时，只有一个损害后果。

例：某甲在公路上驾车违章高速行驶，不小心把某乙在公路闲荡的一口猪给轧死。因为双方都有过错，某甲就无义务全部赔偿。

◎**过错相抵规则排除适用二例**

例1：甲毒骂乙，乙打伤甲，双方都有过错，能否适用过错相抵规则？

不能，本案是两个损害，只能适用双方侵权（互相侵权）的规则，过错相抵是一个损害，双方侵权是两个损害。

例2：张三、李四双方约架，打斗结果是张三受重伤，李四受轻伤。在赔偿上，能否适用过错相抵规则？

不能，本案是双方侵权（互相侵权）。

◎对结果事实是受害人故意，行为人才不承担责任

《侵权责任法》第27条规定："损害是因受害人故意造成的，行为人不承担责任。"应当强调的是，对结果事实是受害人故意，行为人才不承担责任。

例1：某人故意触电自杀，作业人（此处行为人之"行为"，是指高度危险作业）不承担责任。

例2：李某到张家的番茄地偷番茄，碰上张某设置的电网而亡。张某不能以李某"故意"为由而免责。因为"偷"是故意，而"死"（结果事实）却不是故意。

◎第三人造成损害的责任

《侵权责任法》第28条规定："损害是因第三人造成的，第三人应当承担侵权责任。"这里的"第三人造成损害"，是指第三人的行为直接造成损害，第三人是"直接侵权人"。

例：甲公司在道路上挖坑、设置了明显标志，采取了安全措施，尽到了管理职责。张三（第三人）开车撞坏了保护围栏，扬长而去。李四随后掉入坑中，头破血流。

《侵权责任法》第91条第1款规定："在公共场所或者道路上挖坑、修缮安装地下设施等，没有设置明显标志和采取安全措施造成他人损害的，施工人应当承担侵权责任。"依此，甲公司并不承担责任，依《侵权责任法》第28条仅由张三承担责任。

第三人承担责任有两种情况：其一，仅由第三人承担责任；其二，第三人与"行为人"都承担责任。第三人与"行为人"

都承担的,须法律专设规定。[1]这里的"都承担"并非是指连带责任,而是一种"不真正连带责任",在第三人与"行为人"中,区分第三人的终极责任与"行为人"的非终极责任。

◎侵权责任与不当得利责任的竞合

这是一种行为,既构成侵权责任,又构成不当得利责任的情况。不当得利,分为给付型不当得利和非给付型不当得利。非给付型不当得利中,包括了因侵权而产生不当利益的情况。

例1:张某将一头耕牛租给李某,后牛丢失,双方签订赔偿协议,约定:"如果牛找不到,赔偿1000元。"3天后,李某找到牛,以1500元的价格卖给了王某,王某善意取得了标的物的所有权。李某对张某说,牛未找到,赔偿1000元,张某收了1000元之后不久,发现了事实真相。李某的行为是侵权行为,同时构成不当得利,即构成了侵权型不当得利。

例2:某甲在海边穿"三点式"做阳光浴,某乙偷拍,用于自己照相摊前的展览,以招徕游客。某乙的行为,构成侵犯肖像权和不当得利(侵权型不当得利)。某甲有权请求除去侵害,并有权请求某乙返还使用其肖像的利益。

例3:A有一价值1000元的牛丢失,B拾得后擅自卖给不知情的C,得800元。B不当得利是1000元。因是拾得物,C未能善意取得。依据《物权法》第107条的规定,A可以向B主张1000元,也可以向C主张返还原物。

---

〔1〕《侵权责任法》第83条规定:"因第三人的过错致使动物造成他人损害的,被侵权人可以向动物饲养人或者管理人请求赔偿,也可以向第三人请求赔偿。动物饲养人或者管理人赔偿后,有权向第三人追偿。"

◎财产损失确定的时间

《侵权责任法》第19条规定:"侵害他人财产的,财产损失按照损失发生时的市场价格或者其他方式计算。"这是关于直接以财产为侵犯对象导致损失的计算方式,不包括对侵犯人身权导致财产损害的计算。以市场价格为依据的,是损失发生时的市场价格,不是侵权发生时也不是诉讼时的市场价格。

有的时候没有市场可比价格,就要用其他方式计算。例如,知识产权被侵犯,一般没有市场可比价格。侵权赔偿额也有可能是约定的赔偿额(如假一罚十的约定)。

例:甲公司的某种价值1万元的财产在去年3月被张三盗窃后毁弃,今年3月甲公司请求张三赔偿。该种财产在今年已经涨价,价值2万元。

甲公司请求张三赔偿的数额,应当以1万元为基数计算损失(不一定就是赔1万元),不能以2万元为基数计算损失。侵权责任赔偿是"立即陷入迟延"的,甲公司还有权主张迟延一年的损失。

◎侵害他人人身权益造成财产损失的确定

《侵权责任法》第20条规定:"侵害他人人身权益造成财产损失的,按照被侵权人因此受到的损失赔偿;被侵权人的损失难以确定,侵权人因此获得利益的,按照其获得的利益赔偿;侵权人因此获得的利益难以确定,被侵权人和侵权人就赔偿数额协商不一致,向人民法院提起诉讼的,由人民法院根据实际情况确定赔偿数额。"本条规定了侵害他人人身权益造成财产损失的情形，不包括直接侵害财产的情形。

赔偿范围确定的顺序是：①被侵权人因此受到的损失；②侵权人因此获得的利益；③法官裁量。

例：一楼饭店油烟污染楼上住户，污染对住户造成了隐性损害，是否只能请求停止侵害，是否可以适用"被侵权人的损失难以确定"的规定来请求赔偿？

请求停止侵害是没有问题的，但不能主张"被侵权人的损失难以确定，侵权人因此获得利益的，按照其获得的利益赔偿"。因为本案并不存在隐性损失与获得利益的因果关系。

◎定期金

《侵权责任法》第25条规定："损害发生后，当事人可以协商赔偿费用的支付方式。协商不一致的，赔偿费用应当一次性支付；一次性支付确有困难的，可以分期支付，但应当提供相应的担保。"赔偿费用的支付方式是可以协商的。协商不一致的，物质损害赔偿金和精神损害抚慰金原则上应当一次性给付。与一次性给付相对应的是"定期金"。

定期金是分期、多次赔付，可以延续到权利人死亡。定期金的赔付时间，一般按每月、每季或者每年计算。采用定期金方式，债权人有一定的风险，侵权人应当提供相应的担保。判决适用定期金的前提，是侵权人一次性支付确有困难。

◎连带责任人内部的按份责任与追偿权

《侵权责任法》第14条规定："连带责任人根据各自责任大小确定相应的赔偿数额；难以确定责任大小的，平均承担赔偿责任。支付超出自己赔偿数额的连带责任人，有权向其他连带责任人追偿。"在侵权人内部，责任大小的判断，要看过错和原因力。难以确定责任大小的，平均承担责任。对被侵权人多于自己份额支付的，自有追偿权。

例：李四、王二把张三打伤（共同加害行为），张三可以只向王二请求赔偿。李四、王二之间难以确定责任的大小，则王二在赔偿之后可以请求李四承担赔偿金额的一半。

◎不真正连带责任

不真正连带责任又称为不真正连带债务，它的特征是：

第一，被侵权人在两个以上责任者中选择其一主张权利，不能把所有的责任人都作为被告。如产品责任，被侵权人只能在生产者和销售者中择其一主张权利。假如可以把生产者、销售者作为共同被告，那他们就是连带责任者。

例：张甲因瑕疵产品受伤，他提起民事诉讼，把生产者、销售者都列为被告。

对生产者与销售者本应择一诉讼，但实务中，起诉了两个被告，法院也有受理的，所以律师不妨一试。

第二，任一责任者的给付，都可消灭全部债务。如产品责任，生产者和销售者不是按份责任。谁被"选中"了，谁要承担全部责任（全部债务）。

第三，在责任者中存在终极责任与非终极责任。如产品责任，产品瑕疵是由于销售者的过错造成的，被侵权人选择生产者作为求偿对象，则生产者为非终极责任承担者，销售者为终极责任承担者。在责任人内部可发生对终极责任者的追偿关系。

◎ 补充责任

《侵权责任法》对补充责任的规定有3条（第34、37、40条）。补充责任是对直接实施侵权行为者无资力（无财产或财产不足）赔偿部分的相应责任。它的特征是：

第一，补充责任是后顺序责任，也称为后位责任，是对直接侵权人无资力赔偿部分中的责任。

第二，补充责任是过错责任。

第三，补充责任并非是"缺多少补多少"，而是要与过错和原因力相适应。

第四，在应补充部分的范围内与直接行为人承担连带责任。补充责任不是间接结合的按份责任。

例1：张某在某银行大厅抢了李某10万元，该银行在安保方面有过错。设银行在过错和原因力方面占损害的30%。张某已经自杀，所有财产在自杀前挥霍一空。

应判决银行承担3万元的责任。

例2：甲是劳务派遣公司，派遣张某去乙公司工作。张某在工作中致李某受到损害，乙公司应当对李某承担责任。设乙公司应当赔偿李某100万元，但实际只能支付60万元。经查，甲公司亦有过错，设其过错和原因力占30%，应判决其承担30万元的补充责任。

◎ 责任，是立即陷入迟延的

法律事实与相应责任一起发生。责任，是立即陷入迟延的，侵权责任如此，违约责任也是如此。因此，确定损失额的时候，常常需要把迟延部分计入。

例1：甲公司的价值1万元的电动机在去年3月被张乙盗窃后毁弃，今年3月甲公司起诉请求张乙赔偿。电动机在起诉时已经涨价，价值2万元。应如何确定赔偿额？

在盗窃时，失窃电动电动机价值为1万元。甲公司请求张三赔偿损失时，应当以1万元为基数计算损失（不一定就是赔1万元），不能以2万元为基数计算损失。侵权赔偿责任是"立即陷入迟延"的，甲公司还有权主张迟延一年的损失。

例2：李四价值1万元的修鞋机（闲置）在去年3月被张三盗窃后毁弃，今年3月李四请求张三赔偿。该种修鞋机在今年已经降价，价值8000元。应如何确定赔偿额？

偷窃的是1万元的修鞋机，应当以1万元为基数计算损失。如果失主购买的物品价值1万元，被偷窃时升值为2万元，应以2万元为基数计算损失。因为侵权责任是立即陷入迟延的，所以还要计算迟延一年的损失。

◎是民事赔偿，还是国家赔偿

例：工商局张某在驾车去查处违法小广告的过程中撞伤李某。工商局的赔偿是民事赔偿还是国家赔偿？

国家赔偿针对的是被执法对象，李某并不是被执法对象，也就是说没有国家赔偿的事由，当事人的行为是民事侵权行为，应当承担民事赔偿责任。

工商局应当承担民事责任，因为张某因执行工作任务（职务行为）造成他人损害。如果张某偷开单位汽车在外兜风撞伤他人，工商局就不应当承担责任。再如，某法人的法定代表人在上班的路途中对他人性骚扰，因为这是与职务不相关联的行为，因此法人对该行为不应承担责任。

◎人格权与债权的冲突

例：张女向李记者谈了自己作为性工作者的经历，同意李记者将谈话录音在媒体发表，李记者给了张女一些费用。一小时后，张女给李记者打电话，坚决不同意发表谈话录音，要求李记者不要暴露其隐私。李记者向律师求教，您如何回答李记者的问题？

对人格权的保护，应当优先于债权（李记者对张女有债权）。张女有反悔权（毁约权），但作为"出卖"隐私对价的费用，应当返还。如果李记者发表谈话录音，则构成对张女的隐私权的侵犯，应当承担侵权责任。

◎赠与人应否承担瑕疵产品致人损害的责任

《慈善法》第36条第3款规定："捐赠人捐赠本企业产品的，应当依法承担产品质量责任和义务。"造成损害的，适用产品责任（无过错归责原则）。捐赠人是赠与人的一种。

按照反面解释，赠与人赠与的产品不是本企业生产的产品，致人损害时，是不承担产品责任的。但此时适用过错责任原则。比如，赠与人购买处理品，送给受赠人也不说明情况，则赠与人对受赠人的损害应当承担侵权责任。

第二节 违法阻却事由

◎ 无因管理

例1：火车上，一老太太突然闭气。火车广播呼唤医生，但没有医生到场。旅客张护士冲上去为老太太做人工呼吸，使老太太脱离危险，但按压老太太胸部时造成其骨折。老太太随行的女儿要求张护士承担责任。经查，张护士并无重大过失。此案应当如何处理？

张护士不是非法行医，不是紧急避险，是无因管理（紧急管理）。无因管理是违法阻却事由之一种。无因管理行为是合法行为。

由于老太太随行的女儿事实上同意张护士对其母亲救治，应按无偿委托合同处理。《合同法》第406条第1款规定："有偿的委托合同，因受托人的过错给委托人造成损失的，委托人可以要求赔偿损失。无偿的委托合同，因受托人的故意或者重大过失给委托人造成损失的，委托人可以要求赔偿损失。"按对上述规定的反对解释，轻过失免责。

按照举重以明轻的解释方法，轻过失免责，无过失当然也免责。骨折系胸外按压抢救常见的现象，张护士最多是轻过失（也可能无过失），不承担责任。

例2：路边停着一辆车，车发动着，司机却一动不动趴在方向盘上……好心路人看到后，又拍玻璃又大喊，司机还是不醒，就把车窗砸了想救人。没想到原来司机只是喝多了在睡觉。醒来的司机要求砸窗路人赔钱，两人大吵，直到民警来调解。（案例来源：钱江晚报及人民网）

路人是无因管理行为，是违法阻却事由之一种。紧急管理（紧急情况下的无因管理）轻过失免责。

无因管理行为作为法律事实，可有两种法律效果。第一种产生给付法律关系（无因管理之债），如甲（本人）实施无因管理行为，付出了财产，受益人乙应当向甲支付财产。第二种不产生给付效果，但产生阻却违法的效果。

我所说的第二种效果，是对通行的法律关系理论提出的挑战。一般认为，法律事实是导致法律关系发生、变更、消灭的事实。而阻却违法事由是阻止侵权责任法律关系发生的，就如本案的无因管理行为，并未发生、变更、消灭法律关系。

◎正当防卫

例1：吴某正被歹徒持刀劫持，刘某路过，拾一板砖击向歹徒，歹徒是罕见的"蛋壳脑袋"（特殊体质），一命呜呼。

刘某的行为是正当防卫行为，也是无因管理行为（紧急管理），当然也是见义勇为行为，但不是紧急避险的行为。因为紧急避险是以损害较小的法益保护较大的法益。刘某的行为并非是两个法益之间的选择行为。

例2：李某和周某在持刀抢劫女出租司机后拔掉汽车钥匙仓皇逃跑，女出租司机用备用的钥匙发动汽车将二歹徒撞残，二歹徒要求民事赔偿。

逃跑是侵权行为的延续，女司机的防卫适时。

例3：夜黑风劲，蜘蛛人（小偷）沿外墙面爬上12层。妙龄张女定睛一看，他一毛手搭上窗台，正欲进屋，就顺手拿起手边菜刀猛砍。蜘蛛人落地，摔成肉蒲团。张女是正当防卫，还是防卫过当？

张女是正当防卫。孤身一女子，安全已经受到了严重威胁，一旦对方进了屋，就很难再进行防卫，其防卫适时。

◎ **老段子，新分析**

例：张三晚上回家，一大汉从身边飘过，张三一摸钱包不在，大怒，掏出水果刀对大汉怒喝："把钱包掏出来！"大汉惧，将钱包抛于地。张三回家对妻子自夸。妻子说："你每次出门，我都要把你钱包留下的，这次也不例外。"张三手里拿的钱包与妻子留下的钱包，外观是一样的。张三的行为应如何定位？

1. 张三是假想防卫；不构成抢劫罪；对大汉构成过失侵权；构成侵权型不当得利。
2. 妻子解说之前对钱包为善意占有，之后为恶意占有（无权占有分为善意占有和恶意占有）。

◎ **自助行为**

自助行为，一般认为是当事人为了保护自己的合法权利，在不能及时请求公力救济的情况下，对于他人的自由和财产加以暂时控制的行为。我国法律没有明确规定自助行为，但法理上予以承认。

自助行为的要求是：①来不及请求公力救济；②不得过当，例如，不得把未交费的旅客关到地下室；③强调"即时即地"。

◎受害人同意

受害人同意,也称为受害人允诺,是指受害人自愿承担他人行为产生的某种损害后果。比如,对药品试验者而言,也是受害人同意的行为。

即使受害人同意,他人的行为也不得违反公序良俗,不得违反法律的强制性规定。比如,"委托杀己"是违法行为,受害人的事先同意,不影响追究行为人的责任。在社会生活中,就侵犯人身权,受害人的同意一般是无效的。[1]

◎自甘风险排除公平责任规则的适用

《侵权责任法》第24条规定:"受害人和行为人对损害的发生都没有过错的,可以根据实际情况,由双方分担损失。"这是关于公平责任规则的规定。当事人没有过错,也要分担损失,实际上是承担一定的责任。

例:张甲与李乙等经常在一起打篮球。一次,张甲向李乙传球,李乙没有接住,篮球砸在李乙的脸上,造成面瘫,治疗费用花去数万元。双方都没有侵权责任法意义上的过失。李乙援引《侵权责任法》第27条对公平责任的规定,要求张甲分担损失。你作为张甲的律师,如何抗辩?

抗辩理由,不宜采"受害人同意",因为受害人同意,对具体的损害是有明确预见的("具体性预见")。自甘风险的风险,受害人是"概括性预见"。本案宜采"自甘风险"的理由。自

---

[1]《合同法》第53条规定:"合同中的下列免责条款无效:(一)造成对方人身伤害的;(二)因故意或者重大过失造成对方财产损失的。"

甘风险，不仅是违法阻却事由，也是免责事由。作为违法阻却事由，张甲的行为不构成侵权；作为免责事由，张甲不承担公平责任（不分担损失）。

第三节 用益侵权

◎ **用益侵权的含义**

用益侵权，是指未经财产权利人同意或者没有法律根据，而擅自用益他人财产的侵权行为。这里所说的财产包括有体物与无形财产。用益侵权的本质是非法剥夺他人财产的用益价值。实现财产的用益权能，是财产效应之一。法律不但要保护财产之本体，还要保护财产之用益。财产的用益权能是可以分离的，这种分离，取决于权利人意定，也可以直接取决于法定。而用益侵权，是通过非法分离用益权能而剥夺用益价值的行为。用益侵权是以作为的方式剥夺他人财产的用益价值，不存在不作为的用益侵权。

用益侵权，可以是公开的，也可以是秘密的。秘密的用益侵权具有盗窃的性质，按照现代观念，公开的用益侵权不具有盗窃的性质。侵权人可能亲自用益他人的财产，也可能交由他人用益，如非法出租或出借他人之物。用益侵权可以是直接对所有权人或无形财产拥有人进行的侵权，也可以是针对用益物权人、用益债权人用益利益的侵犯。例如，承租人被第三人非法剥夺对租赁物的占有，表面上是对占有（绝对权）的侵害，效果上是对占有债权的侵害。

有几点需要说明：

第一，用益侵权不同于"因用益物侵权"。因用益物侵权，是指用益物有瑕疵对用益人或第三人造成损害，也指对用益物使用、管理的不当行为对用益人或第三人造成损害。如机动交通运输工具致人损害、动物致人损害、建筑物致人损害等，可以是"因用益物侵权"。

第二，妨碍用益不是用益侵权。例如，在不动产相邻关系中，一方妨碍了他人对不动产的用益，并没有得到用益他人之财产的好处，可以构成侵权，但不是用益侵权。

第三，通过盗、抢等手段将他人财产据为己有的行为是剥夺他人财产交换价值的非法行为，不是用益侵权。

第四，致他人财产毁损、灭失的行为侵害的是交换价值，不是用益侵权。用益价值是交换价值的基础。一幅名画，能够卖出高价，是因为它能被人欣赏（用益价值），但仅构成用益物损害的，不是本书所说的用益侵权。有这样一个例子："租赁房屋原约定仅供居住用，承租人违反约定于住宅内附设工厂，因而致房屋受损害。"[1]承租人的行为导致房屋交换价值的减少。若以租赁房屋设厂设店，租金一般比住宅要高，承租人擅自改变用途，而规避了较高的租金，就同时构成了用益侵权。

◎ **专利用益侵权**

专利侵权主要是用益侵权，专利用益侵权是违法实施他人专利的行为。专利是以公开换垄断的技术（发明和实用新型），还有以公开换垄断的工业外观设计。得到专利授予后，即垄断后，他人未经许可、未付费而实施，就会构成用益侵权。不过技术（发明、实用新型）和外观设计的用益方式有很大不同，因此用益侵权的表现也自有不同。

---

[1] 参见王泽鉴：《民法学说与判例研究》（第3册），中国政法大学出版社1998年版，第265页。

◎商标用益侵权

商标是区别性标识。对注册商标的用益的保护,以商品角度看,不但针对同种商品,还针对同类商品;以标识角度看,不但禁止假冒,还禁止仿冒。

对注册商标,不管是反向假冒还是"正向假冒",都是用益侵权。以仿冒方式,是一种借助方式的用益侵权。

法律对驰名商标有特殊保护。对注册的驰名商标,不但给予同种、同类、跨类保护,还禁止以他人注册的驰名商标作为企业名称。

◎对肖像的用益侵权

对肖像权的侵犯包括非法改变形象(如泼硫酸毁容)、非法利用等,这些属于人格侵权,不属于用益侵权。非法利用以获取经济利益为用益侵权。

肖像权人基于自己的人格利益和利用上的经济利益,有权禁止他人再现和传播自己的外部形象,或者允许他人再现和传播自己的外部形象。这样,利用他人肖像进行艺术创作或者偷拍等行为,就不是为所欲为的行为,就会受到法律的规制。以他人为模特作画,就要支付对价。

在娱乐节目中,流行着的模仿秀是否构成侵犯他人肖像权,以及用模仿秀做广告是否允许?模仿秀模仿知名演员的容貌形象,有时也模仿他们的体貌形象,应认为不构成侵权。肖像权尽管是绝对权、对世权,但不能禁止他人模仿。模仿秀只是一种使用方法,尚未侵害到肖像的标志性区别作用。另外,模仿秀娱乐大众,允许其生存,是社会利益的需要。在理论解释上,应认为知名人物在一定范围内"抛弃"了对肖像利用的禁止权

（不是抛弃了肖像权）。但以下两种用益应当禁止：一是，以模仿秀冒充真人做广告，构成欺诈行为的；二是，通过整容与知名人物容貌取得一致，导致主体混淆的。以上两种行为都是侵犯肖像权的行为。

对待价而沽者应当按用益侵权对待。例如，某演员一直寻找做广告的机会，某广告公司擅自用其照片做广告，以侵害人格（肖像）派生财产为由，判决用益侵权人支付相当于广告费的金额（用益金额）即可，不可再判决支付精神抚慰金。这时的解释应为"没有伤害人格，但伤害了人格派生财产权"。某演员照片被擅自用作"地下妓院"的广告，虽为用益目的的侵权，但应以侵害人格权而主张精神损害赔偿，因为伤害到了人格，主张用益金额的赔偿在理论上就有了障碍。可与此相对照的是"艳照门事件"，在网上公布的"艳照"的"违禁"，不在于照片本身，而在于违法的传播（传播是用益的一种方式）。擅自发表他人的此种照片，虽是违法用益的行为，但尚不属于用益侵权，应构成对他人肖像权、隐私权等人格权的侵犯。

◎ **对隐私的用益侵权**

对隐私的用益，须特别慎重。对隐私的合法用益与侵犯隐私权，有时并不容易判断。侵犯隐私权，可以同时构成侵害名誉权。生活中有人通过披露他人隐私的方法损害其名誉权。侵犯隐私权与侵犯名誉权不同。隐私是一种事实（作为信息的事实及作为肖像的事实），是当事人不愿公之于众的事实，而侵犯名誉却是无中生有、造谣生事。侵害名誉权，使受害人的社会评价降低。但即使受害人的社会评价没有降低，仍然可以成立侵害隐私权。

违法用益他人隐私，还有可能构成侵权型不当得利，这是一种竞合现象。例如，有的公司擅自利用患者的治疗记录发布商业广告。受害人可以请求侵权赔偿，也可以请求返还不当得利。

◎ **对姓名的用益侵权**

对姓名的用益侵权有两类常见的现象：第一类是在商业广告中非法使用他人的姓名（包括使用谐音）。例如，有人宣传郭得缸酒、木子李（笔名）避孕套等。第二类是冒用他人的姓名进行交易行为。冒用姓名交易与无权代理应当区别，冒用姓名交易是为自己取得利益，无权代理是将代理效果归属于被代理人。

第五部分 婚姻法、继承法、遗赠扶养协议

第一节　婚姻法

◎夫妻关系包含两个法律关系

狭义的夫妻关系,是身份关系。广义的夫妻关系包含两个法律关系,一个是身份法律关系,另一个是财产法律关系。夫妻身份法律关系,是夫妻共有财产的基础法律关系。目前研究存在的问题,是把两个法律关系当作一个法律关系。

例:张男与李女签订了离婚协议,协议约定离婚,并分配了财产。

这里面有两个法律事实,一个是离婚的合意,解除配偶法律关系,还有一个是分割共有财产的合意。

◎亲子关系的推定

例:李女离婚后生下儿子小李,前夫张男拒绝支付抚养费。李女起诉张男,要求确认亲子关系并要求做亲子鉴定。李女举证证明受孕期间在离婚之前。张男无相反证据又拒绝做亲子

鉴定。

法院可推定小李与张男亲子关系成立。

◎财产的转换

例1：张男与李女结婚前有A房价值200万元，结婚后升值至500万元，张男将其出卖，扣除各项支出，得款460万元，又用此款买B房。B房是张男个人所有，还是张男与李女共同所有？

归张男个人所有。财产形式的转化，不影响财产的归属。个人的财产增值，当然不能转变为共有（还是归个人）。

例2：张男与李女是夫妻。李女婚前有房产一套，结婚后出卖，得款100万元，存入银行。后夫妻双方商量花300万元买房。李女拿出该100万元存款。再后，二人离婚。请问财产应如何处理？

李女婚前有房产一套，自属个人财产。结婚后出卖，得款100万元，该100万元个人财产的属性不发生变化（只是个人财产的客体发生变化）。李女拿出该100万元存款买房，所买房屋为共同共有。

◎律师必知

《婚姻法》规定了：少分或者不分；照顾；补偿；帮助。——以上四项的事由各是什么？

分割共同财产的四种情况：

1. 不分或者少分。《婚姻法》第47条第1款："离婚时，一方隐藏、转移、变卖、毁损夫妻共同财产，或伪造债务企图侵占另一方财产的，分割夫妻共同财产时，对隐藏、转移、变卖、毁损夫妻共同财产或伪造债务的一方，可以少分或不分。离婚后，另一方发现有上述行为的，可以向人民法院提起诉讼，请求再次分割夫妻共同财产。"

2. 照顾。《婚姻法》第12条规定："无效或被撤销的婚姻，自始无效。当事人不具有夫妻的权利和义务。同居期间所得的财产，由当事人协议处理；协议不成时，由人民法院根据照顾无过错方的原则判决。对重婚导致的婚姻无效的财产处理，不得侵害合法婚姻当事人的财产权益。当事人所生的子女，适用本法有关父母子女的规定。"第39条第1款规定："离婚时，夫妻的共同财产由双方协议处理；协议不成时，由人民法院根据财产的具体情况，照顾子女和女方权益的原则判决。"

3. 补偿。《婚姻法》第40条规定："夫妻书面约定婚姻关系存续期间所得的财产归各自所有，一方因抚育子女、照料老人、协助另一方工作等付出较多义务的，离婚时有权向另一方请求补偿，另一方应当予以补偿。"

4. 帮助。《婚姻法》第42条规定："离婚时，如一方生活困难，另一方应从其住房等个人财产中给予适当帮助。具体办法由双方协议；协议不成时，由人民法院判决。"

◎ 如何回答为好

例：三口子不如两口子近。要结婚的一对请教律师："对夫妻财产制是否要约定？"律师如何回答为好？

我国夫妻财产制，约定优于法定（约定优先），如果不约定AA制（各自所有），婚姻关系存续期间所得的财产，就为共有财产了。[1]你们抉择吧。如果约定 AA 制度，需要清点一下各自的财产了，也可以办理公证（公证不是必经程序）。

◎赠与的是货币，还是房屋

例1：婚前或婚后由一方父母出资为子女购买的房屋，赠与的是货币，还是房屋？父母能否任意撤销？

"出资"，赠与的是货币。登记在父母名下的房屋，无偿移转到子女名下（变更登记到子女名下），才是房屋的赠与。

仅仅是父母子女关系，尚不能构成道德义务的赠与，在财产移转前，父母可行使《合同法》第186条规定的任意撤销权。

例2：2011年8月1日，张男以个人名义与房地产公司签订了价款为400万元的房屋买卖合同，并支付首付款100万元。张男与李女于2011年8月18日办理结婚登记手续。结婚后双方共同还贷200万元，房产登记在张男名下。2012年二人离婚，双

---

[1]《婚姻法》第17条规定："夫妻在婚姻关系存续期间所得的下列财产，归夫妻共同所有：（一）工资、奖金；（二）生产、经营的收益；（三）知识产权的收益；（四）继承或赠与所得的财产，但本法第十八条第三项规定的除外；（五）其他应当归共同所有的财产。夫妻对共同所有的财产，有平等的处理权。"第18条规定："有下列情形之一的，为夫妻一方的财产：（一）一方的婚前财产；（二）一方因身体受到伤害获得的医疗费、残疾人生活补助费等费用；（三）遗嘱或赠与合同中确定只归夫或妻一方的财产；（四）一方专用的生活用品；（五）其他应当归一方的财产。"第19条规定："夫妻可以约定婚姻关系存续期间所得的财产以及婚前财产归各自所有、共同所有或部分各自所有、部分共同所有。约定应当采用书面形式。没有约定或约定不明确的，适用本法第十七条、第十八条的规定。夫妻对婚姻关系存续期间所得的财产以及婚前财产的约定，对双方具有约束力。夫妻对婚姻关系存续期间所得的财产约定归各自所有的，夫或妻一方对外所负的债务，第三人知道该约定的，以夫或妻一方所有的财产清偿。"

方就房产归属未能达成协议。该房屋已经升值到500万元。请问：财产应当如何处理？

应认定该房屋所有权属于张男个人；应认定张男欠李女100万元；尚未归还的100万元银行贷款为张男的个人债务；就升值的100万元，张男应补偿李女款项50万元以上。

◎是否为混同

例1：张三婚前欠李四10万元，后张三与王二结婚。李四起诉张、王，请求还债，理由是夫妻财产发生了混同。请问：李四的理由是否成立？

不成立，结婚不发生财产混同的后果。婚前的债权、债务，结婚后不成为夫妻债权、债务。

例2：张男婚前欠李女5万元，后张男与李女结婚。张男对李女说："由于夫妻财产发生了混同，我不欠你5万元了。"请问：张男的观点是否正确？

不正确，结婚不发生财产混同的后果。李女婚前的5万元债权，是个人财产。

第二节　继承法

◎立遗嘱可以"概括处分财产"吗

例：张某自书遗嘱："我去世后，所有财产归某某某所有。"

遗嘱最好有一个财产清单，如果没有，"概括性处分"也是有效的。

◎立遗嘱最好把债务处理一下

遗产归谁，是遗嘱必然的内容。很多人写遗嘱，忽略了债务。如果能把债务的承担写清楚，可能减少许多矛盾。

◎共同遗嘱是否有效

例：张男与李女是夫妻，二人共同立遗嘱，约定互不继承，一方死亡后，其财产女儿不继承，儿子继承；后死亡的一方，财产也由儿子继承。对共同遗嘱，目前公证处不予办理公证。遗嘱效力如何？

没有违反法律强制性规定，遗嘱有效。

◎放弃继承的声明是否有效

例1：4月1日，李老头一命归西，遗产为房屋一套。4月2日，大儿子给母亲和两个弟弟写了一份声明，表示放弃继承。大儿媳听说以后，自挂东南枝，但"自杀未遂"。请问：此案应当如何处理？

《物权法》第29条规定："因继承或者受遗赠取得物权的，自继承或者受遗赠开始时发生效力。"大儿子成为房屋共有人（既得权），在其取得财产的同时，大儿媳成为房屋的共有人（既得权）。

《物权法》第97条规定："处分共有的不动产或者动产以及对共有的不动产或者动产作重大修缮的，应当经占份额三分之二以上的按份共有人或者全体共同共有人同意，但共有人之间另有约定的除外。"依此，声明无效。

例2：张男与李女夫妻财产是共有制，在打离婚官司期间，张男父亲因意外事故死亡，遗产为房屋一套。张男对其母和两个弟弟提交书面声明，表示放弃继承权，张男还将该声明提交给法院，李女主张该声明无效。

如同例1，放弃继承的声明无效。

◎遗嘱应为人工授精的胎儿保留必要份额

例：张男与李女夫妻二人协商人工授精生孩子，李女怀孕，张男在遗嘱中不承认与胎儿的亲子关系，未给胎儿保留必要的份额。

应认定张男与胎儿（出生前视为有权利能力）有亲子关系，张男的遗嘱应当为胎儿保留必要的份额。张男的遗嘱部分无效。[1]

第三节 遗赠扶养协议

第一目 概 述

◎遗赠扶养协议的意义

一般认为，遗赠扶养协议是指遗赠人与继承人之外的约定

---

[1] 参阅附录六：（指导案例50号）李某、郭某阳诉郭某和、童某某继承纠纷案。

扶养人订立的，由扶养人承担遗赠人生养死葬的义务，享有取得遗赠人遗产权利的协议。[1]

在遍地独生子女、社会救济不充分及逐渐步入老年社会的现实下，不少人不愿意由子女养老送终，而以给付财产为对价托付于他人，以换取晚年质量较高的生活。还有一些"失独"父母，不得不将养老送终的"任务"托付于他人。一些残疾人，也希望通过签订遗赠扶养协议来改善自己的生存状态。现实存在的、具有"中国特色"的遗赠扶养协议，作为对老年人、残疾人扶养制度的补充，是有现实、积极意义的。

◎遗赠扶养协议不是身份合同，是债权合同

1. 遗赠扶养协议不设立、变更、消灭身份关系，不是身份合同。遗赠扶养协议只产生财产关系，不产生人身关系。[2]遗赠扶养协议作为财产关系，是债权合同。债权合同的标的（客体）包括财产给付、劳务给付。

2. 遗赠扶养协议双方是互为债权人、债务人的。

◎遗赠扶养协议是一种不违反伦理的交易

遗赠扶养协议是有偿合同，双方的付出都是有报偿的、有对价的，是一种不违反伦理的交易。遗赠和死因赠与，遗赠人和赠与人生前都是未获得对待给付的，遗赠扶养协议则相反。遗赠扶养协议，有"赠"之名，无"赠"之实，区别于遗赠和死因赠与，当然也区别于附义务的死因赠与。

---

[1] 张俊浩主编：《民法学原理》，中国政法大学出版社1991年版，第930页。

[2] 参见陈嘉梁："关于遗赠扶养协议的几个问题"，载《法学评论》1986年第4期。

◎ 遗赠扶养协议不同于附义务的赠与

附义务（附负担）的赠与，是受赠人亦应为给付的赠与，但若受赠人的给付与赠与人的给付价值大体相当，构成对待给付，就丧失了赠与的无偿性质。

附义务的死因赠与也是如此，构成对待给付时，实为双务合同、有偿合同，而不为不真正双务合同、无偿合同。如采用附义务赠与之名，而所附义务为"受赠人"履行扶养义务，该协议其实与赠与无关，构成遗赠扶养协议。

◎ 遗赠扶养协议是射幸合同

双务、有偿合同是交易形式。遗赠扶养协议是双务合同、有偿合同中的射幸合同。[1]受扶养人的给付基本上是固定的，而扶养人付出多少，与受扶养人生命的长短有必然联系，具有明显的不确定性。

第一，遗赠扶养协议是死因行为。遗赠扶养协议是诺成合同，协议成立，扶养人即负担给付义务，受扶养人的给付是附条件（扶养人的给付不附条件）的，具体地说该给付是以死亡为生效条件的。

第二，受扶养人的给付，是一次性给付。扶养人的财产给付、劳务给付是持续性（继续性）给付。扶养人财产给付又经常表现为终身定期金的给付（如每个月给受扶养人生活费若干，

---

[1] 有偿契约尚可分为实定契约与射幸契约二种，前者乃于契约成立时，当事人应为给付及给付范围均已确定者，一般有偿契约属之，后者乃当事人一方或双方应为之给付，取决于契约成立后，偶然事情之发生者，如保险契约、公益彩券契约，以至与赌博契约等均属之。参见郑玉波：《民法债编总论》，中国政法大学出版社2004年版，第29页。我国法律对射幸合同未作规定。

一直支付到受扶养人去世）。劳务给付，包括的范围甚广，如照顾起居、医院陪护、做饭、陪聊、带着散步，等等。

扶养人的财产给付和劳务给付的多少，明显与受扶养人生命存续长短有关，遗赠扶养协议的射幸性质是很明显的。扶养人获得的回报可能多，也可能少，也有可能会"亏本"。

我国《继承法》在扶养协议上加上了"遗赠"的术语，这是因为，在立法者的观念中，扶养人接受的财产（遗产）会比其付出要多得多。从遗赠扶养协议的射幸性可以看出，其实际上不应有"赠"的性质。

明确遗赠扶养协议的射幸合同的性质，可以为扶养人的决策提供帮助并明确其风险。一般而言，受扶养人接近生命的终点，需要的是有质量的生活，对身后财产的多多少少，不是很计较。而扶养人获得财产的愿望就比较明显和强烈。当扶养人付出或需要付出的财产超过其预期所得到的财产时，不能允许其变更、解除协议，应认为扶养人对可能的付出已经有所预见，应排除情事变更原则的适用。当然，受扶养人预见到自己命不长久之后，也不能要求变更或解除协议。射幸性限制了双方请求调整给付的权利。

◎ 遗赠扶养协议扶养人的资格

我国《继承法》第31条规定："公民可以与扶养人签订遗赠扶养协议。按照协议，扶养人承担该公民生养死葬的义务，享有受遗赠的权利。公民可以与集体所有制组织签订遗赠扶养协议。按照协议，集体所有制组织承担该公民生养死葬的义务，享有受遗赠的权利。"条文中规定的受扶养人是公民，规定的扶养人实际是公民和集体所有制两类，这显然不能适应新形势的需要。扶养人的范围，在生活中已经扩大。

1. 扶养人为自然人的情形。一般认为，扶养人应有经济能力或劳务给付能力。实务中，一些保姆与雇主成立遗赠扶养法律关系，她们提供的是照顾起居等劳务，尽管她们欠缺经济能力，但不影响遗赠扶养协议的履行。

对遗赠扶养协议的扶养人的资格，学界一般认为应当是没有法定扶养义务的人。这是值得探讨的。

（1）有学者认为，第二顺序的继承人可以作为扶养人。[1]第二顺序的继承人包括"兄弟姐妹、祖父母、外祖父母"。[2]第二顺序继承人分为有法定扶养义务和无法定扶养义务两类。没有法定扶养义务的第二顺序继承人作为遗赠扶养协议的扶养人有两种情况：其一，第一顺序的继承人尚在，此时由第二顺序的继承人签订遗赠扶养协议没有什么法律障碍。比如，某人有儿不孝，与弟弟签订了遗赠扶养协议。其二，第一顺序的继承人都死亡了，第二顺序的继承人（主要是兄弟姐妹）享有继承权，但无法定扶养义务，为防止被继承人将财产拱手让给他人，而与被继承人签订遗赠扶养协议，这对被继承人并没有什么坏处，应当允许。

（2）有学者指出，法定继承人与被继承人之间本身就具有法律规定的扶养的权利义务关系，因此，在他们之间不需要以

---

[1] 杨遂全等：《婚姻家庭法新论》，法律出版社2003年版，第339页。

[2] 祖父母、外祖父母是孙子女、外孙子女的第二顺序继承人；孙子女、外孙子女却不是祖父母、外祖父母第二顺序的继承人，他们可以作为代位继承人（处于第一顺序）。在我国，近亲属的扶养主要由家庭承担，社会承担的责任较少。《婚姻法》第28条规定："有负担能力的祖父母、外祖父母，对于父母已经死亡或父母无力抚养的未成年的孙子女、外孙子女，有抚养的义务。有负担能力的孙子女、外孙子女，对于子女已经死亡或子女无力赡养的祖父母、外祖父母，有赡养的义务。"第29条规定："有负担能力的兄、姐，对于父母已经死亡或父母无力抚养的未成年的弟、妹，有扶养的义务。由兄、姐扶养长大的有负担能力的弟、妹，对于缺乏劳动能力又缺乏生活来源的兄、姐，有扶养的义务。"

遗赠扶养协议的方式去确定权利义务。[1]"遗赠扶养协议是一种约定的扶养协议，凡相互之间有法定扶养关系的，不得订立遗赠扶养协议。否则，就是对法定义务的抛弃，对法定义务制度的非法否定。"[2]笔者认为，在有多个法定扶养义务人时，某一法定扶养义务人，也可以作为"扶养协议"的扶养人。例如，张某有一女两子，两个儿子在外地，张某与三个子女约定，由在身边的闺女承担赡养义务（赡养是扶养的一种），张某遗产全部归闺女。继承权是以身份权为基础权利的财产权，财产权是可以转让、放弃的，两个儿子转让给闺女的是继承期待权。[3]当事人的约定应为有效，但不能免除两个儿子通过劳务体现的精神给付的义务。在闺女丧失扶养能力或有其他原因不能扶养时，两个儿子仍应负担原范围的法定扶养义务。在效力的认定上，应以受扶养人的利益为准。不过，与有法定扶养义务的继承人签订关于扶养的协议，称为"遗赠"扶养协议并不恰当。当然，与没有法定扶养义务的非继承人签订的协议，称为"遗赠"扶养协议也不恰当，建议将来的立法改称为"扶养协议"。

2. 监护人不得作为扶养人，但可以代理被监护人签订协议。监护人一般都有法定扶养义务，也有不负担法定扶养义务的监护人。笔者认为，无论是否负担法定扶养义务，为保护受扶养人利益，监护人不得成为遗赠扶养协议的扶养人。因为遗赠扶养是交易行为，监护人作为交易相对人，极易损害被监护人的利益。监护人也不能代理被监护人与自己签订遗赠扶养协议。

---

[1] 参见郭明瑞、房绍坤、关涛：《继承法研究》，中国人民大学出版社2003年版，第187页。
[2] 张俊浩主编：《民法学原理》，中国政法大学出版社1991年版，第931页。
[3] 在被继承人死亡之前的继承权为继承期待权，之后的继承权为继承既得权。参见史尚宽：《继承法论》，中国政法大学出版社2000年版，第92页。

"自己代理",须在被代理人纯获利益的情况下才能生效。扶养行为不是监护行为,扶养人不应兼有监护人的身份,也不能成为被监护人的法定代理人。在遗赠扶养协议的扶养人之外,还应有监护人的存在。

监护人能否代理被监护人与他人签订遗赠扶养协议?监护人本有监护职责,但有些监护人欠缺监护能力,这里讲的监护能力不是实施法律行为的能力,而是讲的健康状况、照顾能力等。[1]在社会保障供应不足、法律又缺少变通规定的情况下,应当允许监护人为被监护人寻找扶养人并代理被监护人签订遗赠扶养协议,只要符合被监护人的利益,就应当认可协议的效力。在代理签订遗赠扶养协议之后,监护人并不丧失其地位,也不免除其监护责任。

监护人代理被监护人签订遗赠扶养协议,是以被监护人的名义并以被监护人的财产作为对价的,如果监护人以自己的财产作为对价,就无须以被监护人名义签订协议,其以自己名义签订的扶养协议,应称为委托扶养协议,这样的合同是涉他合同,受扶养人是享有债权的第三人。

3. 扶养人可以是法人或其他组织。对"组织"作为扶养人,不宜限制为"集体所有制组织"。由于养老的商业化运作,越来越多的组织将参与到养老这一行业中去。因此将遗赠扶养协议的非自然人扶养人主体仅仅限定为集体经济组织显然已不符合时代的需求。[2]对老年人和残疾人的扶养,国家也在逐步

---

〔1〕《民通意见》第10条规定:"监护人的监护职责包括:保护被监护人的身体健康,照顾被监护人的生活,管理和保护被监护人的财产,代理被监护人进行民事活动,对被监护人进行管理和教育,在被监护人合法权益受到侵害或者与人发生争议时,代理其进行诉讼。"第11条规定:"认定监护人的监护能力,应当根据监护人的身体健康状况、经济条件,以及与被监护人在生活上的联系状况等因素确定。"

〔2〕 参见张昕:"论遗赠扶养协议的完善",载《法学杂志》2007年第6期。

放开政策,允许成立公司制与合伙企业制的"养老院""福利院""公寓"等商事主体。应当允许这些机构与他人建立遗赠扶养法律关系。学者指出,如果限制对扶养人的选择范围,会弱化遗赠扶养协议以自己财力解决自己养老送终的功能。[1]对法人或其他组织作为扶养人,监护人应当起到监督作用。

第二目 遗赠扶养协议的若干具体问题

◎遗赠扶养协议的解除

遗赠扶养协议的扶养人为持续性给付,因此协议的解除应为面向将来的解除,而非溯及既往的解除。遗赠扶养协议自可合意解除,但更重要的是要确立单方解除(法定解除)的规则。

遗赠扶养协议的解除,分为法定任意解除和法定事由解除。

遗赠扶养协议具有委托合同的性质,且是基于特殊信任成立的合同,因此应当给予双方以任意解除权。[2]任意解除权是简单形成权,其行使无须提出理由,更无须对理由举证。[3]行使任意解除权,不等于不承担任何责任。比如,受扶养人看扶养人不顺眼,就可通知其解除协议,但应当承担相应的责任,对扶养人的财产付出、劳务付出应当补偿,对扶养人的期待利益,可酌情补偿。不能让扶养人的付出打水漂。

受扶养人行使任意解除权,保留了已经取得的给付。扶养

---

[1] 参见吴国平:"遗赠扶养协议制度的不足与养老功能的扩张——以立法完善为视角",载《法治研究》2013年第11期。

[2] 《合同法》第410条规定:"委托人或者受托人可以随时解除委托合同。因解除合同给对方造成损失的,除不可归责于该当事人的事由以外,应当赔偿损失。"

[3] 在通常情况下简单形成权以单方需受领的意思表示方式行使之。实现简单形成权既不需要进行强制执行,也不需要提出请求。参见[德]迪特尔·梅迪库斯:《德国民法总论》,邵建东译,法律出版社2004年版,第76页。

人则不同，其无故解除协议，不但将来不能取得遗产，且应认为其无权请求返还已经支付的财产，其劳务也不宜折价给予补偿。[1]此举是为加强对受扶养人的保护，否则受扶养人会有随时被抛弃的风险。尽管是平等主体之间的契约，也要看到受扶养人弱者的一面。

应当强调指出，法人和其他组织（老年公寓、养老院、福利院等）作为扶养人的，不应享有任意解除权。对社会化、专业化、商业化的组织，应当有更高的要求。

法定事由解除权是指出现法律规定的事由时，当事人才有解除权，它体现了对双方的平等保护。解除权属于被违约的一方，双方都有可能成为解除权人。法定事由解除权也是简单形成权。所谓法定事由，一言以蔽之，就是对方重大违约（根本性违约）。一方轻微违约，另一方没有法定事由解除权。法定事由解除权的意义，相对于法定任意解除权来说，是解除权人不必承担违约责任，解除后还可以追究对方的违约责任。

经过公证的遗赠扶养协议，无论是法定任意解除还是法定事由解除，不以再次公证为必要。

◎ 受扶养人继承人的撤销权

当扶养人构成重大违约行为时，受扶养人有法定事由解除权。受扶养人若不是无行为能力人或限制行为能力人，其生前不解除协议，是不行使权利的行为。受扶养人去世后，其法定

---

[1] 最高人民法院《关于贯彻执行〈中华人民共和国继承法〉若干问题的意见》第56条规定："扶养人或集体组织与公民订有遗赠扶养协议，扶养人或集体组织无正当理由不履行，致协议解除的，不能享有受遗赠的权利，其支付的供养费用一般不予补偿；遗赠人无正当理由不履行，致协议解除的，则应偿还扶养人或集体组织已支付的供养费用。"

第五部分 婚姻法、继承法、遗赠扶养协议

继承人无权再行解除或撤销。

受扶养人去世后,财产归扶养人。但受扶养人若为无行为能力人或限制行为能力人,其法定继承人在查知扶养人有重大违约行为时,应认为法定继承人有撤销财产给付的权利。该撤销的权利宜规定为形成诉权。[1]

撤销后,财产归法定继承人。表面来看,这是为了法定继承人的利益,实际上对受扶养人有很大好处,这是悬挂在扶养人头上的达摩克利斯之剑,能促使其谨慎地履行债务。

解除的含义比较狭窄,特指合同的解除。受扶养人的法定继承人消灭对扶养人财产给付后果的权利,宜定性为撤销权。

◎ 扶养人对受扶养人不成立履行抗辩权

履行抗辩权是双务合同的效力,履行抗辩权是双务合同双方给付的牵连性决定的。但对遗赠扶养协议应当设定例外。扶养人的给付是持续性给付,受扶养人对这种给付有特殊的依赖性,在短时间内也难以寻找他人替代给付。中间停止履行,受扶养人的正常生活就会受到影响,甚至会影响到受扶养人的生命安全。因此,受扶养人给付的财产意外灭失、毁损以及被转让等情况下,不能允许扶养人成立履行抗辩权。

可能产生的疑问是,扶养人可以成立解除权,为什么不能成立履行抗辩权?履行抗辩权的行使是不作为形式,表现为中止(暂时停止)履行协议,不仅随时可以发生,还可以反复行使,受扶养人是老弱病残,依赖性强,是经不起折腾的。解除,尽管也可能会给受扶养人带来伤害,但它是一次性的权利,"长痛

---

[1] 形成诉权人必须提起诉讼,形成诉权也只有在判决具有了既判力后才能发生效力。参见[德]迪特尔·梅迪库斯:《德国民法总论》,邵建东译,法律出版社2004年版,第76页。

不如短痛"。另外，还可以设定具体规则：在解除遗赠扶养协议并且受扶养人获得妥善安置之后，扶养人才能实际脱离受扶养人。

◎受扶养人财产的移转时点

受扶养人的财产移转给扶养人，作为死因行为，作为非因法律行为所生物权变动之类型，不应受物权变动公示原则的限制。《物权法》第29条规定："因继承或者受遗赠取得物权的，自继承或者受遗赠开始时发生效力。"遗赠扶养人获得受扶养人的物（不动产等）及其他财产，实际上并非受遗赠，但应参照该条的规定，在受扶养人死亡时，所有权及其他财产权即移转给扶养人。例如，受扶养人与扶养人约定，在受扶养人死亡后，其房屋归扶养人，受扶养人于2016年1月1日死亡，扶养人将该房屋登记在自己名下为同年3月1日，应认为1月1日房屋所有权移转给扶养人。更进一步说，扶养人是否能够办理所有权变更登记手续，都不影响其取得该房屋所有权。如果受扶养人死亡，财产不自动移转给扶养人的话，若受扶养人有继承人，就移转给其继承人，没有继承人的，就归国家所有了。扶养人再向其继承人或国家主张请求权，一是法理上不通，二是操作上非常麻烦。

◎ 对抗第三人的法律措施

> 题记：在遗赠扶养协议履行期间，受扶养人可能把约定将来给付扶养人的财产有偿或无偿转让给第三人。

在协议履行期间，受扶养人把约定将来给付扶养人的财产有偿或无偿转让给第三人，应当如何处理？为对抗第三人，可采取哪些法律措施？

第五部分　婚姻法、继承法、遗赠扶养协议

受扶养人将遗赠扶养协议约定的财产，移转给扶养人以外的法定扶养义务人的，不论法定扶养人是否为善意，财产给付都无效。

例：甲将自己的一所房屋作为对价，与乙签订了遗赠扶养协议。在协议履行5年之后，甲将房屋作为结婚礼物又送给了自己的儿子丙。

这就提出一个制度设计的问题：是规定转让无效，还是规定转让可撤销？按现行规定，此时应当允许乙撤销甲对自己儿子的赠与。[1]我认为，为保护受扶养人的利益，对受扶养人向法定扶养人有偿和无偿转让标的财产的行为，应当采取确认无效的规则，如果归入可撤销行为的话，扶养人乙为保护自己的利益，就可以转而以受扶养人甲重大违约为由解除合同。这样，不利于对受扶养人的保护。如果采用确认这种赠与无效的规则，不但保护了扶养人的利益，也实际保护了受扶养人的利益。如果受扶养人将标的财产出卖给法定继承人，亦应确认买卖合同无效。法定继承人应认为是非善意第三人。

◎**能否将受扶养人给付的财产抵押给扶养人**

抵押登记足以对抗第三人。为保护扶养人的利益，能否对受扶养人给付的标的财产进行抵押？担保都是在后履行义务人为在先履行义务人提供的担保，遗赠扶养协议的扶养人是先为

---

[1]《合同法》第74条规定："因债务人放弃其到期债权或者无偿转让财产，对债权人造成损害的，债权人可以请求人民法院撤销债务人的行为。债务人以明显不合理的低价转让财产，对债权人造成损害，并且受让人知道该情形的，债权人也可以请求人民法院撤销债务人的行为。撤销权的行使范围以债权人的债权为限。债权人行使撤销权的必要费用，由债务人负担。"

给付的一方，待到受扶养人死亡，财产才能移转给扶养人，在受扶养人死亡之前，存在导致其财产流失的很多不确定危险。目前，能够采取的一个较好的办法是设定抵押，即受扶养人将标的财产抵押给扶养人，并办理抵押登记。

这里的问题是，这种抵押是否与现行《物权法》第186条"流押禁止"的规定相抵触？该条规定："抵押权人在债务履行期届满前，不得与抵押人约定债务人不履行到期债务时抵押财产归债权人所有。"受扶养人将财产抵押给扶养人，并不受该条限制，因为"不履行到期债务"是债务人的行为，而遗赠扶养协议是死因行为，受扶养人之"死"是事件，并非受扶养人到期不履行债务之行为。

◎**实际履行扶养义务的，有权获得遗产**

遗赠扶养协议履行的期限一般很长，内容也比较复杂，应当规定为要式合同（双方应当采用书面形式订立合同）。如果当事人口头达成遗赠扶养协议，扶养人实际履行的，应认为协议有效成立。受扶养人采取遗嘱形式，对某特定的人表明"你对我生养死葬，我死后某某财产归你"，该人实际履行义务的，应当认为双方成立了扶养协议法律关系，最终有权取得遗产。

扶养人的给付是持续性给付，受扶养人的给付是附停止条件的给付，因此扶养人实际履行扶养义务的，应当直至受扶养人死亡。半途而废的，不能认为履行了主要义务，[1]不能取得受扶养人的遗产。

---

[1]《合同法》第36条规定："法律、行政法规规定或者当事人约定采用书面形式订立合同，当事人未采用书面形式但一方已经履行主要义务，对方接受的，该合同成立。"第37条规定："采用合同书形式订立合同，在签字或者盖章之前，当事人一方已经履行主要义务，对方接受的，该合同成立。"

第六部分 律师操作

第一节 概 述

◎ 律师一般不要当见证人

第一,见证之后,律师就很难当诉讼代理人了。见证人与代理人的角色不同,立场不同。

第二,见证没有什么意义,不如公证。

例如,大额的赠与,有的当事人找律师见证,律师当然愿意了,多少有些收入。但是,这种见证意义不大,或者说没多大用。

第三,如果律师对无效合同进行了见证,有可能引发对律师的索赔诉讼。

第四,律师见证要各方当事人共同委托,这一条就很麻烦。

第五,如果接受了见证委托,要注意规避见证风险。比如,要审查当事人主体是否适格、见证事项是否合法、是否真实等。

◎ 不要念错当事人的名字

例:名字中的汉字,容易念错。法庭上,律师第一次把当事人的名字念错,被纠正后,第二次、第三次、"第更多次"地念错,当事人、法官会有什么想法?

律师不能总说错被辩护人、被代理人、同案嫌疑人、证人的名字,因为你是律师,在从事一个需要精确的职业。

◎不要既主张解除权,又主张撤销权

你的当事人的合同,既有解除事由,又有撤销事由,不要同时主张。因为解除事由,是订立合同以后的事儿;撤销事由,是订立合同的事儿。

解除之后,追究违约责任;撤销之后,追究缔约责任。
主张解除权与主张撤销权,在举证上会有差别。

◎解除合同,不宜采取撕掉合同书的方式

例:甲、乙要解除双方的合同,二人各掏出一份书面合同(合同书),当面撕毁。后甲请求履行合同,乙表示双方已经终止合同。甲拿出合同的复印件,乙不能证明当面撕毁合同的事实。

合同书也好,其他书面形式的合同也好,只是合同法律关系的凭证,如果不能证明"撕毁合同"(解除合同)的合意,应认定合同法律关系依然存在。

合意解除书面合同,"宜采用"书面形式。对标的额较大书面合同的解除,按照惯例,"应当采用"书面形式。

◎击破第三人撤销之诉的一个重要点

《民事诉讼法》第56条规定:"对当事人双方的诉讼标的,第三人认为有独立请求权的,有权提起诉讼。对当事人双方的

诉讼标的，第三人虽然没有独立请求权，但案件处理结果同他有法律上的利害关系的，可以申请参加诉讼，或者由人民法院通知他参加诉讼。人民法院判决承担民事责任的第三人，有当事人的诉讼权利义务。前两款规定的第三人，因不能归责于本人的事由未参加诉讼，但有证据证明发生法律效力的判决、裁定、调解书的部分或者全部内容错误，损害其民事权益的，可以自知道或者应当知道其民事权益受到损害之日起六个月内，向作出该判决、裁定、调解书的人民法院提起诉讼。人民法院经审理，诉讼请求成立的，应当改变或者撤销原判决、裁定、调解书；诉讼请求不成立的，驳回诉讼请求。"

特别要注意的是：提起第三人撤销之诉的第三人，是原、被告诉讼时的（当时的）"有独三"或"无独三"，后来的不行（后来发生利害关系的不行，或者说，后来发生法律关系的不行）。否则，"子子孙孙，无穷尽也"。这是击破第三人撤销之诉的一个非常重要的角度。

◎有的放矢

例：甲告乙侵害商业秘密案件打赢后，丙提起第三人撤销之诉，主张自己是"有独三"，理由是商业秘密为自己所拥有。

当事人是侵权之诉，丙说"归属"，不构成有独立请求权第三人。

◎诉讼文书引用法条，要原汁原味

诉讼文书引用法条，要用引号（高院的文书，有时都不用引号，这是不对的）。

很多诉讼文书，只是概括法条的大意，有的诉讼文书连大意都不概括，让阅读者自己去查找。

准确、简明地传达信息，是一件重要的事情。

◎诉讼请求要写清楚——以共有物分割为例

1. 共有物的分割是指共有关系终止时，依照共有人的协议或法律的规定将共有财产分割给当事人各自所有的行为。即是说，共有物的分割，是把共有之物变成单独所有之物。比如，甲、乙共有的一块牛肉（一个所有权），切成两块，甲、乙一人一块（一人一个所有权），或把牛肉折价给甲，或者干脆卖给第三人，甲、乙分钱。

2. 分割实为共有关系终止时的清算。保持共有关系确定共有财产的份额，那不叫分割。

3. 按份共有的分割，没有什么问题。小两口离婚，有一所房子，登记为各占50%。两人都争着要房子（把共有所有权变成单独所有权）。这时候可以竞价分割，谁出的钱多就归谁。

4. 共同共有麻烦一些，因为共有人之间没有"明晰的份额"，但共有人之间是有"潜在的份额"的。比如，夫妻之间共同共有一套房屋，"潜在的份额"是各占50%。

在请求分割共同共有的财产时，首先要确认当事人各自占有的份额，使分配财产有依据。原告的代理律师，应当在起诉书中写明具体的分割请求。要不然，法官可能只判决个人应享有的份额，而不予"分割"。这种判决只是确权，无法执行，当事人还得二次诉讼。

◎一个技巧：把握好起诉的时间

如果向相对人发出了解除通知或抵销通知，最好在3个月之后再起诉他，请求确认解除或抵销的效力。在3个月内起诉，对方就可能提起反诉，从而保住了期间。[1]暂不起诉，则3个月的期间也可能自然而然地过去了。我这个"技巧"，是从实例中总结出来的。

从理论上看，没有在3个月之内提起反诉，但是对本诉提出抗辩的，应认为没有超过期间。为避免不必要的争议，被解除方最好提出反诉。

◎ **推翻一审判决要考察的事项**

要想推翻一审判决，就要发现一审判决的重大错误。

民事诉讼程序包括审判环节的组织和审判的进程，也包括证据的采集和运用等。要想推翻一审判决，争取发回重审，首先要看一审的程序有无重大瑕疵。《民事诉讼法》规定的发回重审有两大类事由，一是"基本事实不清"，二是"严重违反法定程序"。"基本事实不清"还有改判的可能，"严重违反法定程序"则只能发回重审。[2]

---

[1]《合同法解释（二）》第24条规定："当事人对合同法第九十六条、第九十九条规定的合同解除或者债务抵销虽有异议，但在约定的异议期限届满后才提出异议并向人民法院起诉的，人民法院不予支持；当事人没有约定异议期间，在解除合同或者债务抵销通知到达之日起三个月以后才向人民法院起诉的，人民法院不予支持。"

[2]《民事诉讼法》第170条规定："第二审人民法院对上诉案件，经过审理，按照下列情形，分别处理：（一）原判决、裁定认定事实清楚，适用法律正确的，以判决、裁定方式驳回上诉，维持原判决、裁定；（二）原判决、裁定认定事实错误或者适用法律错误的，以判决、裁定方式依法改判、撤销或者变更；（三）原判决认定基本事实不清的，裁定撤销原判决，发回原审人民法院重审，或者查清事实后改判；（四）原判决遗漏当事人或者违法缺席判决等严重违反法定程序的，裁定撤销原判决，发回原审人民法院重审。原审人民法院对发回重审的案件作出判决后，当事人提起上诉的，第二审人民法院不得再次发回重审。"

1. 是否遗漏当事人。

例：甲公司将工程发包给乙公司，甲公司的法定代表人张某某个人借款1000万元给承包人乙公司，约定款项用于工程建设。后来一审法院判决：该1000万元借款已经转化为对乙公司的工程款。

实际情况是，张某某个人并未参加诉讼。在一审民事判决书中，张某某是以甲公司法定代表人的身份列名的，不是诉讼中第三人，这就剥夺了张某某对本案的诉权。张某某是债权人，一审民事判决书处分了他的财产。

律师在上诉状上列出这一点，二审法院就应当发回重审。

律师也可以有第二种选择，在上诉书中不提遗漏当事人的事情，以后再提起第三人撤销之诉。[1]最好的选择，是在上诉的时候就提出遗漏当事人的瑕疵，如果法院维持了一审判决，再提起第三人撤销之诉，这样有两次机会。

2. 是否存在诉讼文书未送达的情况。

例：甲公司起诉了乙公司，在诉讼过程中，甲以重新递交起诉书的方式变更诉讼请求，法院说已经送达给乙，但没有乙的签字。二审法院发回重审。

---

[1]《民事诉讼法》第56条规定："对当事人双方的诉讼标的，第三人认为有独立请求权的，有权提起诉讼。对当事人双方的诉讼标的，第三人虽然没有独立请求权，但案件处理结果同他有法律上的利害关系的，可以申请参加诉讼，或者由人民法院通知他参加诉讼。人民法院判决承担民事责任的第三人，有当事人的诉讼权利义务。前两款规定的第三人，因不能归责于本人的事由未参加诉讼，但有证据证明发生法律效力的判决、裁定、调解书的部分或者全部内容错误，损害其民事权益的，可以自知道或者应当知道其民事权益受到损害之日起六个月内，向作出该判决、裁定、调解书的人民法院提起诉讼。人民法院经审理，诉讼请求成立的，应当改变或者撤销原判决、裁定、调解书；诉讼请求不成立的，驳回诉讼请求。"

3. 举证责任分配是否存在明显错误。看过大量判决书的人知道，法官可能在举证责任的分配上犯错误。比如，甲起诉乙不履行合同，有时法院会认定原告的证据不足，其实，甲起诉乙不作为，应当由被告乙承担举证责任。

4. 是否存在"未审而判"的事项。判决书的"本院认为"部分没有涉及的事项，却判决了。

5. 是否存在"未审未判"的事项。有的法官明修栈道，暗度陈仓（如通过改变案由），把当事人请求审理的法律关系给回避了，造成了"未审未判"。

6. 开庭"人数不足"。比如，开庭时没有书记员，一个法官兼着书记员。再如，开庭时有3个审判员，半路走了一个。

◎律师书写撤销仲裁裁决申请书，重点应在程序方面

有不少"撤销仲裁裁决申请书"，从实体方面反复说明仲裁裁决如何如何错误，这基本上没有什么用。关键在于，仲裁程序上有无重大瑕疵。[1]比如，仲裁员3个，有一个有事提前走了，没有参加合议（尽管走时留下了意见），这就要撤裁了。

◎提起解除权确认之诉，还是提起解除之诉

单方解除权（法定解除权）是简单形成权，简单形成权是

---

[1]《仲裁法》第58条规定："当事人提出证据证明裁决有下列情形之一的，可以向仲裁委员会所在地的中级人民法院申请撤销裁决：（一）没有仲裁协议的；（二）裁决的事项不属于仲裁协议的范围或者仲裁委员会无权仲裁的；（三）仲裁庭的组成或者仲裁的程序违反法定程序的；（四）裁决所根据的证据是伪造的；（五）对方当事人隐瞒了足以影响公正裁决的证据的；（六）仲裁员在仲裁该案时有索贿受贿，徇私舞弊，枉法裁决行为的。人民法院经组成合议庭审查核实裁决有前款规定情形之一的，应当裁定撤销。人民法院认定该裁决违背社会公共利益的，应当裁定撤销。"

按一方的意思表示即发生效力的权利。单方解除权可以通过通知的方式行使，也可以通过起诉的方式行使，这在理论和实践上都没有问题。

例：甲公司与乙公司签订了合同，后因乙公司违约，甲公司通知乙公司解除合同，乙公司未予理睬。过了一段时间甲公司要起诉乙公司，请求法院判决解除合同。

甲公司面临着二选一：一是提起解除权确认之诉，请求法院判决自己解除有效；二是请求法院判决解除，即提起解除之诉。

何种选择为好，要具体问题具体分析。比如，甲公司的解除通知前，没有经过催告程序，是否应催告可能有争议（《合同法》第94条第3项应催告，第4项不用催告），这时可以考虑提起解除之诉。再如，甲公司的解除通知送达3个月后，乙公司没有提出异议（超过了法定期间），[1]这时可以考虑提出解除权之诉。还有，解除时间的早晚，会对当事人的权利义务产生影响，这也是要考虑的因素。解除权确认之诉，是确认解除通知送达后合同解除。解除之诉，是判决生效时，合同解除。

◎ **容易被推翻的一审判决**

《侵权责任法》第12条规定："二人以上分别实施侵权行为造成同一损害，能够确定责任大小的，各自承担相应的责任；难以确定责任大小的，平均承担赔偿责任。"这是无意思联络数

---

[1]《合同法解释（二）》第24条规定："当事人对合同法第九十六条、第九十九条规定的合同解除或者债务抵销虽有异议，但在约定的异议期限届满后才提出异议并向人民法院起诉的，人民法院不予支持；当事人没有约定异议期间，在解除合同或者债务抵销通知到达之日起三个月以后才向人民法院起诉的，人民法院不予支持。"

人侵权按份责任的规定。

设甲、乙对丙侵权,构成按份责任。出于多种考虑,丙只起诉甲,没有起诉乙,如果法院判决甲承担按份责任,则实际上也审理了侵权人甲和乙之间的法律关系。这样的一审判决,是很容易被推翻的。

◎预设败诉之后的措施

例:甲起诉乙合同无效,并起诉按无效返还财产,按返还财产交了诉讼费。法官做了释明,认为合同有效。这时,律师要通盘考虑,是败诉之后上诉,还是改变诉讼请求?

确认之诉与给付之诉,诉讼费是不一样的。在起诉之前,律师要考虑一案的确认之诉和给付之诉是否可以分开来打。

◎除斥期间超过以后,受害人还有没有机会

例:甲欺诈了乙,乙若请求撤销合同,已经过了一年的除斥期间,丧失了撤销权,[1]乙还有没有机会?

如果甲有违约的情形,乙还有机会。追究违约责任受两年诉讼时效的限制,诉讼时效还可以中止、中断。有一种欺诈是因为欠缺履行能力,这种欺诈人,是很容易违约的。

◎一个有风险的"技巧"

《合同法》第94条第3项规定,当事人迟延履行主要债务,

---

[1]《合同法》第55条规定:"有下列情形之一的,撤销权消灭:(一)具有撤销权的当事人自知道或者应当知道撤销事由之日起一年内没有行使撤销权;(二)具有撤销权的当事人知道撤销事由后明确表示或者以自己的行为放弃撤销权。"

经催告后在合理期限仍未履行的,被违约人可以解除合同。

例:甲公司催促乙公司:"你欠我的1000万元技术使用费,15天内再不给我司,我就解除股权转让合同。"乙公司在15天内给了甲公司501万元,以规避"迟延履行主要债务",想通过这种手段消灭甲的解除权。

这种"技巧"是有风险的,因为乙公司的501万元,是迟延后的履行、催告后的履行。

◎ 及时变更诉讼请求一例

例:享有代位权的债权人甲向法院起诉次债务人乙,请求偿还1000万元,次债务人乙欠债务人丙1150万元。在诉讼中甲的代理律师发现乙的财产只能偿还500万元,遂及时变更诉讼请求,请求代位偿还500万元。法院判决次债务人乙向甲偿还500万元。债权人甲是否可以起诉债务人丙,请求偿还500万元?(本案略去利息的计算)

可以。本案债权人甲如不及时变更诉讼请求,法院判决次债务人乙向甲偿还1000万元,则甲对债务人丙的债权消灭,甲不得"杀回马枪",再向丙请求1000万元。[1]

金钱之债是可分之债,甲及时变更诉讼请求为500万元,还可向债务人丙请求500万元。

有一个不正确的观点:债权人先起诉次债务人,然后申请执行,不足部分,可以再起诉债务人。

---

[1]《合同法解释(一)》第20条规定:"债权人向次债务人提起的代位权诉讼经人民法院审理后认定代位权成立的,由次债务人向债权人履行清偿义务,债权人与债务人、债务人与次债务人之间相应的债权债务关系即予消灭。"

◎举证责任如何分配？

例：甲向乙的卡上打了1万元，后以打错为由，请求返还不当得利。甲已经举证打了1万元（凭条），乙承认收到1万元，但否认构成不当得利。至此，你作为法官，让谁承担举证责任，证明什么？

应当让乙证明，取得该1万元有法律上的原因。

◎执行不足部分，债权人可以起诉次债务人吗

例：债权人甲向法院起诉债务人乙，请求偿还1000万元，法院判决乙偿还1000万元，到执行阶段，只执行了500万元，就其余500万元，甲能够起诉次债务人丙（丙欠乙600万元），请求偿还500万元吗？

可以。甲可以起诉次债务人丙，提起债权人代位权诉讼。理由是：①进入诉讼程序的债务也是债务，强制执行的债务也是债务；②金钱之债是可分之债。

◎行使代位权的被告，限于主债务人的次债务人吗

担保人是债务人，担保债务是从债务，担保人是从债务人。因此，担保人的债务人，可以成为行使债权人代位权的适格被告。

例：甲对乙有500万元债权，由丙作保证人，丁欠丙500万元。当主债务人乙到期不履行主债务，保证人丙与之形成连带责任。债权人甲可以代位行使丙的债权，即甲可以起诉丁，主

张债权人代位权。

◎案由挺重要

例：张男与李女是夫妻，三套共有的房屋都登记在李女名下。张男出国回来之后，发现李女以个人所有的名义将其中一套出卖给经常走动的邻居王某，已经办理了过户登记手续，并交付使用。张男起诉，应采何种案由？

1. 如果张男以无权处分为由，请求确认买卖房屋的合同无效，法院可能驳回张男的诉讼请求。（《买卖合同解释》第3条第1款规定："当事人一方以出卖人在缔约时对标的物没有所有权或者处分权为由主张合同无效的，人民法院不予支持。"）如果张男请求返还原物，法院则应予以支持。

2. 以上分析仅从实务的角度出发，实际上，《买卖合同解释》第3条是不正确的，制造了混乱（此处不赘，可参考拙著《合同法要义》）。

◎抗辩与行使抗辩权

1. 抗辩与行使抗辩权是不同的。在民事诉讼中，主张抗辩权，是抗辩的一种。反驳与反证，也是抗辩。甲方行使抗辩权，则乙方必有请求权，矛和盾同时存在。

2. 主张权利不成立的抗辩，一般不是行使抗辩权。

3. 常用的抗辩权，包括履行抗辩权、诉讼时效抗辩权、占有抗辩权等。

◎反诉还是抗辩

例：甲方起诉乙方，请求乙方按照合同约定支付100万元不履行的违约金。乙方证明甲方的损失只有70万元，要求将违约金减至70万元。请问：乙方是以抗辩的方式主张，还是以反诉的方式主张？为什么？

反诉需请求给付。本案乙方不请求给付，因此是以抗辩的方式请求调低违约金。也有人主张，抗辩也可，反诉也行，两种方式皆可。反诉是不行的，无请求给付，无反诉。

如果乙方以合同不成立、合同未生效、合同无效或者不构成违约等为由主张不支付违约金，也不能反诉，而只能是进行免责抗辩。

另外，调低违约金并不要求违约金与损失额相等。《合同法解释（二）》第29条规定："当事人主张约定的违约金过高请求予以适当减少的，人民法院应当以实际损失为基础，兼顾合同的履行情况、当事人的过错程度以及预期利益等综合因素，根据公平原则和诚实信用原则予以衡量，并作出裁决。当事人约定的违约金超过造成损失的百分之三十的，一般可以认定为合同法第一百一十四条第二款规定的'过分高于造成的损失'。"

◎一定要问问当事人

律师出庭前，一定要问问委托人，哪些是他承认的，哪些是他不承认的（事先对对方和法官的提问，要有些预测）。他不承认的，你在法庭上承认了，就不好了。

◎举证陷阱

例：甲与乙签订了买卖合同，乙违约，甲起诉乙，请求按合同约定支付违约金。乙说，合同约定的违约金过高，请求调低。甲说，不高。法官说："你说不高，有证据吗？"甲就一五一十地举证。

没有举证义务而举证，甲跌入了举证陷阱。甲应当指出，乙承担举证责任（谁主张谁举证，请求调整违约金的一方承担举证责任），在乙举证后，针对乙的举证，反驳或者反证。

《民事诉讼法解释》第90条规定："当事人对自己提出的诉讼请求所依据的事实或者反驳对方诉讼请求所依据的事实，应当提供证据加以证明，但法律另有规定的除外。在作出判决前，当事人未能提供证据或者证据不足以证明其事实主张的，由负有举证证明责任的当事人承担不利的后果。"

◎证明什么及相关"技巧"

举证包括：①对行为是否存在的举证；②对是否有过错的举证；③对行为与损害结果有无因果关系的举证；④对损害范围或多少的举证；⑤对免责事由是否存在的举证。

例：甲将房屋出租给乙，租期为一年，到期乙未返还房屋（回复占有），处于违约状态，逾期15日之时，因不可抗力房屋毁损，甲起诉请求乙赔偿。请问：谁承担价值减损的责任？

被告乙可以抗辩房屋毁损与谁占有没有因果关系。"技巧"在于：乙自己不举证，而要求原告甲举证因果关系。

◎主张定金罚则，是否需要反诉

例：甲（支付定金的一方）起诉乙，要求适用定金罚则（双倍返还定金），乙亦要求适用定金罚则（保留已经收取的定金，主张甲无权请求返还）。乙应否提起反诉？

应当提起反诉。因为消灭对方定金返还请求权（消灭一个债权），本质上是请求给付。

◎另辟蹊径

例：张甲与李乙、王丙拼车，张甲开车，在高速公路上行驶时，王丙从后车门掉下死亡。王丙继承人起诉张甲请求赔偿。大家都在探讨张甲与李乙的注意义务。

可以看一看生产者或销售者有无产品责任（设计上的瑕疵或制造上的瑕疵）。

◎善意第三人购买房屋，被房屋承租人"抢走"，可向出租人主张违约责任

出租人与第三人成立了房屋买卖合同，合同约定了价金等条款，有了"同等条件"的标准，通知承租人之后，承租人主张优先购买权，这使出租人与第三人的房屋买卖合同成为一纸空文，而出租人则要对善意第三人承担违约责任。

◎律师最大的失误

民事诉讼，代理律师最大的失误，有二：

一是在程序上的失误，包括不能发现法院审理程序上的重大瑕疵、错过期间、举证不当等。在一定意义上，律师对程序法的掌握，比对实体法的掌握更重要。

二是律师表达意见，客观上是帮对方说话，为对方提供武器，有时法官会引用律师的话作为证据，而判决律师的当事人败诉。这个情况不多见，但是有。律师客观上帮对方当事人说话，是由于对案件所涉法律关系不清晰，或者是没有把握住法

律关系的性质。

◎律师应当注意开发的一个业务领域

帮助委托单位清理知识产权,特别是清理著作权,是一项重要的业务,大单位、大企业可以说是金矿。

要制作知识产权目录,使决策者一望而知。

清理之后,一是后续利用,发挥知识产权的"余热",二是看有无被侵权的情况,如果有,可以回收不少财产。

侵权在"进行时"的,主张停止侵害的诉讼时效不过,但主张赔偿,要向前推两年计算。

◎提醒小股东,预防灭顶之灾

> 题记:公司股东的律师,要告诉股东,在什么情况下,会从有限责任转化为无限责任。[1]

按照《公司法》第183条[2],有限责任公司的股东(包括小股东)在公司因吊销营业执照等原因解散时,有清算义务。大股东控制公司,不组织清算,法院则会判决股东对公司债权人承担连带责任,小股东就可能陷入灭顶之灾。因为,此时是无限责任,而不是有限责任。

---

[1] 参见附录三:(指导案例9号)上海存亮贸易有限公司诉蒋志东、王卫明等买卖合同纠纷案。

[2] 《公司法》第183条规定:"公司因本法第一百八十一条第(一)项、第(二)项、第(四)项、第(五)项规定而解散的,应当在解散事由出现之日起十五日内成立清算组,开始清算。有限责任公司的清算组由股东组成,股份有限公司的清算组由董事或者股东大会确定的人员组成。逾期不成立清算组进行清算的,债权人可以申请人民法院指定有关人员组成清算组进行清算。人民法院应当受理该申请,并及时组织清算组进行清算。"

比如，甲对公司的出资额是50万元，公司欠银行1000万元，甲不用担心，因为他承担的是有限责任（量上有限责任），[1]如果股东不履行清算义务，法院则会判决大小股东与公司对公司债权人承担连带责任。

《公司法解释（二）》第7条第1款规定："公司应当依照公司法第一百八十三条的规定，在解散事由出现之日起十五日内成立清算组，开始自行清算。"第2款规定："有下列情形之一，债权人申请人民法院指定清算组进行清算的，人民法院应予受理：（一）公司解散逾期不成立清算组进行清算的；（二）虽然成立清算组但故意拖延清算的；（三）违法清算可能严重损害债权人或者股东利益的。"第3款规定："具有本条第二款所列情形，而债权人未提起清算申请，公司股东申请人民法院指定清算组对公司进行清算的，人民法院应予受理。"

也就是说，当大股东不清算的时候，小股东要向法院申请指定清算组进行清算。

◎ 何时提出管辖权异议

《民事诉讼法》第127条规定："人民法院受理案件后，当事人对管辖权有异议的，应当在提交答辩状期间提出。人民法院对当事人提出的异议，应当审查。异议成立的，裁定将案件移送有管辖权的人民法院；异议不成立的，裁定驳回。当事人未提出管辖异议，并应诉答辩的，视为受诉人民法院有管辖权，但违反级别管辖和专属管辖规定的除外。"

---

[1]《公司法》第3条规定："公司是企业法人，有独立的法人财产，享有法人财产权。公司以其全部财产对公司的债务承担责任。有限责任公司的股东以其认缴的出资额为限对公司承担责任；股份有限公司的股东以其认购的股份为限对公司承担责任。"

要给大家提示的是:"当事人在一审提交答辩状期间未提出管辖异议,在二审或者再审发回重审时提出管辖异议的,人民法院不予审查。"[1]

◎ 股东诉讼与股东派生诉讼

股东诉讼与股东派生诉讼都是股东作为原告,但有明显区别:

1. 股东派生诉讼,是董、监、高等危害公司利益,而公司又怠于诉讼,才由股东作为原告起诉;股东诉讼,是股东自己的利益受到董事、高级管理人员的侵害,股东作为原告起诉。

2. 股东派生诉讼胜诉产生的利益归公司;股东诉讼胜诉产生的利益归属股东自己。

◎ 律师的一项基本功

法律关系分析法,是律师的一项基本功。

1. 法律关系分析,是确定诉讼标的的理论基础。是一个法律关系还是两个以上法律关系,是单一法律关系还是复合法律关系(也称为结合法律关系),是竞合还是聚合,是一个诉讼标的还是属于合并审理的范畴,都需要依据法律关系的理论来解决。

2. 法律关系性质的不同,决定了权利义务的不同。比较典型的例子是承揽合同与雇佣合同:定作人是过错责任、自己责任,雇主是无过错责任、替代责任。

3. 复杂的案件,最终要归结为"简易"的法律关系。

---

[1] 参见附录七:(指导案例56号)韩凤彬诉内蒙古九郡药业有限责任公司等产品责任纠纷管辖权异议案。

4. 研究法律关系，要研究法律关系的"元形式"，即研究法律关系的最小单位。法律关系的最小单位是单一法律关系。以买卖合同为例，它是一个复合法律关系，包括两个单一法律关系，一个是出卖人为给付的单一法律关系，另一个是买受人为给付的单一法律关系。

5. 法律关系分析，是确定履行地、管辖地、权利义务主体、责任主体、诉讼主体、诉讼时效的基础。例如，租赁合同是双务合同，包括两个单一法律关系，一个是承租人给付租金的单一法律关系，一个是出租人移转用益权的单一法律关系。出租人就租金"说事"，请求拒不支付或者陷于迟延的承租人支付租金，适用的是一年的短期诉讼时效，而承租人向出租人主张权利，适用的是两年的普通诉讼时效。

6. 从法律关系的角度研究案件，应当是律师的一个习惯。无此习惯者，难谓成熟的律师！

第二节 若干技术问题

◎庭审突袭好不好

很多原告代理律师不愿意在起诉书中详述理由，很多被告代理律师不愿意写答辩状，还有的律师不愿意一次性提交证据（证据突袭是庭审突袭的一种表现）。他们想在开庭的时候，突然袭击，让对方措手不及。这种策略有利有弊。

法官是理性人，也是感性人，在形成内心确认后，很难改变自己。另外，一方庭审突袭，法官会给另一方留下准备时间，造成多次开庭的结果。

我主张，代理律师要尽早充分表达自己的观点，具体地说，原告律师应当在起诉书中详叙自己的观点,被告律师应当详写答辩状。证据尽可能地一次提交。在民事诉讼中,没有太多的诉讼技巧。

代理律师设想的对方的观点或思路,一般不要主动抛出来(一般不要提前加以驳斥)。因为,对方可能没有想到。

◎法律文书应当简洁

1. 简洁是法律的生命。
2. 律师撰写的法律文书也应当简洁。一语中的,是努力方向。简洁与重点突出,是孪生姐妹。
3. 不少律师撰写法律文书,面面俱到,滴水不漏,这样今后对当事人好交代(我提出来了,法官不接受)。
4. 撰写法律文书,要想办法帮助法官尽快把握重点。

◎诉讼文书要抓住最重要的东西

律师写诉讼文书,一定要抓住最重要的东西,甚至要抓住最关键的一两句话。

有的律师,不分巨细,喜欢把所有理由都写出来,让法官去找、去取舍(这样对当事人好交代,理由我写出来了,法官没有采纳,我也没有办法)。

面面俱到,不痛不痒的东西都写了,要法官去挑,法官心理上会有拒绝感。

◎法律文书可以打比喻吗

有的老律师教徒弟:"律师起草法律文书,比喻的、情绪化的,都不可写。"这值得商榷。任何比喻,都是有缺陷的,但比喻往往能触动人心。老八股，可能欠缺说服力、感染力。

法律文书，也可以有激情。

激情有时挺重要的。

◎类案检索

法律检索、类案检索是律师的基本功。接到一个较大的诉讼案子后，类案检索是起诉或应诉准备工作的一项重要内容。太阳底下没有太多的新鲜事儿。在网上，一般能搜索到类似的判例。类似判例具有重要的参考价值。现在法官自己也搞类案检索，遵循先例感觉安全一些。

实践中，律师提出一个观点，法官会说，有这样的判例吗？你能给我找出来一个吗？

类案检索，首先要检索最高人民法院公布的指导案例和典型案例，其次是其他判例。

重要的案件，也可请专家参与。如果办案思路错了，后果可能很严重。

◎制作卷宗有讲究

经常看律师制作的卷宗，有的"一目了然"，有的看起来很费劲。

制作卷宗，是整理涉案资料的工作。制作卷宗，要帮助阅读者尽快把握住来龙去脉和焦点问题。卷宗要便于阅读，便于查找。

对制作卷宗，有以下建议：

1. 卷宗材料，可按时间排序、按逻辑关系排序或按重要性排序（有时一份重要的证据夹在很多不太重要的资料中间，往往被忽略）。

2. 卷宗要有目录。

3. "物以类聚",如起诉书、上诉书等归为一类,收据、转账凭证等归为一类,如果材料较多,可按类分卷。

4. 不要有缺页、漏页。

5. 有的文书上没有年月日,如一份起诉书在落款后打印了"年月日"三个字,却没有填上何年何月何日,在入卷的时候,要填上或在页下脚作说明。

6. 字迹不清楚而又比较重要的,应在页边或页下脚,以备注的方式做出说明。

7. 要标页码。有正反面的,两面都要标明页码。

◎律师函中,最关键的一句话是什么

律师函中最关键的一句话,是受谁谁的委托(权源)。因为律师并不是当事人法律关系的主体。

发律师函,有警告的意味,往往是诉讼的"东进序曲"。

发律师函之前,还是要做一些调查研究的。

律师函的措辞要讲究,因为对方可能把律师函作为证据使用。

◎狭义的涉他契约

例:甲、乙是丙公司的股东,甲、乙在发起人协议中约定:甲、乙对丙公司(目标公司)各"出资"500万元。同时,甲对丙公司"投资"(出借)1000万元。后来,甲将股份全部转让给乙。再后来,甲起诉丙、乙,请求归还"投资"的1000万元。丙公司经营不善,只有300万元财产(含债权)。

1. 本案"出资"与"投资"不同。

2. 甲、乙约定对丙公司投资，是狭义的涉他契约，对丙公司应当归还1000万元借款，乙不承担连带责任。

◎裁判抵销

双方违约和双方侵权，都不能采用过错相抵的方法处理。双方违约与双方侵权，都是两个损害，过错相抵则是针对一个损害。双方违约与双方侵权，在判决时，有的可以采用折抵（裁判抵销）的方式处理，有的不可以折抵。

例：甲违约给乙造成10万元的损失，乙违约给甲造成3万元的损失，在确定双方各自责任后，可直接判决甲赔偿乙7万元，即进行裁判抵销。

◎欠钱的人下落不明，是先申请他为失踪人好，还是直接去法院起诉他好

山东省菏泽市巨野县人民法院微博的解答：实践中都是直接到法院起诉。时效方面，债务到期后债权人不用等到债务人下落不明满两年；举证方面，申请人宣告失踪应提供债务人下落不明满两年的证明，而起诉后，法院在穷尽完送达方式时可公告送达；效率方面，债权人凭判决书仍可申请法院向债务人的财产代管人或共有人采取执行。

◎有无打赢民事官司的可能

例：张甲被李乙打成轻伤，刑事诉讼因证据不足，未认定李乙构成犯罪。张甲又提起民事诉讼，以被打成轻伤为由，请求李乙予以赔偿，张甲有无打赢官司的可能？

有。因为刑事诉讼与民事诉讼采取不同的证据规则。刑事诉讼证据要求高,民事诉讼采高度盖然性规则。

中国的实务中,法院判决不承担刑事责任,本院法官不会去判被告再承担民事责任,但按中国法律,张甲仍有打赢的可能。

◎能否排除法定监护人

例:张甲年近六十,精神健康,写下一份文书,交给孙女张乙,载明:"若以后老年痴呆或因其他疾病成为无行为能力人或限制行为能力人,由我的孙女张乙为监护人,夫人李丙不为监护人。"

可以排除法定监护人。意定监护优于法定监护,这是人身权和财产权的延伸。

◎律师不要轻易给当事人打电话

1. 当事人给了一堆材料,律师没看明白,就给当事人打电话询问。当事人很容易想,你可能不懂或不熟悉这方面的事情,或者认为你不负责任。如果真想接这个案子,就把材料大体消化了,归纳整理后,再打一个电话向当事人提问题。如果是特别熟的熟人,当然没有必要这么谨慎。

2. 重大案件,最好列一个询问提纲,将要提出的问题一二三地列出来。询问时,可以做笔录,但让当事人签名、捺印,会引起反感。

3. 如果当事人给的材料较多,应当先看综述类材料和法院判决。

4. 可以要求当事人写一个案件梗概或综述。

5. 看完材料，法律方面也要准备一下。律师解答问题时，表达要流畅一些。此时的流畅，比准确重要。不准确、有漏洞，可以弥补，结结巴巴的，可能就丧失了接案子的机会。

6. 律师要表达信心，又不能打包票，这个度挺难掌握。

◎给当事人的三个提示

接了一个案子，应当给当事人三个提示，作为当事人决策的参考：

第一，可能经过的程序；

第二，诉讼的风险；

第三，收费标准。

◎律师与当事人（委托人）协商收费

第一，应当公平合理，风险代理可以多收一些，但要给当事人讲清楚。

第二，分阶段收费的，也要讲清楚，包括程序。

第三，语气要确定。不要"那就30万吧！""那就30%吧！"语气不确定，不自觉地暗示留有好大空间，或者给人以施舍的印象，从一开始，就会给当事人留下不信任感。

◎律师的办公场所与律师的"外貌"

1. 我介绍当事人与一非常有水平的律师见面，当事人从律所回来以后对我说："太小了、太小了！"（律所的办公间太小了）大单子，当事人会到所里去考察。当事人无法判断律师的法律水平，却可以判断律师的物质水平。我不得不给我的律师学生讲这些，尽管有点俗。

2. "以貌取人"是正常现象。一个律师的皮鞋和汽车,蒙满了灰尘,当事人就会另眼相看,大单子就会跑掉。对外做出"胸中有才,外表狂放"的姿态,是幼稚的,当事人不是人才挖掘机。

第三节　律师要抓住最关键的一、两句话

题记:律师书写诉讼文书、开庭发表意见,要抓重点,要抓住关键的一、两句话,这代表着诉讼的基本思路。

◎新证据,还是新制作的证据

例:张甲与李乙打民事官司,一审李乙败诉。李乙在提交上诉状时,随附了一个"新证据",是李乙邻居王二写的证人证言,一审时李乙未找王二出证,败诉后才找的王二。二审法院安排双方质证。

张甲抗辩的最重要的一句话是:王二的证人证言"不是新证据,而是新制作的证据"。《证据规定》第41条规定:"《民事诉讼法》第一百二十五条第一款规定的'新的证据',是指以下情形:(一)一审程序中的新的证据包括:当事人在一审举证期限届满后新发现的证据;当事人确因客观原因无法在举证期限内提供,经人民法院准许,在延长的期限内仍无法提供的证据。(二)二审程序中的新的证据包括:一审庭审结束后新发现的证据;当事人在一审举证期限届满前申请人民法院调查取证未获准许,二审法院经审查认为应当准许并依当事人申请调取的证据。"[1]

---

[1]《民事诉讼法》第125条第1款已改为第139条第1款。

◎ 有无直接因果关系

例：甲带着孩子到无资质的乙诊所看病，结果小孩因误诊死亡。法官认为甲有过错，按照过错相抵规则，判决减轻了乙诊所的责任。

甲的上诉书中，最关键的一句话是："甲带着孩子到无资质的乙诊所看病，与孩子的死亡无相当因果关系。"相当因果关系可能有点理论化，可以改为："甲带着孩子到无资质的乙诊所看病，与孩子的死亡无直接因果关系。"

◎ 对特异体质，不得适用过错相抵规则

例：甲开车撞伤乙，乙骨头断裂，经鉴定，乙骨质疏松，法院适用过错相抵规则，减轻甲30%的责任。[1]

过错相抵规则，是两个过错行为造成损失的相抵。本案最关键的一句话是："乙的体质（甚至是特异体质）不是行为，更不是过错行为，因而不能适用过错相抵规则。"

◎ 不适用过错相抵的情形

例：按约定，出卖人甲给买受人乙分两次发货，对第一次的发货，乙付款晚了30天。第二次发货，货物明显不符合质量要求。法官判决书中说："双方违约，适用过错相抵规则，酌定甲赔偿乙多少元。"

---

[1] 参见附录五：（指导案例24号）荣宝英诉王阳、永诚财产保险股份有限公司江阴支公司机动车交通事故责任纠纷案。

过错相抵，是对一个损害适用的规则；双方违约，是对两个损害适用的规则。本案是双方违约，是两个损害，不能适用过错相抵的规则。本案最关键的一句话是："双方违约的赔偿，不能酌定。"

◎书证，不否认签名，意味着什么

例：甲、乙打官司，甲提出乙方工作人员电子邮箱传来的一份函件作为证据，乙的诉讼文书中反复强调该函件内容虚假，法官也要求甲方举证证明该函件为假。

你要看看，乙对函件上的签名有无否认？如果没有否认的话，甲不用反证，只需要反驳："乙对该书证的签名并不否认。"

书证，不否认签名，意味着这是个真东西。

◎不能转让不存在的东西

例：甲（债权人）对乙（债务人）有18万元的金钱债权，甲将债权转让给丙，通知了乙。之后，甲又将该笔债权转让给丁，现在丁和丙争夺这笔债权。丁说："'一权双转'，两个合同都有效。"

"不能转让不存在的东西"。甲将债权转让给丙，通知乙后，丧失了债权，他不可能二次转让。第二个债权转让法律关系不可能成立。就像张三把房子过户登记给李四，他已经丧失了所有权，不可能再卖给王二，张三与王二的合同，因自始履行不能而不能成立。

◎自愿承担误解风险的，不构成重大误解

例：张甲以3万元的价格卖给李乙一块赌石，双方都知道，赌石里面若有玉，价值10万元以上，没有玉，一分不值。李乙打开石头发现没有玉石，以重大误解为由请求撤销。

不可。因为李乙"自愿承担了误解的风险"。

◎不动产抵押合同无效，但已经办理了抵押登记，抵押权效力如何

例：张甲欠李乙1000万元，为防止李乙对自己房屋强制执行，张甲与王丙恶意串通，将房屋抵押给了王丙，张甲、王丙拿着不动产抵押合同书等，办理了抵押登记。抵押权能否生效？

本案抵押权不能生效（也可以说不能成立）。因为，本案不管是债权合意（设立债权的合意），还是物权合意（变动物权的合意），都是恶意串通。

◎让与担保，是否有效

例：甲以转移房屋所有权的方式为乙设立"抵押"（让与担保）。

1. 无效。因为当事人违反了物权法定原则。《物权法》第5条规定："物权的种类和内容，由法律规定。"此规定是效力性强制性规定。

2. 乙对该房屋没有优先受偿权。

隋彭生：律师民法业务思维（二）

第四节　参照适用——寻找请求权基础的一条路径

◎ "参照适用"的意义

民法是允许参照适用的，法律的参照适用是反映法官和律师功力的一面镜子。民事案件，法官不能以无法律规定为由拒绝裁判。民法案件多姿多彩，很多案子找不到可丁可卯的法条。怎么办？大家注意到没有，最高人民法院的"指导案例"及公布的"典型案例"，是有不少"参照适用"的。"参照适用"是寻找请求权基础的一条路径。

例：《合同法》第124、174、175、184、330条规定了参照适用，《合同法》第287、395、423条等，则是"适用"，不是"参照适用"。

《买卖合同解释》第54条规定了参照适用。
《物权法》第105、114、134、222条规定了参照适用。

◎ **并存的债务承担人，可以行使履行抗辩权**

例1：甲卖给乙100万元的鱼饲料，买受人乙尚未付款。乙经甲同意，将债务转让给丙（免责的债务承担）。甲向丙主张债权。丙对甲说："乙刚给我传来饲料检验报告，说饲料质量完全不符合合同约定。《合同法》第85条规定：'债务人转移义务的，新债务人可以主张原债务人对债权人的抗辩。'按照此条规定，我可以行使乙的先履行抗辩权。拒绝向你支付货款。"

例2：甲卖给乙100万元的鱼饲料，买受人乙尚未付款。后来丙加入，成立并存的债务承担，亦即乙和丙对该 100 万元货款承担连带责任。甲向乙请求支付不得，转而向丙请求支付。丙对甲说："乙刚给我传来饲料检验报告，说饲料质量完全不符合合同约定。"这时丙可以参照适用《合同法》第 85 条的规定，行使乙的先履行抗辩权。

为什么是参照适用呢？因为《合同法》只规定了免责的债务承担，没有规定并存的债务承担。

◎冒名女朋友获赠与，参照什么规定处理

例：张小伙在北京打拼事业，未结婚，也没有女朋友。张母命张小伙必须在春节前将女朋友带回家。母命难违，张小伙花钱请大学生李小妹冒充女朋友。张母见李小妹眉清目秀，举止得体，给了其 5 万元见面礼。后张小伙向李小妹要这 5 万元，李拒绝。此案应当如何处理？

《合同法》第 404 条规定："受托人处理委托事务取得的财产，应当转交给委托人。"对该条是参照适用。因为不是李小妹获得的财产，不是实施委托事务应得或必得的财产。也就是说，李小妹所获财产，与受托事务有关，但没有直接因果关系。

根据已知条件，张小伙与李小妹还没有谈婚论嫁，故不能按彩礼处理。

◎赠与人的法定撤销权成立的事由及参照适用

《合同法》第 192 条第 1 款规定："受赠人有下列情形之一的，赠与人可以撤销赠与：（一）严重侵害赠与人或者赠与人的近亲属；（二）对赠与人有扶养义务而不履行；（三）不履行赠

与合同约定的义务。"

条文规定的被侵害人是自然人。如果受侵害的赠与人是法人,其能否行使法定事由撤销权?

例:甲公司赠与乙公司价值100万元的铝锭,时隔不久,甲公司发现乙公司对其进行商业诽谤,造成了严重后果(构成了严重侵害)。甲公司欲撤销对乙公司的赠与。

甲公司可以参照《合同法》第192条第1款,撤销对乙公司的赠与。民法允许参照适用。《合同法》第124条规定:"本法分则或者其他法律没有明文规定的合同,适用本法总则的规定,并可以参照本法分则或者其他法律最相类似的规定。"

◎父母赠与房屋参照赠与货币的规定

《婚姻法解释(三)》第7条第1款规定:"婚后由一方父母出资为子女购买的不动产,产权登记在出资人子女名下的,可按照婚姻法第十八条第(三)项的规定,视为只对自己子女一方的赠与,该不动产应认定为夫妻一方的个人财产。"该规定所说的"婚后由一方父母出资为子女购买的不动产",如果是赠与,则赠与的是货币,不是房屋等不动产,只是对货币规定了用途。比如,张男与李女登记结婚后,张男父母给了张男200万元钱买房子,房子登记在张男名下,此是张男单独受赠,不是张男和李女共同受赠,张男受赠后,也不转化为夫妻共同财产。

例:张甲(男)与李乙(女)结婚后,张甲的父亲出首付款,张甲与开发商签订了商品房买卖合同。张甲以自己的名义与银行签订了贷款合同,每月由张甲的父亲偿还贷款。

此案是父亲出资为儿子买房，为子女"出资买房"，赠与的是货币，房屋归张甲单独所有。

民法允许参照适用。如果父母将自己名下房屋无偿过户到已经结婚的子女名下，赠与的是房屋，就不是货币了。此时应参照《婚姻法解释（三）》第7条第1款规定，视为只对自己子女一方的赠与。

◎**物的用益互易的参照适用**

例：甲与乙达成协议，甲将钢琴交付给乙使用一年，乙将拖拉机交付给甲使用一年。

物的用益互易是双方移转物的用益权能，作为对价进行交换，互相给对方设定用益债权。它不同于租赁，因为租赁之出租人的给付是移转用益权能，承租人的给付是移转财产（货币）的本体，承租人即使以租赁物的天然孳息充作租金，也是移转财产的本体。

用益互易的双方的给付，与租赁合同中出租人的给付是相同的。

即是说，租赁是单方移转用益权能，物的用益是双方移转用益权能。

这种分析的意义是，物的用益互易可以参照适用租赁合同的规定。

◎**过错相抵规则的参照适用**

最高人民法院《关于审理人身损害赔偿案件适用法律若干问题的解释》第2条规定：受害人对同一损害的发生或者扩大有

故意、过失的，依照《民法通则》第131条的过错相抵规则[1]，可以减轻或者免除赔偿义务人的赔偿责任。但侵权人有故意或者重大过失致人损害，受害人只有一般过失的，不减轻赔偿义务人的赔偿责任。适用《民法通则》第106条第3款规定确定赔偿义务人的赔偿责任时，受害人有重大过失的，可以减轻赔偿义务人的赔偿责任。[2]

1. 侵权人有故意或者重大过失致人损害，受害人只有一般过失的，不适用过错相抵规则。

2. 关于参照适用。比如，张某明知危险，却在高压电线下钓鱼，触电受伤。高压电作业人承担的是无过错责任，应当予以赔偿。但可以参照适用《民法通则》第131条和《侵权责任法》第26条规定的过错相抵规则，减少其赔偿费用。之所以是"参照"适用，是因为双方当事人只有一方有过错。而过错相抵规则是对立的双方都有过错（混合过错）。

◎ 无偿合同参照赠与的规定

买卖合同是有偿合同的典型，因此其他有偿合同可以参照买卖合同的规定。赠与合同是无偿合同的典型，因此其他无偿合同可以参照赠与合同的规定。《合同法》第174条规定："法律对其他有偿合同有规定的，依照其规定；没有规定的，参照买卖合同的有关规定。"《合同法》"赠与"一章没有这样的条文，但依法律，无偿合同仍可参照赠与合同的规定。

---

[1]《民法通则》第131条规定："受害人对损害的发生也有过错的，可以减轻侵害人的民事责任。"《侵权责任法》第26条规定："被侵权人对损害的发生也有过错的，可以减轻侵权人的责任。"

[2]《民法通则》第106条第3款规定了无过错责任："没有过错，但法律规定应当承担民事责任的，应当承担民事责任。"

例：甲公司向张乙借款1000万元人民币，到期张乙拒不提供借款，甲公司可否向法院请求强制实际履行？

本案合同不是两个自然人之间的借款合同（实践合同），而是诺成合同。若是有偿（有息）借款，可以请求强制实际履行；若是无偿合同（无息借款），参照赠与合同的规定，不能请求强制实际履行。

◎时间差与参照适用

例：台风将至，甲看邻居乙的房子有危险，即用自己的木料加固。

有两种情况：第一种情况，甲正要动工，没想到乙在家，二人一起干了起来。甲非无因管理，因为无因管理人与被管理人（本人）是没有意思联络的，而甲、乙却达成了合意（合同）。甲为给付，乙受领给付，双方是有合同的。什么合同？（无偿）帮工和（木料）借用合同，不能认为木料是赠与。

第二种情况，乙出差回来，对甲的行为表示赞许。甲构成无因管理，事后（注意时间差）乙予以承认，则参照适用委托合同的规定。为什么是"参照适用"而不是"适用"呢？因为现行法律并没有规定"适用"。

◎"揭开公司的面纱"，能否参照适用（见附录四）

所谓"揭开公司的面纱"，是股东与公司的人格混同，令股东与公司承担连带责任的一种规则。《公司法》第20条第3款规定："公司股东滥用公司法人独立地位和股东有限责任，逃避债务,严重损害公司债权人利益的,应当对公司债务承担连带责任。"这个条文讲的"股东"对公司债务承担连带责任,那么,是否可以参照该条规定,令"股东以外的人"承担连带责任呢?

可以。最高人民法院公布的指导案例15号,是判决"关联公司"承担连带责任的。

请注意,这里是"参照适用"。[1]

◎超市提供寄存服务,是履行附随义务吗

超市提供寄存服务,不是履行附随义务,是履行给付义务。无论寄存人是否购买商品,均应参照有偿保管合同处理,即超市不能轻过失免责。[2]

---

〔1〕 参见附录四:(指导案例15号)徐工集团工程机械股份有限公司诉成都川交工贸有限责任公司等买卖合同纠纷案。

〔2〕《合同法》第374条规定:"保管期间,因保管人保管不善造成保管物毁损、灭失的,保管人应当承担损害赔偿责任,但保管是无偿的,保管人证明自己没有重大过失的,不承担损害赔偿责任。"

附 录 参考案例

附录一：唐兰与程永莉房屋买卖合同纠纷一案
（对应第一部分"盖私章、摁手印不可取"）

中华人民共和国最高人民法院
民事判决书

(2012) 民抗字第55号

抗诉机关：中华人民共和国最高人民检察院。

申诉人（一审原告、二审上诉人）：唐兰，女，汉族，1975年2月26日出生，住重庆市江北区观音桥小苑三村16号7-2号。

委托代理人：夏世国，男，汉族，1980年10月10日出生，住四川省泸州市江阳区蓝田镇宝珠村十社41号。

被申诉人（一审被告、二审被上诉人）：程永莉，女，汉族，1962年6月5日出生，住重庆市渝中区长江二路77号附11号2-2。

委托代理人：向勇，重庆司诚律师事务所律师。

唐兰因与程永莉房屋买卖合同纠纷一案，不服重庆市高级人民法院（2009）渝高法民提字第272号民事判决，向检察机关提出申诉，最高人民检察院作出高检民抗［2012］28 号民事抗诉书，向本院提起抗诉。本院经审查后作出（2012）民抗字第 55 号民事裁定提审本案，并依法组成合议庭公开开庭进行了审理，申诉人唐兰及其委托代理人夏世国，被申诉人程永莉的委托代理人向勇到庭参加了诉讼，最高人民检察院指派助理检察员刘中华、书记员侯巍出庭履行职务。本案现已审理终结。

本院再审查明，1998 年 12 月 11 日，唐兰与重庆渝兴房地产综合开发公司签订房地产买卖合同约定，唐兰以 127083 元的总价款购买重庆渝兴房地产综合开发公司位于重庆市九龙坡区谢家湾正街 102 号 2 单元 9－1 号房屋一套，唐兰在该合同上加盖了私章，未手写签名。双方办理权属登记之后，唐兰取得了该房屋的权属证书。

2000 年 11 月 7 日，重庆市九龙坡区土地房屋权属登记中心收到以唐兰为卖方、程永莉为买方，双方当日签订的《重庆市房地产买卖合同》（总价款 8 万元，加盖有双方私章，无唐兰手写签名）、《房地产交易合同登记申请表》（加盖有唐兰和程永莉私章，无手写签名）以及《卖方申请书》（盖有唐兰的私章，并有"唐兰"字样的签名，诉讼中，唐兰否认系其所签）和《买方申请书》，次日收到补交的购房款《收条》（加盖有唐兰的私章，并有"唐兰"字样的签名，诉讼中，唐兰否认系其所签）和唐兰的婚姻状况证明材料后，办理了该房屋买卖合同登记，登记号为（九区 2000）买卖第 7595 号，并办理了过户登记，程永莉取得了该房屋的权属证书即房权证 105 字第 039385 号房屋所有权证，但该房屋的国有土地使用权证"九区国用（99）字第 31164 号"依然登记在唐兰的名下，至今未过户到程永莉名下，该房屋现由程永莉占有使用。

2003 年 4 月 17 日，唐兰以其从未与程永莉签订房屋买卖合同，重庆市国土资源和房屋管理局、重庆市九龙坡区房地产管理局向程永莉颁发房屋所有权证的行为违法为由，向重庆市九龙坡区人民法院提起行政诉讼，请求确认填发该房屋所有权证的行政行为违法并撤销该证。重庆市九龙坡区人民法院作出（2003）九行初字第58号行政判决：维持重庆市九龙坡区房地产管理局对唐兰与程永莉房屋买卖进行的房屋权属转移登记和重庆市国土资源和房屋管理局向程永莉颁发的房权证105字第039385号房屋所有权证。唐兰不服，提出上诉，重庆市第一中级人民法院作出（2003）渝一中行终字第250号行政判决，驳回上诉，维持原判；唐兰仍不服，向重庆市高级人民法院申请再审，重庆市高级人民法院裁定指令重庆市第一中级人民法院再审。2006年12月8日，重庆市第一中级人民法院作出（2006）渝一中行再终字第1014号行政裁定，以唐兰并未授权王胜银代为提起行政诉讼、原告主体不适格为由，裁定撤销原一、二审判决，驳回唐兰的起诉。该裁定书在"经再审查明"部分认定：2000年11月7日，唐兰与程永莉盖章签订制式房地产买卖合同，同时向房屋管理局登记部门递交了申请书，填写申请表并提交身份证、房屋所有权证和国有土地使用权证等材料，经登记部门初审、复审、终审，次日又补交了唐兰的婚姻状况证明和程永莉购房付款收条后，获准房屋权属转移登记。

行政诉讼中，重庆周立太律师事务所委托西南政法大学司法鉴定中心对《卖方申请书》和《收条》上的"唐兰"签名进行司法鉴定，其结论为：署名"唐兰"的《卖方申请书》和《收条》上的署名"唐兰"与唐兰本人的签名字迹样本不是同一人所写。

2007年3月，唐兰向重庆市九龙坡区人民法院提起本案民事诉讼，请求确认2000年11月7日签订的卖方为唐兰、买方为程永莉的登记号为（九区2000）买卖第7595号的《重庆市房地产买卖合同》无效；判令程永莉将诉争房屋返还给唐兰。

重庆市九龙坡区人民法院一审审理中，程永莉之夫向响承认（九区2000）买卖第7595号的《重庆市房地产买卖合同》（以下简称《房地产买卖合同》）上记载的内容以及《卖方申请书》和《收条》上的手写文字以及"唐兰"的签名均由其亲笔书写。

重庆市九龙坡区人民法院经审理认为，根据最高人民法院《关于民事诉讼证据的若干规定》第九条"当事人无需举证证明已为人民法院发生法律效力的裁判所确认的事实"的规定，对重庆市第一中级人民法院（2006）渝一中行再终字第1014号行政裁定确认的事实，予以采信，即2000年11月7日，唐兰、程永莉是同时向房屋管理部门申请进行房屋权属转移登记的，唐兰知道房屋被卖的时间为2000年11月7日。唐兰没有举证证明诉讼时效期间有中止、中断、延长的事实，因此唐兰的起诉已超过诉讼时效。唐兰以房屋买卖合同只有盖章没有签字以及《卖方申请书》和《收条》上的"唐兰"签名系向响所写为由否认讼争房屋买卖是其真实意思表示的主张，由于唐兰没有举证证明房屋买卖合同的盖章是伪造的，根据最高人民法院《关于民事诉讼证据的若干规定》第二条的规定，《房地产买卖合同》应当是合法有效的；并且，根据行政裁定确认的事实，唐兰、程永莉是同时向房屋管理部门申请进行房屋权属转移登记的，也佐证了房屋买卖是唐兰的真实意思，故唐兰的主张无相应的事实和法律依据，不予支持。该院于2007年6月27日作出（2007）九民初字第2265号民事判决，驳回唐兰的诉讼请求。案件受理费及其他诉讼费用共2160元，由唐兰负担。

唐兰不服上述民事判决，向重庆市第五中级人民法院提起上诉。

重庆市第五中级人民法院经审理认为，按照合同法的规定，有效合同应是形式和内容符合法律规定、体现当事人真实意思以及不侵害第三人利益的合同。本案已经查明《房地产买卖合同》买方为程永莉、卖方为唐兰，该合同由双方盖章，无手写签名，同时查明了《卖方申请书》和《收条》上的手写文字以及"唐兰"的签名均不是唐兰所写，而是案外人向响所书写。由此，虽然合同上有唐兰的印章，但其他证据均证实该房屋买卖不是唐兰的真实意思表示，故《房地产买卖合同》是无效合同，该合同对唐兰没有约束力。关于唐兰的起诉是否超过诉讼时效的问题，现已认定《房地产买卖合同》为无效合同，程永莉无论用什么形式占有、使用唐兰的房屋都是在持续的侵权中，加之唐兰知道房屋被他人侵占后，不断向有关部门反映，申请解决，因此，唐兰的起诉没有超过诉讼时效。该院于2007年10月19日作出（2007）渝五中民终字第1676号民事判决：一、撤销重庆市九龙坡区人民法院（2007）九民初字第2265号民事判决；二、（九区2000）买卖第7595号《重庆市房地产买卖合同》无效。一审、二审案件受理费共2260元，由程永莉负担1808元，唐兰负担452元。

程永莉不服上述民事判决，向重庆市第五中级人民法院申请再审，重庆市第五中级人民法院裁定再审本案。

重庆市第五中级人民法院经再审认为，唐兰与程永莉的房屋买卖合同有效。虽然《卖方申请书》和《收条》上唐兰的签名不是唐兰本人书写，但有生效的重庆市第一中级人民法院（2006）渝一中行再终字第1014号行政裁定认定的事实，以及卖方唐兰的申请书、《房地产买卖合同》、《收条》上均加盖有唐的印章。根据《中华人民共和国合同法》第三十二条的规定："当事人采用合同书形式订立合同的，自双方当事人签字或者盖章时合同成立。"唐兰虽然没有在房屋买卖合同上手写签名，但在房屋买卖合同上加盖有唐兰的印章，该合同依法成立。故唐兰与程永莉的房屋买卖是唐兰的真实意思表示。同时，程永莉的房屋所有权登记申请，亦经登记部门审理，并获得批准登记，由发证机关向其颁发了房屋所有权证。原二审判决认定事实不清，证据不足，适用法律不当，依法应予撤销。该院于2008年6月6日作出（2008）渝五中民再终字第3号民事判决：一、撤销重庆市第五中级人民法院（2007）渝五中民终字第1676号民事判决；二、维持重庆市九龙坡区人民法院（2007）九民初字第2265号民事判决。二审案件受理费100元，由唐兰负担。

唐兰不服上述再审判决，向重庆市高级人民法院申请再审。重庆市高级人民法院于2009年6月25日作出（2008）渝高法民申字第854号民事裁定提审本案。

重庆市高级人民法院经审理认为，本案争议的焦点是双方签订的《房地产买卖合同》是否有效的问题。唐兰与程永莉所签订的《房地产买卖合同》以及过户申请表，双方均加盖了各自私章，没有双方的手写签名。根据《中华人民共和国合同法》第三十二条的规定："当事人采用合同书形式订立合同的，自双方当事人签字或盖章时合同成立。"因此，合同上的盖章与签名具有同等法律效力，当事人应当对其加盖的印章承担相应的法律后果。唐兰辩称其从未使用过该私章，但唐兰在1998年12月11日购买讼争房屋并办理权属登记时，其买卖合同以及登记申请手续均加盖了私章，亦无手写签名，故唐兰的辩解明显与事实不符。同时，唐兰又无证据证明该印章系伪造或系他人盗盖，无法推翻该印章的真实性，其主张房屋买卖合同系程永莉单方制作、不是唐兰的真实意思表示，证据不足。对于《卖方申请书》和《收条》上的手写字迹及"唐兰"签名，程永莉认可系向响代写，但该申请书及收条均加盖有唐兰的私章，唐兰无证据否定该印章的真实性，其主张《卖方申请书》和《收条》系伪造，证据亦不充分。唐兰否认其使用过私章，但又不否认其1998年购买该房时购房合同及过户手续上私章的有效性，本身就是自相矛盾的，其在买房和卖房时均在合同上加盖私章而无手写签名，两个行为前后一致，符合常理。对于重庆市第一中级人民法院作出的（2006）渝一中行再终字第1014号行政裁定，是以主体不适格为由从程序上驳回唐兰的起诉，该裁定对于重庆市九龙坡区房地产管理局办理讼争房屋过户登记并向程永莉颁发房屋所有权证的具体行政行为，并未认定为违法而撤销，该具体行政行为仍然合法有效。从办理过户登记的程序上看，需要出卖人持本人身份证原件、房屋权属证书原件，并提交由本人签字或盖章的房屋买卖合同、过户申请手续等资料，并经房屋登记部门审核通过后，方可办理过户登记。唐兰无法证明其身份证、房屋权属证书原件以及私章均系伪造或被他人盗用，其辩称未参与房屋交易及过户，证据不足。综上，在讼争房屋已经过合法程序办理过户登记并交付买受人使用的情况下，唐兰在本案中未举示充分的证据证明其与程永莉房屋买卖行为以及过户登记申请不是其真实意思表示，亦无法否定房地产权属登记机关行政行为的合法性和《房地产买卖合同》、过户申请手续上唐兰印章的真实性，因证据不足，不能成立。原再审判决驳回其要求确认《房地产买卖合同》无效的诉讼请求，并无不当。重庆市高级人民法院于2010年10月22日作出（2009）渝高法民提字第272号民事判决：维持重庆市第五中级人民法院（2008）渝五中民再终字第 3 号民事判决。

唐兰不服重庆市高级人民法院上述民事再审判决，向检察机关提出申诉。

最高人民检察院抗诉认为，重庆市高级人民法院（2009）渝高法民提字第 272 号民事判决在认定基本事实上缺乏证据证明，认定事实不清，适用法律错误。

（一）本案讼争房屋的出卖并非是唐兰的真实意思表示，而是买受人与案外人恶意串通所致，终审判决认定涉案《房地产买卖合同》有效，认定事实缺乏证据证明，适用法律错误。

重庆市高级人民法院已经认定向响假冒唐兰签名的这一事实。实际上真正的买卖双方为案外人向响与黄定清（唐兰前男友）。从房屋买卖合同的签订及履行过程看，没有证据显示有唐兰本人亲笔的签名，也没有证据表明其委托他人办理过户房屋买卖及转移登记。唐兰也没有受领售房的价款，而是由黄定清收取。

关于唐兰本人是否亲自到房屋管理机关协助办理房屋过户登记的事实。从黄定清与向响的询问笔录、唐兰与黄定清的电话录音及现有其他证据和原审庭审笔录可以看出，唐兰本人并没有到房屋管理机关协助办理房屋过户登记。涉案房屋的产权人是唐兰，在唐兰未授权且没有亲自办理房屋产权过户的情况下，其他人代办房屋转移登记行为违反了房地产交易等相关法律法规规定。

唐兰以 127 083 元的总价购买涉案房屋并办理房屋产权证，在事隔两年之后，却以总价 8 万元的价格"转让"涉案房屋，比买房时总价低了 4.7 万元，在重庆市主城区房价一直呈上涨趋势的情形下，以原价款的三分之二出售房屋，明显不符合市场价格及交易常理。

案外人黄定清和向响是涉案房屋的直接利害关系人，双方串通出卖他人所有的房屋，侵犯了唐兰合法的财产权。原审判决却以唐兰未参与房屋交易及过户，证据不足为由，认定涉案房屋出售是唐兰的真实意思表示，该事实认定缺乏证据证明，适用法律错误。

（二）重庆市高级人民法院再审判决以重庆市第一中级人民法院（2006）渝一中行再终字第1014号行政裁定所认定的事实来判定本案民事判决，确有不当。

根据现已查明的事实，在原行政诉讼中，由于为唐兰代理诉讼的法律工作者王胜银的违法代理行为，导致重庆市第一中级人民法院（2006）渝一中行再终字第1014号行政裁定以唐兰原告主体不适格为由，裁定撤销原一、二审行政判决，从程序上驳回了唐兰的起诉。上述行政裁定认定唐兰到房屋管理登记部门办理了房屋转移登记等事实，所依据的主要证据是黄定清的证言以及向响、张东的调查笔录。张东在调查笔录中涉嫌故意作虚假证言，而黄定清、向响与本案有直接利害关系，故该三人在原行政诉讼中的证言不足为信。况且，重庆市第一中级人民法院（2006）渝一中行再终字第1014号行政裁定最终是以唐兰原告主体不适格为由，撤销了原一、二审行政判决，从程序上驳回了唐兰的起诉，故原行政判决、裁定书中所确认的事实不应作为本案民事判决的事实依据。

涉案房产的土地使用权证登记在唐兰名下，而房屋权属证书登记为程永莉，明显不符合我国房地一体的规定，重庆市高级人民法院再审判决未予查清这一事实，确有不当。

申诉人唐兰认可抗诉机关支持的诉讼请求在其再审诉讼请求范围之内。

被申诉人程永莉答辩称，我与唐兰之间合法成立了房屋买卖合同关系,唐兰亲自参与了涉案房屋的转移登记,所以,我与唐兰之间的房屋买卖合同有效,依法应该受到保护。

本院经审理认为,根据唐兰的诉讼请求及相关事实来看,本案争议的核心问题是,以唐兰为卖方、以程永莉为买方的登记号为(九区2000)买卖第7595号的《房地产买卖合同》在唐兰与程永莉之间是否成立,该合同对唐兰是否具有法律拘束力。

依法成立的合同,对当事人具有法律约束力,并受法律保护。当事人达成合意是合同成立的必备要件。《中华人民共和国合同法》第三十二条规定"当事人采用合同书形式订立合同的,自双方当事人签字或者盖章时合同成立"。该条明确了当事人在合同书上签字或盖章的时间为合同成立的时间,不仅确认了当事人达成合意的外在表现形式为签字或者盖章,而且赋予了盖章与签字在合同成立上同等的法律效力。因此,经当事人签字或者盖章的合同应该是当事人达成合意的体现,对双方当事人具有法律拘束力。依法成立的法人或其他组织均有登记备案的公章,经登记备案的公章对外具有公示效力,所以,通常情况下,法人或者其他组织在对外签订合同时,采用盖章的形式。而自然人的私章没有登记备案的要求,对外不具有公示效力,在私章所代表的一方否认该私章为其所有,盖章行为是其所为时,该方当事人实质是否认与对方当事人达成合意成立了合同关系,此时就涉及就合同关系是否成立的举证责任的分配问题。根据本院《关于民事诉讼证据若干规定》第五条的规定,在合同纠纷案件中,主张合同关系成立的一方当事人对合同订立的事实承担举证责任。即在双方当事人就合同关系是否成立存在争议的情况下,应由主张合同关系成立的一方当事人承担举证责任。因此,在私章所代表的一方否认该私章为其所有,盖章行为是其所为,即否认与对方成立合同关系时,应由主张证明该枚私章为对方所有以及盖章的行为为对方所为或对方委托他人所为。

就本案来说,唐兰否认合同书上的私章为其所有,也否认在合同书上盖过私章,实质是否认与程永莉订立过涉案房屋买卖合同,在此情况下,程永莉应该举证证明其与唐兰之间成立了房屋买卖合同关系,即私章为唐兰所有且盖章行为也为唐兰所为。原审判决认定唐兰在本案中未举示充分的证据证明其与程永莉之间的房屋买卖行为以及过户登记申请不是其真实意思表示,从而将该举证责任分配给唐兰是错误的。本案历经数次审理,程永莉为主张其与唐兰之间成立房屋买卖合同关系所举证据有两个,一是唐兰于1998年12月11日与重庆渝兴房地产综合开发公司签订《房地产买卖合同》购买该套房屋时,也是在合同上加盖私章,无手写签名。以此说明唐兰此次出售房屋时加盖私章的合理性。二是生效的重庆市第一中级人民法院(2006)渝一中行再终字第1014号行政裁定认定的事实。对此,本案认为,该两份证据不足以证明上述待证事实。理由是:一、唐兰于1998年12月11日与重庆渝兴房地产综合开发公司签订《房地产买卖合同》购买该套房屋时,虽然也是在合同上加盖私章,但在唐兰否认与程永莉签订过房屋买卖合同时,程永莉没有举证证明涉案《房地产买卖合同》上"唐兰"的私章和唐兰1998年12月11日与重庆渝兴房地产综合开发公司签订的《房地产买卖合同》上唐兰的私章为同一枚私章。唐兰买受该房屋的时候盖有私章的行为并不必然推导出涉案《房地产买卖合同》上盖有"唐兰"私章就是本案当事人唐兰的私章,也不能证明加盖"唐兰"私章的行为就是唐兰所为。二、(2006)渝一中行再终字第1014号行政裁定是以主体不适格为由,从程序上驳回了唐兰的起诉。该份裁定书上认定的事实，只能证明房屋买卖登记机关对涉案房屋办理过户登记的行为在程序上的合规性，不能证明唐兰与程永莉之间发生了房屋买卖的民事行为。原审判决将行政裁定用于证明唐兰与程永莉之间就涉案房屋成立了房屋买卖合同关系不当。

本案中，除了涉案《房地产买卖合同》外，办理房屋买卖过户登记必备的其他文件，包括《卖方申请书》、收到购房款的《收条》，出现了"卖方""唐兰"的签名，但这些应该由所谓卖房人亲历亲为的签名却并非唐兰所为，而是购房人程永莉的丈夫向响所书写，然后加盖"唐兰"的私章。作为对外出具的文件，出具人可以签名，也可以盖章或者是签名加盖章。但不论是签名或盖章，必须是真实的，才能确定是出具人的真实意思表示。办理涉案房屋过户登记时，唐兰具有签署自己姓名的行为能力，向响是房地产公司的销售人员，应该知道"代替"他人签名的民事法律后果，尤其是程永莉一方在诉讼中主张唐兰已到办理登记过户现场的情况下。程永莉应该就本应由唐兰亲笔书写的名字却由向响所替代作出合理的解释，但程永莉一方在本次再审庭审中仍不能就为何收到购房款的收据及"唐兰"的签名也由其夫向响所代写作出合理的解释。所以，程永莉既未能举证证明涉案《房地产开发合同》及办理房屋过户登记的相关手续上加盖的"唐兰"的印章为唐兰所有，也未能就本应由唐兰书写并签名的《卖方申请书》及《收条》为何由程永莉之夫书写作出合理的解释，本案没有证据显示唐兰本人有出卖涉案房屋的意思表示，也没有证据表示唐兰曾委托他人办理过户房地产买卖及转移登记。原审认定唐兰与程永莉之间成立房地产买卖合同关系，没有事实依据。

综上，在双方当事人就合同关系是否成立存在争议的情况下，应由主张合同关系成立的一方当事人承担举证责任。唐兰否认与程永莉签订过户房地产买卖合同，程永莉未能充分举证证明其与唐兰之间就涉案房屋成立了买卖合同关系，应该承担举证不能的法律后果。同时，从涉案《房地产买卖合同》的签订及履行过程看，没有证据显示唐兰有出卖涉案房屋的意思表示，也没有证据表明唐兰曾委托他人办理过房屋买卖及转移登记。因此，应该认定唐兰与程永莉之间没有就涉案房屋成立房屋买卖合同关系，涉案《房地产买卖合同》对唐兰没有法律约束力，程永莉应该将其占有的涉案房屋返还给唐兰。

至于程永莉主张的就该房屋支付过8万元价款的问题，唐兰否认收到过该笔购房款。程永莉在本案再审中仍主张其与唐兰之间成立了合法的房屋买卖合同关系，虽经合议庭释明，其仍没有向负有返还购房款义务的相对人提出返还购房款的主张。本判决生效后，程永莉可另案向负有返还义务的相对人主张返还购房款。

综上，原判决在举证责任的分配及适用法律上存在错误，本院予以纠正，唐兰要求程永莉返还房屋的诉讼请求成立，本院予以支持。依照《中华人民共和国民事诉讼法》第一百七十条第一款第（二）项、第（三）项、第二百零七条、《中华人民共和国合同法》第八条的规定，判决如下：

一、撤销重庆市高级人民法院（2009）渝高法民提字第272号民事判决、重庆市第五中级人民法院（2008）渝五中民再审第3号民事判决、重庆市第五中级人民法院（2007）渝五中民终字第1676号民事判决、重庆市九龙坡区人民法院（2007）九民初字第2265号民事判决。

二、程永莉在本判决生效后十五日内将位于重庆市九龙坡区谢家湾正街102号2单元9-1号的房屋返还给唐兰。

一审、二审案件受理费共2260元,由程永莉负担1808元,唐兰负担452元。

本判决为终审判决。

审判长　姜　伟

审判员　张　华

审判员　张代恩

二〇一三年一月二十九日

书记员　沈　忱

附录二：（指导案例1号）上海中原物业顾问有限公司诉陶德华居间合同纠纷案
（对应第二部分"关于跳单"）

（最高人民法院审判委员会讨论通过，2011年12月20日发布）

关键词 民事 居间合同 二手房买卖 违约

裁判要点

房屋买卖居间合同中关于禁止买方利用中介公司提供的房源信息却绕开该中介公司与卖方签订房屋买卖合同的约定合法有效。但是，当卖方将同一房屋通过多个中介公司挂牌出售时，买方通过其他公众可以获知的正当途径获得相同房源信息的，买方有权选择报价低、服务好的中介公司促成房屋买卖合同成立，其行为并没有利用先前与之签约中介公司的房源信息，故不构成违约。

相关法条

《合同法》第424条

基本案情

原告上海中原物业顾问有限公司（简称中原公司）诉称：被告陶德华利用中原公司提供的上海市虹口区株洲路某号房屋销售信息，故意跳过中介，私自与卖方直接签订购房合同，违反了《房地产求购确认书》的约定,属于恶意"跳单"行为,请求法院判令陶德华按约支付中原公司违约金1.65万元。

被告陶德华辩称:涉案房屋原产权人李某某委托多家中介公司出售房屋,中原公司并非独家掌握该房源信息,也非独家代理销售。陶德华并没有利用中原公司提供的信息,不存在"跳单"违约行为。

法院经审理查明:2008年下半年,原产权人李某某到多家房屋中介公司挂牌销售涉案房屋。2008年10月22日,上海某房地产经纪有限公司带陶德华看了该房屋;11月23日,上海某房地产顾问有限公司(简称某房地产顾问公司)带陶德华之妻曹某某看了该房屋;11月27日,中原公司带陶德华看了该房屋,并于同日与陶德华签订了《房地产求购确认书》。该《确认书》第2.4条约定,陶德华在验看过该房地产后6个月内,陶德华或其委托人、代理人、代表人、承办人等与陶德华有关联的人,利用中原公司提供的信息、机会等条件但未通过中原公司而与第三方达成买卖交易的,陶德华应按照与出卖方就该房地产买卖达成的实际成交价的1%,向中原公司支付违约金。当时中原公司对该房屋报价165万元,而某房地产顾问公司报价145万元,并积极与卖方协商价格。11月30日,在某房地产顾问公司居间下,陶德华与卖方签订了房屋买卖合同,成交价138万元。后买卖双方办理了过户手续,陶德华向某房地产顾问公司支付佣金1.38万元。

裁判结果

上海市虹口区人民法院于2009年6月23日作出(2009)虹民三(民)初字第912号民事判决:被告陶德华应于判决生效之日起十日内向原告中原公司支付违约金1.38万元。宣判后,陶德华提出上诉。上海市第二中级人民法院于2009年9月

4 日作出（2009）沪二中民二（民）终字第 1508 号民事判决：撤销上海市虹口区人民法院（2009）虹民三（民）初字第 912 号民事判决；中原公司要求陶德华支付违约金 1.65 万元的诉讼请求，不予支持。

裁判理由

法院生效裁判认为：中原公司与陶德华签订的《房地产求购确认书》属于居间合同性质，其中第 2.4 条的约定，属于房屋买卖居间合同中常有的禁止"跳单"格式条款，其本意是为防止买方利用中介公司提供的房源信息却"跳"过中介公司购买房屋，从而使中介公司无法得到应得的佣金，该约定并不存在免除一方责任、加重对方责任、排除对方主要权利的情形，应认定有效。根据该条约定，衡量买方是否"跳单"违约的关键，是看买方是否利用了该中介公司提供的房源信息、机会等条件。如果买方并未利用该中介公司提供的信息、机会等条件，而是通过其他公众可以获知的正当途径获得同一房源信息，则买方有权选择报价低、服务好的中介公司促成房屋买卖合同成立，而不构成"跳单"违约。本案中，原产权人通过多家中介公司挂牌出售同一房屋，陶德华及其家人分别通过不同的中介公司了解到同一房源信息，并通过其他中介公司促成了房屋买卖合同成立。因此，陶德华并没有利用中原公司的信息、机会，故不构成违约，对中原公司的诉讼请求不予支持。

附录三:(指导案例 9 号)上海存亮贸易有限公司 诉蒋志东、王卫明等买卖合同纠纷案
(对应第六部分"提醒小股东,预防灭顶之灾")

(最高人民法院审判委员会讨论通过,2012 年 9 月 18 日发布)

关键词　民事　公司　清算义务　连带清偿责任

裁判要点

有限责任公司的股东、股份有限公司的董事和控股股东,应当依法在公司被吊销营业执照后履行清算义务,不能以其不是实际控制人或者未实际参加公司经营管理为由,免除清算义务。

相关法条

《公司法》第 20 条、第 184 条(现为 183 条,笔者注)

基本案情

原告上海存亮贸易有限公司(简称存亮公司)诉称:其向被告常州拓恒机械设备有限公司(简称拓恒公司)供应钢材,拓恒公司尚欠货款 1 395 228.6 元。被告房恒福、蒋志东和王卫明为拓恒公司的股东,拓恒公司未年检,被工商部门吊销营业执照,至今未组织清算。因其怠于履行清算义务,导致公司财产流失、灭失,存亮公司的债权得不到清偿。根据公司法及相关司法解释规定,房恒福、蒋志东和王卫明应对拓恒公司的债务承担

连带责任。故请求判令拓恒公司偿还存亮公司货款1 395 228.6元及违约金,房恒福、蒋志东和王卫明对拓恒公司的债务承担连带清偿责任。

被告蒋志东、王卫明辩称:两人从未参与过拓恒公司的经营管理;拓恒公司实际由大股东房恒福控制,两人无法对其进行清算;拓恒公司由于经营不善,在被吊销营业执照前已背负了大量债务,资不抵债,并非由于蒋志东、王卫明怠于履行清算义务而导致拓恒公司财产灭失;蒋志东、王卫明也曾委托律师对拓恒公司进行清算,但由于拓恒公司财物多次被债权人哄抢,导致无法清算,因此蒋志东、王卫明不存在怠于履行清算义务的情况。故请求驳回存亮公司对蒋志东、王卫明的诉讼请求。

被告拓恒公司、房恒福未到庭参加诉讼,亦未作答辩。

法院经审理查明:2007年6月28日,存亮公司与拓恒公司建立钢材买卖合同关系。存亮公司履行了7 095 006.6元的供货义务,拓恒公司已付货款5 699 778元,尚欠货款1 395 228.6元。另,房恒福、蒋志东和王卫明为拓恒公司的股东,所占股份分别为40%、30%、30%。拓恒公司因未进行年检,2008年12月25日被工商部门吊销营业执照,至今股东未组织清算。现拓恒公司无办公经营地,账册及财产均下落不明。拓恒公司在其他案件中因无财产可供执行被中止执行。

裁判结果

上海市松江区人民法院于2009年12月8日作出(2009)松民二(商)初字第1052号民事判决:拓恒公司偿付存亮公司货款1 395 228.6元及相应的违约金;房恒福、蒋志东和王卫明对拓恒公司的上述债务承担连带清偿责任。宣判后,蒋志东、王卫明提出上诉。上海市第一中级人民法院于2010年9月1日作出(2010)沪一中民四(商)终字第1302号民事判决:驳回上诉,维持原判。

裁判理由

法院生效裁判认为:存亮公司按约供货后,拓恒公司未能按约付清货款,应当承担相应的付款责任及违约责任。房恒福、蒋志东和王卫明作为拓恒公司的股东,应在拓恒公司被吊销营业执照后及时组织清算。因房恒福、蒋志东和王卫明怠于履行清算义务,导致拓恒公司的主要财产、账册等均已灭失,无法进行清算,房恒福、蒋志东和王卫明怠于履行清算义务的行为,违反了公司法及其司法解释的相关规定,应当对拓恒公司的债务承担连带清偿责任。拓恒公司作为有限责任公司,其全体股东在法律上应一体成为公司的清算义务人。公司法及其相关司法解释并未规定蒋志东、王卫明所辩称的例外条款,因此无论蒋志东、王卫明在拓恒公司中所占的股份为多少,是否实际参与了公司的经营管理,两人在拓恒公司被吊销营业执照后,都有义务在法定期限内依法对拓恒公司进行清算。

关于蒋志东、王卫明辩称拓恒公司在被吊销营业执照前已背负大量债务,即使其怠于履行清算义务,也与拓恒公司财产灭失之间没有关联性。根据查明的事实,拓恒公司在其他案件中因无财产可供执行被中止执行的情况,只能证明人民法院在执行中未查找到拓恒公司的财产,不能证明拓恒公司的财产在被吊销营业执照前已全部灭失。拓恒公司的三名股东怠于履行清算义务与拓恒公司的财产、账册灭失之间具有因果联系,蒋志东、王卫明的该项抗辩理由不成立。蒋志东、王卫明委托律师进行清算的委托代理合同及律师的证明,仅能证明蒋志东、王卫明欲对拓恒公司进行清算,但事实上对拓恒公司的清算并未进行。据此,不能认定蒋志东、王卫明依法履行了清算义务,故对蒋志东、王卫明的该项抗辩理由不予采纳。

附录四：（指导案例15号）徐工集团工程机械股份有限公司诉成都川交工贸有限责任公司等买卖合同纠纷案（对应第六部分："'揭开公司的面纱'，能否参照适用"）

（最高人民法院审判委员会讨论通过 2013 年 1 月 31 日发布）

关键词 民事 关联公司 人格混同 连带责任

裁判要点

1. 关联公司的人员、业务、财务等方面交叉或混同，导致各自财产无法区分，丧失独立人格的，构成人格混同。

2. 关联公司人格混同，严重损害债权人利益的，关联公司相互之间对外部债务承担连带责任。

相关法条

《民法通则》第 4 条

《公司法》第 3 条第 1 款、第 20 条第 3 款

基本案情

原告徐工集团工程机械股份有限公司（以下简称徐工机械公司）诉称：成都川交工贸有限责任公司（以下简称川交工贸公司）拖欠其货款未付，而成都川交工程机械有限责任公司（以下简称川交机械公司）、四川瑞路建设工程有限公司（以下

简称瑞路公司）与川交工贸公司人格混同，三个公司实际控制人王永礼以及川交工贸公司股东等人的个人资产与公司资产混同，均应承担连带清偿责任。请求判令：川交工贸公司支付所欠货款10 916 405.71元及利息；川交机械公司、瑞路公司及王永礼等个人对上述债务承担连带清偿责任。

被告川交工贸公司、川交机械公司、瑞路公司辩称：三个公司虽有关联，但并不混同，川交机械公司、瑞路公司不应对川交工贸公司的债务承担清偿责任。

王永礼等人辩称：王永礼等人的个人财产与川交工贸公司的财产并不混同，不应为川交工贸公司的债务承担清偿责任。

法院经审理查明：川交机械公司成立于1999年，股东为四川省公路桥梁工程总公司二公司、王永礼、倪刚、杨洪刚等。2001年，股东变更为王永礼、李智、倪刚。2008年，股东再次变更为王永礼、倪刚。瑞路公司成立于2004年，股东为王永礼、李智、倪刚。2007年，股东变更为王永礼、倪刚。川交工贸公司成立于2005年，股东为吴帆、张家蓉、凌欣、过胜利、汤维明、武竞、郭印，何万庆2007年入股。2008年，股东变更为张家蓉（占90%股份）、吴帆（占10%股份），其中张家蓉系王永礼之妻。在公司人员方面，三个公司经理均为王永礼，财务负责人均为凌欣，出纳会计均为卢鑫，工商手续经办人均为张梦；三个公司的管理人员存在交叉任职的情形，如过胜利兼任川交工贸公司副总经理和川交机械公司销售部经理的职务，且免去过胜利川交工贸公司副总经理职务的决定系由川交机械公司作出；吴帆既是川交工贸公司的法定代表人，又是川交机械公司的综合部行政经理。在公司业务方面，三个公司在工商行政管理部门登记的经营范围均涉及工程机械且部分重合，其中川交工贸公司的经营范围被川交机械公司的经营范围完全覆盖；川交机械公司系徐工机械公司在四川地区（攀枝花除外）的唯一经销商，但三个公司均从事相关业务，且相互之间存在共用统一格式的《销售部业务手册》、《二级经销协议》、结算账户的情形；三个公司在对外宣传中区分不明，2008年12月4日重庆市公证处出具的《公证书》记载：通过因特网查询，川交工贸公司、瑞路公司在相关网站上共同招聘员工，所留电话号码、传真号码等联系方式相同；川交工贸公司、瑞路公司的招聘信息，包括大量关于川交机械公司的发展历程、主营业务、企业精神的宣传内容；部分川交工贸公司的招聘信息中，公司简介全部为对瑞路公司的介绍。在公司财务方面，三个公司共用结算账户，凌欣、卢鑫、汤维明、过胜利的银行卡中曾发生高达亿元的往来，资金的来源包括三个公司的款项，对外支付的依据仅为王永礼的签字；在川交工贸公司向其客户开具的收据中，有的加盖其财务专用章，有的则加盖瑞路公司财务专用章；在与徐工机械公司均签订合同、均有业务往来的情况下，三个公司于2005年8月共同向徐工机械公司出具《说明》，称因川交机械公司业务扩张而注册了另两个公司，要求所有债权债务、销售量均计算在川交工贸公司名下，并表示今后尽量以川交工贸公司名义进行业务往来；2006年12月，川交工贸公司、瑞路公司共同向徐工机械公司出具《申请》，以统一核算为由要求将2006年度的业绩、账务均计算至川交工贸公司名下。

另查明，2009年5月26日，卢鑫在徐州市公安局经侦支队对其进行询问时陈述：川交工贸公司目前已经垮了，但未注销。又查明徐工机械公司未得到清偿的货款实为10 511 710.71元。

裁判结果

江苏省徐州市中级人民法院于2011年4月10日作出（2009）徐民二初字第0065号民事判决川交工贸公司于判决生

效后10日内向徐工机械公司支付货款10511710.71元及逾期付款利息；川交机械公司、瑞路公司对川交工贸公司的上述债务承担连带清偿责任；驳回徐工机械公司对王永礼、吴帆、张家蓉、凌欣、过胜利、汤维明、郭印、何万庆、卢鑫的诉讼请求。宣判后，川交机械公司、瑞路公司提起上诉，认为一审判决认定三个公司人格混同，属认定事实不清；认定川交机械公司、瑞路公司对川交工贸公司的债务承担连带责任，缺乏法律依据。徐工机械公司答辩请求维持一审判决。江苏省高级人民法院于2011年10月19日作出（2011）苏商终字第0107号民事判决：驳回上诉，维持原判。

裁判理由

法院生效裁判认为：针对上诉范围，二审争议焦点为川交机械公司、瑞路公司与川交工贸公司是否人格混同，应否对川交工贸公司的债务承担连带清偿责任。

川交工贸公司与川交机械公司、瑞路公司人格混同。一是，三个公司人员混同。三个公司的经理、财务负责人、出纳会计、工商手续经办人均相同，其他管理人员亦存在交叉任职的情形，川交工贸公司的人事任免存在由川交机械公司决定的情形。二是，三个公司业务混同。三个公司实际经营中均涉及工程机械相关业务，经销过程中存在共用销售手册、经销协议的情形；对外进行宣传时信息混同。三是，三个公司财务混同。三个公司使用共同账户，以王永礼的签字作为具体用款依据，对其中的资金及支配无法证明已作区分；三个公司与徐工机械公司之间的债权债务、业绩、账务及返利均计算在川交工贸公司名下。因此，三个公司之间表征人格的因素（人员、业务、财务等）高度混同，导致各自财产无法区分，已丧失独立人格，构成人格混同。

川交机械公司、瑞路公司应当对川交工贸公司的债务承担连带清偿责任。公司人格独立是其作为法人独立承担责任的前提。《公司法》第3条第1款规定:"公司是企业法人,有独立的法人财产,享有法人财产权。公司以其全部财产对公司的债务承担责任。"公司的独立财产是公司独立承担责任的物质保证,公司的独立人格也突出地表现在财产的独立上。当关联公司的财产无法区分,丧失独立人格时,就丧失了独立承担责任的基础。《公司法》第20条第3款规定:"公司股东滥用公司法人独立地位和股东有限责任,逃避债务,严重损害公司债权人利益的,应当对公司债务承担连带责任。"本案中,三个公司虽在工商登记部门登记为彼此独立的企业法人,但实际上相互之间界线模糊、人格混同,其中川交工贸公司承担所有关联公司的债务却无力清偿,又使其他关联公司逃避巨额债务,严重损害了债权人的利益。上述行为违背了法人制度设立的宗旨,违背了诚实信用原则,其行为本质和危害结果与《公司法》第20条第3款规定的情形相当,故参照《公司法》第20条第3款的规定,川交机械公司、瑞路公司对川交工贸公司的债务应当承担连带清偿责任。

附录五：（指导案例 24 号）荣宝英诉王阳、永诚财产保险股份有限公司江阴支公司机动车交通事故责任纠纷案（对应第六部分"对特异体质，不得适用过错相抵规则"）

（最高人民法院审判委员会讨论通过 2014 年 1 月 26 日发布）

关键词 民事 交通事故 过错责任

裁判要点

交通事故的受害人没有过错，其体质状况对损害后果的影响不属于可以减轻侵权人责任的法定情形。

相关法条

《侵权责任法》第 26 条
《道路交通安全法》第 76 条第 1 款第 2 项

基本案情

原告荣宝英诉称：被告王阳驾驶轿车与其发生刮擦，致其受伤。该事故经江苏省无锡市公安局交通巡逻警察支队滨湖大队（简称滨湖交警大队）认定：王阳负事故的全部责任，荣宝英无责。原告要求下述两被告赔偿医疗费用 30 006 元、住院伙食补助费 414 元、营养费 1620 元、残疾赔偿金 27 658.05 元、护理费 6000 元、交通费 800 元、精神损害抚慰金 10 500 元，并承担本案诉讼费用及鉴定费用。

被告永诚财产保险股份有限公司江阴支公司（简称永诚保险公司）辩称：对于事故经过及责任认定没有异议，其愿意在交强险限额范围内予以赔偿；对于医疗费用30 006元、住院伙食补助费414元没有异议；因鉴定意见结论中载明"损伤参与度评定为75%，其个人体质的因素占25%"，故确定残疾赔偿金应当乘以损伤参与度系数0.75，认可20 743.54元；对于营养费认可1350元，护理费认可3300元，交通费认可400元，鉴定费用不予承担。

被告王阳辩称：对于事故经过及责任认定没有异议，原告的损失应当由永诚保险公司在交强险限额范围内优先予以赔偿；鉴定费用请求法院依法判决，其余各项费用同意保险公司意见；其已向原告赔偿20 000元。

法院经审理查明：2012年2月10日14时45分许，王阳驾驶号牌为苏MT1888的轿车，沿江苏省无锡市滨湖区蠡湖大道由北往南行驶至蠡湖大道大通路口人行横道线时，碰擦行人荣宝英致其受伤。2月11日，滨湖交警大队作出《道路交通事故认定书》，认定王阳负事故的全部责任，荣宝英无责。事故发生当天，荣宝英即被送往医院治疗，发生医疗费用30 006元，王阳垫付20 000元。荣宝英治疗恢复期间，以每月2200元聘请一名家政服务人员。号牌苏MT1888轿车在永诚保险公司投保了机动车交通事故责任强制保险，保险期间为2011年8月17日0时起至2012年8月16日24时止。原、被告一致确认荣宝英的医疗费用为30 006元、住院伙食补助费为414元、精神损害抚慰金为10 500元。

荣宝英申请并经无锡市中西医结合医院司法鉴定所鉴定，结论为：1. 荣宝英左桡骨远端骨折的伤残等级评定为十级；左下肢损伤的伤残等级评定为九级。损伤参与度评定为75%，其个人体质的因素占25%。2. 荣宝英的误工期评定为150日，护理期评定为60日，营养期评定为90日。一审法院据此确认残疾赔偿金27 658.05元扣减25%为20 743.54元。

裁判结果

江苏省无锡市滨湖区人民法院于2013年2月8日作出（2012）锡滨民初字第1138号判决：被告永诚保险公司于本判决生效后十日内赔偿荣宝英医疗费用、住院伙食补助费、营养费、残疾赔偿金、护理费、交通费、精神损害抚慰金共计45 343.54元。被告王阳于本判决生效后十日内赔偿荣宝英医疗费用、住院伙食补助费、营养费、鉴定费共计4040元。驳回原告荣宝英的其他诉讼请求。宣判后，荣宝英向江苏省无锡市中级人民法院提出上诉。无锡市中级人民法院经审理于2013年6月21日以原审适用法律错误为由作出（2013）锡民终字第497号民事判决：撤销无锡市滨湖区人民法院（2012）锡滨民初字第1138号民事判决；被告永诚保险公司于本判决生效后十日内赔偿荣宝英52 258.05元。被告王阳于本判决生效后十日内赔偿荣宝英4040元。驳回原告荣宝英的其他诉讼请求。

裁判理由

法院生效裁判认为：《侵权责任法》第26条规定："被侵权人对损害的发生也有过错的，可以减轻侵权人的责任。"《道路交通安全法》第76条第1款第2项规定，机动车与非机动车驾驶人、行人之间发生交通事故，非机动车驾驶人、行人没有过错的，由机动车一方承担赔偿责任；有证据证明非机动车驾驶人、行人有过错的，根据过错程度适当减轻机动车一方的赔偿责任。因此，交通事故中在计算残疾赔偿金是否应当扣减时应当根据受害人对损失的发生或扩大是否存在过错进行分析。本案中,虽然原告荣宝英的个人体质状况对损害后果的发生具有一定的影响,但这不是侵权责任法等法律规定的过错,荣宝英不应因个人体质状况对交通事故导致的伤残存在一定影响而自负相应责任,原审判决以伤残等级鉴定结论中将荣宝英个人体质状况"损伤参与度评定为75%"为由,在计算残疾赔偿金时作相应扣减属适用法律错误,应予纠正。

从交通事故受害人发生损伤及造成损害后果的因果关系看,本起交通事故的引发系肇事者王阳驾驶机动车穿越人行横道线时,未尽到安全注意义务碰擦行人荣宝英所致;本起交通事故造成的损害后果系受害人荣宝英被机动车碰撞、跌倒发生骨折所致,事故责任认定荣宝英对本起事故不负责任,其对事故的发生及损害后果的造成均无过错。虽然荣宝英年事已高,但其年老骨质疏松仅是事故造成后果的客观因素,并无法律上的因果关系。因此,受害人荣宝英对于损害的发生或者扩大没有过错,不存在减轻或者免除加害人赔偿责任的法定情形。同时,机动车应当遵守文明行车、礼让行人的一般交通规则和社会公德。本案所涉事故发生在人行横道线上,正常行走的荣宝英对将被机动车碰撞这一事件无法预见,而王阳驾驶机动车在路经人行横道线时未依法减速慢行、避让行人,导致事故发生。因此,依法应当由机动车一方承担事故引发的全部赔偿责任。

根据我国道路交通安全法的相关规定,机动车发生交通事故造成人身伤亡、财产损失的,由保险公司在机动车第三者责任强制保险责任限额范围内予以赔偿。而我国交强险立法并未规定在确定交强险责任时应依据受害人体质状况对损害后果的影响作相应扣减,保险公司的免责事由也仅限于受害人故意造成交通事故的情形,即便是投保机动车无责,保险公司也应在交强险无责限额内予以赔偿。因此,对于受害人符合法律规定的赔偿项目和标准的损失,均属交强险的赔偿范围,参照"损伤参与度"确定损害赔偿责任和交强险责任均没有法律依据。

附录六：(指导案例 50 号) 李某、郭某阳诉郭某和、童某某继承纠纷案（对应第五部分"遗嘱应为人工授精的胎儿保留必要份额"）

（最高人民法院审判委员会讨论通过 2015 年 4 月 15 日发布）

关键词　民事　继承　人工授精　婚生子女

裁判要点

1. 夫妻关系存续期间，双方一致同意利用他人的精子进行人工授精并使女方受孕后，男方反悔，而女方坚持生出该子女的，不论该子女是否在夫妻关系存续期间出生，都应视为夫妻双方的婚生子女。

2. 如果夫妻一方所订立的遗嘱中没有为胎儿保留遗产份额，因违反《继承法》第 19 条规定，该部分遗嘱内容无效。分割遗产时，应当依照《继承法》第 28 条规定，为胎儿保留继承份额。

相关法条

1. 《民法通则》第 57 条
2. 《继承法》第 19 条、第 28 条

基本案情

原告李某诉称：位于江苏省南京市某住宅小区的 306 室房

屋,是其与被继承人郭某顺的夫妻共同财产。郭某顺因病死亡后,其儿子郭某阳出生。郭某顺的遗产,应当由妻子李某、儿子郭某阳与郭某顺的父母即被告郭某和、童某某等法定继承人共同继承。请求法院在析产继承时,考虑郭某和、童某某有自己房产和退休工资,而李某无固定收入还要抚养幼子的情况,对李某和郭某阳给予照顾。

被告郭某和、童某某辩称:儿子郭某顺生前留下遗嘱,明确将306室赠予二被告,故对该房产不适用法定继承。李某所生的孩子与郭某顺不存在血缘关系,郭某顺在遗嘱中声明他不要这个人工授精生下的孩子,他在得知自己患癌症后,已向李某表示过不要这个孩子,是李某自己坚持要生下孩子。因此,应该由李某对孩子负责,不能将孩子列为郭某顺的继承人。

法院经审理查明:1998年3月3日,原告李某与郭某顺登记结婚。2002年,郭某顺以自己的名义购买了涉案建筑面积为45.08平方米的306室房屋,并办理了房屋产权登记。2004年1月30日,李某和郭某顺共同与南京军区南京总医院生殖遗传中心签订了人工授精协议书,对李某实施了人工授精,后李某怀孕。2004年4月,郭某顺因病住院,其在得知自己患了癌症后,向李某表示不要这个孩子,但李某不同意人工流产,坚持要生下孩子。5月20日,郭某顺在医院立下自书遗嘱,在遗嘱中声明他不要这个人工授精生下的孩子,并将306室房屋赠与其父母郭某和、童某某。郭某顺于5月23日病故。李某于当年10月22日产下一子,取名郭某阳。原告李某无业,每月领取最低生活保障金,另有不固定的打工收入,并持有夫妻关系存续期间的共同存款18 705.4元。被告郭某和、童某某系郭某顺的父母,居住在同一个住宅小区的305室,均有退休工资。2001年3月,郭某顺为开店,曾向童某某借款8 500元。

南京大陆房地产估价师事务所有限责任公司受法院委托，于2006年3月对涉案306室房屋进行了评估，经评估房产价值为19.3万元。

裁判结果

江苏省南京市秦淮区人民法院于2006年4月20日作出一审判决：涉案的306室房屋归原告李某所有；李某于本判决生效之日起30日内，给付原告郭某阳33 442.4元，该款由郭某阳的法定代理人李某保管；李某于本判决生效之日起30日内，给付被告郭某和33 442.4元、给付被告童某某41 942.4元。一审宣判后，双方当事人均未提出上诉，判决已发生法律效力。

裁判理由

法院生效裁判认为：本案争议焦点主要有两方面：一是郭某阳是否为郭某顺和李某的婚生子女？二是在郭某顺留有遗嘱的情况下，对306室房屋应如何析产继承？

关于争议焦点一。《最高人民法院关于夫妻离婚后人工授精所生子女的法律地位如何确定的复函》中指出："在夫妻关系存续期间，双方一致同意进行人工授精，所生子女应视为夫妻双方的婚生子女，父母子女之间权利义务关系适用《中华人民共和国婚姻法》的有关规定。"郭某顺因无生育能力，签字同意医院为其妻子即原告李某施行人工授精手术，该行为表明郭某顺具有通过人工授精方法获得其与李某共同子女的意思表示。只要在夫妻关系存续期间，夫妻双方同意通过人工授精生育子女，所生子女均应视为夫妻双方的婚生子女。《中华人民共和国民法通则》第五十七条规定："民事法律行为从成立时起具有法律约束力。行为人非依法律规定或者取得对方同意，不得擅自变更或者解除。"因此，郭某顺在遗嘱中否认其与李某所怀胎儿的亲子关系，是无效民事行为，应当认定郭某阳是郭某顺和李某的婚生子女。

关于争议焦点二。《继承法》第5条规定:"继承开始后,按照法定继承办理;有遗嘱的,按照遗嘱继承或者遗赠办理;有遗赠扶养协议的,按照协议办理。"被继承人郭某顺死亡后,继承开始。鉴于郭某顺留有遗嘱,本案应当按照遗嘱继承办理。《继承法》第26条规定:"夫妻在婚姻关系存续期间所得的共同所有的财产,除有约定的以外,如果分割遗产,应当先将共同所有的财产的一半分出为配偶所有,其余的为被继承人的遗产。"最高人民法院《关于贯彻执行〈中华人民共和国继承法〉若干问题的意见》第38条规定:"遗嘱人以遗嘱处分了属于国家、集体或他人所有的财产,遗嘱的这部分,应认定无效。"登记在被继承人郭某顺名下的306室房屋,已查明是郭某顺与原告李某夫妻关系存续期间取得的夫妻共同财产。郭某顺死亡后,该房屋的一半应归李某所有,另一半才能作为郭某顺的遗产。郭某顺在遗嘱中,将306室全部房产处分归其父母,侵害了李某的房产权,遗嘱的这部分应属无效。此外,《继承法》第19条规定:"遗嘱应当对缺乏劳动能力又没有生活来源的继承人保留必要的遗产份额。"郭某顺在立遗嘱时,明知其妻子腹中的胎儿而没有在遗嘱中为胎儿保留必要的遗产份额,该部分遗嘱内容无效。《继承法》第28条规定:"遗产分割时,应当保留胎儿的继承份额。"因此,在分割遗产时,应当为该胎儿保留继承份额。综上,在扣除应当归李某所有的财产和应当为胎儿保留的继承份额之后,郭某顺遗产的剩余部分才可以按遗嘱确定的分配原则处理。

附录七：(指导案例 56 号) 韩凤彬诉内蒙古九郡药业有限责任公司等产品责任纠纷管辖权异议案（对应第六部分"何时提出管辖权异议"）

（最高人民法院审判委员会讨论通过 2015 年 11 月 19 日发布）

关键词 民事诉讼 管辖异议 再审期间

裁判要点

当事人在一审提交答辩状期间未提出管辖异议，在二审或者再审发回重审时提出管辖异议的，人民法院不予审查。

相关法条

《民事诉讼法》第 127 条

基本案情

原告韩凤彬诉被告内蒙古九郡药业有限责任公司（以下简称九郡药业）、上海云洲商厦有限公司（以下简称云洲商厦）、上海广播电视台（以下简称上海电视台）、大连鸿雁大药房有限公司（以下简称鸿雁大药房）产品质量损害赔偿纠纷一案，辽宁省大连市中级人民法院于 2008 年 9 月 3 日作出（2007）大民权初字第 4 号民事判决。九郡药业、云洲商厦、上海电视台不服，向辽宁省高级人民法院提起上诉。该院于 2010 年 5 月 24 日作出（2008）辽民一终字第 400 号民事判决。该判决发生法律效力后,再审申请人九郡药业、云洲商厦向最高人民法院申请再审。

最高人民法院于同年12月22日作出(2010)民申字第1019号民事裁定,提审本案,并于2011年8月3日作出(2011)民提字第117号民事裁定,撤销一、二审民事判决,发回辽宁省大连市中级人民法院重审。在重审中,九郡药业和云洲商厦提出管辖异议。

裁判结果

辽宁省大连市中级人民法院于2012年2月29日作出(2011)大审民再初字第7号民事裁定,认为该院重审此案系接受最高人民法院指令,被告之一鸿雁大药房住所地在辽宁省大连市中山区,遂裁定驳回九郡药业和云洲商厦对管辖权提出的异议。九郡药业、云洲商厦提起上诉,辽宁省高级人民法院于2012年5月7日作出(2012)辽立一民再终字第1号民事裁定,认为原告韩凤彬在向大连市中级人民法院提起诉讼时,即将住所地在大连市的鸿雁大药房列为被告之一,且在原审过程中提交了在鸿雁大药房购药的相关证据并经庭审质证,鸿雁大药房属适格被告,大连市中级人民法院对该案有管辖权,遂裁定驳回上诉,维持原裁定。九郡药业、云洲商厦后分别向最高人民法院申请再审。最高人民法院于2013年3月27日作出(2013)民再申字第27号民事裁定,驳回九郡药业和云洲商厦的再审申请。

裁判理由

法院生效裁判认为:对于当事人提出管辖权异议的期间,《民事诉讼法》第127条明确规定:当事人对管辖权有异议的,应当在提交答辩状期间提出。当事人未提出管辖异议,并应诉答辩的,视为受诉人民法院有管辖权。由此可知,当事人在一审提交答辩状期间未提出管辖异议,在案件二审或者再审时才提出管辖权异议的,根据管辖恒定原则,案件管辖权已经确定,人民法院对此不予审查。本案中,九郡药业和云洲商厦是案件被通过审判监督程序裁定发回一审法院重审,在一审法院的重审中才就管辖权提出异议的。最初一审时原告韩凤彬的起诉状送达给九郡药业和云洲商厦,九郡药业和云洲商厦在答辩期内并没有对管辖权提出异议,说明其已接受了一审法院的管辖,管辖权已确定。而且案件经过一审、二审和再审,所经过的程序仍具有程序上的效力,不可逆转。本案是经审判监督程序发回一审法院重审的案件,虽然按照第一审程序审理,但是发回重审的案件并非一个初审案件,案件管辖权早已确定。就管辖而言,因民事诉讼程序的启动始于当事人的起诉,确定案件的管辖权,应以起诉时为标准,起诉时对案件有管辖权的法院,不因确定管辖的事实在诉讼过程中发生变化而影响其管辖权。当案件诉至人民法院,经人民法院立案受理,诉状送达给被告,被告在答辩期内未提出管辖异议,表明案件已确定了管辖法院,此后不因当事人住所地、经常居住地的变更或行政区域的变更而改变案件的管辖法院。在管辖权已确定的前提下,当事人无权再就管辖权提出异议。如果在重审中当事人仍可就管辖权提出异议,无疑会使已稳定的诉讼程序处于不确定的状态,破坏了诉讼程序的安定、有序,拖延诉讼,不仅降低诉讼效率,浪费司法资源,而且不利于纠纷的解决。因此,基于管辖恒定原则、诉讼程序的确定性以及公正和效率的要求,不能支持重审案件当事人再就管辖权提出的异议。据此,九郡药业和云洲商厦就本案管辖权提出异议,没有法律依据,原审裁定驳回其管辖异议并无不当。

综上,九郡药业和云洲商厦的再审申请不符合《民事诉讼法》第200条第（6）项规定的应当再审情形，故依照该法第204条第1款的规定，裁定驳回九郡药业和云洲商厦的再审申请。

（生效裁判审判人员：张志弘、宁晟、贾亚奇）